お金と時間をかけなくてもできる

成功事例から導く

中小企業のための
災害危機対策

Disaster prevention & Business Continuity Management

新型コロナウイルス対策も特別掲載！

株式会社エス・ピー・ネットワーク　総合研究部
丸の内総合法律事務所 弁護士　中野明安
[著]

第一法規

はしがき

　2020年は、年初から新型コロナウイルスが猛威を振るっている。その影響で、東京オリンピック・パラリンピックも1年延期が発表された。また、執筆時点までは、震災といえるレベルの大地震は発生していないが、7月〜8月にかけて九州地方や東北地方、北海道北部等で、豪雨により河川の氾濫等による甚大な被害が発生した。

　我々も、実際に熊本県や佐賀県、福岡県の被災地を視察したが、正直、ここまで水が来たのかと、雨量の多さに驚嘆した。また、瓦礫や流木などが至る所に散乱しており、河川氾濫時の被害の凄まじさも改めて思い知らされた。

　本書の刊行にあたり、まずは新型コロナウイルスや豪雨災害で亡くなられた方々のご冥福をお祈りするとともに、罹患・被災された方々にお見舞いを申し上げたい。

　当社は、これまでも「ミドルクライシス®」マネジメントのコンセプトに基づいた危機管理実務書を多数刊行してきたが、昨今の災害多発の状況を受けて、今回は防災対策およびBCM（事業継続マネジメント）に関する書籍を発刊させていただくこととなった。

　防災対策やBCMは人や企業の命を守る取組みであり、従来から政府でも整備率の向上に向けた施策を進めてきているが、特に中小企業ではなかなか整備が進んでこなかった。また、実際にBCMの前段階としてBCP（事業継続計画）の整備を進めようにも、BCP特有の概念や標準的な構築・整備プロセスにおける複雑性を目の当たりにして、途方に暮れてしまった企業も少なからず存在する。

　今回、防災対策およびBCMに関する書籍を刊行するにあたっては、このような現状に何らかの光明を見出せる内容となるように、極力分かりやすく、また効率的にBCPの整備等を進めていただくための指針となるような内容を心掛けた。読者は、主に中小企業のBCP整備担当者を想定している。

大企業でこれまでBCPの整備を進めてきた方からすると物足りない感じを受けるかもしれないことから、その点は予めお断りしておきたい。

また、当社は危機管理の実務を支援する会社であるため、危機管理の実務を踏まえて、BCPに関する種々の理論や概念の中からあまり重要ではない部分の記述は割愛・簡易化し、あるいは却って事態を悪化させかねない考え方は躊躇なくその問題点を指摘している。これは迷宮に入り込んでしまうことを防ぐ意味で非常に重要だからである。一方で、従来の類書ではあまり触れられていなかったが危機管理実務の観点から重要と思われる視点はきちんと解説をしたり、ガイドラインや有用な資料やサイト、図表を多く取り入れたりして、できるだけBCPをイメージしやすい記述とメリハリをつけた解説を心掛けた。

更に、今やBCPの整備・強化には欠かせない視点となった安全配慮義務に関する記述も充実させるべく、日本弁護士連合会の災害復興支援委員会委員長なども務められた丸の内総合法律事務所の中野明安弁護士にご協力をいただいた。共著者として中野弁護士にご協力いただいたことで、読者の皆様にも、より多角的・実務的な視点・情報を提供できるようになった。誠に心強いご協力をいただいたことに、この場を借りて、感謝申し上げたい。

甚大な災害が起こるたびに、つくづく思うことがある。災害で多くの尊い命が失われていることは非常に痛ましく、そうならないために危機管理会社として、あるいは危機管理に携わる者として、何かできないか、ということだ。

BCPの分野においても、残念ながら、実際の姿や実務よりも概念や理論が強調されているきらいがある。学術界で議論をした際、非科学的と批判されたこともあった。

しかし、災害対応については、どんなに立派な理論や科学的アプローチができても、人の命や企業の命（事業）を救うことができなければ、何の意味もない。危機管理の理論と実践。両者が融合できてこそ意味がある。

危機管理、特に災害対策は、人々が災害で亡くなることを防ぎ、あるいは企業の事業継続可能性を高めるためにどうするか、という危機管理哲学に行き着く。現実の姿を踏まえて、できるだけわかりやすく実践的な指針だけでも提示したい。この危機管理哲学が本書の根底にある。読者の皆様には、本書の根底にある危機管理哲学を要所要所で感じながら、本書を読み進め、活用いただければ、著者としてこれに勝る喜びはない。

　最後に、本書は自然災害への対策を主な内容とするが、新型コロナウイルスが蔓延する時世を受け、第一法規の編集者から、新型コロナウイルス感染症に関する知見も加えたいという強いリクエストを受けた。そこで特別編として、新型コロナウイルスを含む感染症BCP整備の勘所を収録した。

　これにより、従来の類書に比べて、一層の厚みが出て、読者にとっても有益なものとなったのではないかと思う。読者に代わって、第一法規の編集者に感謝申し上げたい。

2020年8月

株式会社エス・ピー・ネットワーク

総合研究部

目次

第3章：これだけは外せない！「チェックリスト」で対策の抜け漏れを防げ

～中小企業におけるBCPの効率的な整備方法

第4章：災害危機対策を作りっぱなしにしないために

～想定演習とレビューの実践方法

第7章：国の防災対策最新情報および中小企業支援策

特別編：新型コロナウイルス対策を進めるためのポイント

第 1 章

災害危機対策とは

～災害危機対策の視点で進める事業継続計画（BCP）の整備

1 はじめに

1. 本書の狙い

　災害対策とか危機管理と聞くと、何か難しそうと感じたり、やることが多くて途方に暮れたり、ここまでやらなければいけないのかとかえって失望感が強くなるかもしれません。

　しかし、災害危機対策は、皆様の身の丈にあったレベル感から、またはできることから徐々に進めていけば良いのです。

　日本の経済社会は、多くの中小企業の事業活動、活躍により支えられています。今や大企業の事業活動も、そのほとんどが、サプライチェーンやサービスチェーンに組み込まれた多くの中小企業の事業活動なくして成り立ちません。中小企業こそが、日本経済を支える重要な経済の要です。したがって、災害危機対策も中小企業の視点で進めていくことが重要です。

　本書では、特に中小企業が、災害危機対策を進めていく上での留意点やポイントを解説していきたいと思います。

> **本書の狙い**
>
> 身の丈にあった災害危機対策……できるところから「始める」
> ⇒中小企業は日本経済を支える重要な存在
> ⇒進めていく上での留意点やポイントを解説

2. 中小企業で災害危機対策を進めるために～克服すべき 2 つの課題

　災害危機対策、特にその中でも事業継続計画（Business Continuity

Plan；以下、BCP）の策定についてよくご相談を受けるのは、「何をしたら良いのか」「どこから手を付けたら良いのか」という悩みです。

　裏を返せば、多くの類書や政府等のガイドラインが出ているにもかかわらず、それらが実際にBCPの策定や災害対策を行うことができるレベルにブレイクダウンされていないということを意味しています。中小企業庁のBCPステップアップガイド等それなりに良くできたツールもあるのですが、なんとなくフォーマットを埋めているだけで、「本当に役に立つのかな」という企業も少なくないようです。

　本書では、危機管理専門会社である当社が、これまでの災害の事例や危機管理の実務を踏まえて、この「何をしたら良いのか」についての悩みにお応えすべく、災害危機対策を進めていく上での流れや重点項目、整備・検討していくべき事項について、チェックリスト的な指針も提示していきたいと考えています。

　本書は、「まずは取組みを始めてもらう」ことに主眼を置いていますので、「どこから手を付けたら良いのか」、「どういう順番で進めていけば良いのか」についても意識しながら、解説していきます。

克服すべき 2 つの課題

　1．何をしたら良いかわからない……チェックリスト的な指針を明示
　2．どのように進めたら良いかわからない……進めやすいアプローチを明示

---

3. 本書の構成

　本書では、前述の2つの課題を意識しながら、できるだけわかりやすい指針を提示すべく、次のような流れで災害危機対策の策定に向けた指針を解説していきます。

　まず、第1章で災害危機対策の全体像と災害危機対策を進めていく上での着眼点・留意点について「どういう順番で進めていけば良いのか」という観点を加味して解説します。

第2章では、まず、発災時の対応実例として、過去の震災（阪神・淡路大震災、東日本大震災、熊本地震）に対応したいくつかの企業や組織の例を紹介し、災害危機対応の実態や課題を明確にし、BCPを整備していくための視点を解説していきます。次に、各企業の創意あふれる危機対策事例について、「地震対策」「水害対策」等のジャンル別に整理し、解説しておりますので、自社の取り組みの参考としてください。

　第3章では、災害危機対策について、「何をしたら良いのか」、チェックすべき項目とその概要について解説していきます。各テーマについては、書籍の性格上、できるだけ多くの業種・業態で活用いただけるように記載しているため、相応の項目数はありますが、この項目すべてをやらなければいけないということではありません。

　業種・業態・規模・拠点数等により、とるべき対策、特にBCPは異なってきます。その意味で、この項目の中から、やるべき項目と後回しで良い項目を見極めていくことが重要となります。内容を参考にしながら、段階的にステップアップしていく際に利用してください。

　優先順位や必要な項目を見極めるのが大変な場合は、まずは一つひとつの項目をチェックリストとして活用し、現状どこまでできているかを、書き出してみてください。その上で、できていない項目を、1つでも2つでも、検討・議論してみることで、災害危機対策は少しずつ進んでいきます。それで良いのです。

　第4章では、机上型演習の作り方について解説しています。BCPを策定しても、その実効性を向上させるためには訓練や演習が不可欠です。しかし、「どのように訓練をして良いかわからない」という担当者の方も多いと思います。この章では訓練と演習の違いから、実際の演習の作り方や状況付与例などを記載しています。

　第5章では、企業のBCPに詳しい弁護士の中野明安先生（丸の内総合法律事務所）に法令やこれまでの判例から見たBCPの留意点を解説していただきました。帰宅困難者対策を作る上での法律的な問題はどのようなものか、災害時における企業の「安全配慮義務」とはどのようなものか。具体的

な事例とともに考察しています。

第6章では、最近の災害動向について調べています。地震はもちろんですが、近年、毎年のように水害が多発しています。自治体のハザードマップなど、企業はどのように活用し、防災に役立てていかなければいけないのかを述べています。

第7章では、「巨大地震警戒」の臨時情報など国の最新の地震対策の状況と、改正中小企業等経営強化法について解説しています。

最後の特別編では、2020年に入って猛威を振るう新型コロナウイルス対策について、BCPの作り方や着眼点について解説しました。今後の新型感染症対策BCP策定の一助になれば幸いです。

本書のコンセプトは、「まずは始める」ことです。せっかく本書を手にとっていただいたのですから、それこそ、時間もお金も無駄にしないため、本書が提示する項目を参考に、ぜひ、一歩でも二歩でも進めていただけたら、嬉しく思います。

本書の狙い

1．まず「始める」ために……進めやすい考え方を解説
2．何をしたら良いか……チェックリスト的指針を明示・解説
　　⇒まずは現状のチェックから始める

---

2 災害危機対策とは

1. 「災害危機対策」とは

　本書は、「災害危機対策」というタイトルをつけました。あまり聞きなれない言葉かもしれませんが、中小企業が事業継続計画（BCP）の策定を進めていくために、少しでも入りやすく敷居の低い内容とすべく、「災害」を基点にした危機管理対策として、BCPにも取り組んでいくことを狙い、「災害危機対策」という言葉にしました。

　災害危機対策を端的に表現すれば、防災対策とBCPを融合・一体化して、危機管理対策を考えていこうということです。見方を変えると、事前対策として行うリスクマネジメント、被害発生が予想される場合に先手を打って行う減災対策、災害直後の対応を含む初動・復旧対策を、「災害」というテーマから一体的に整理して、それぞれやるべきことを明確にしていくためにつけた言葉です。

　なお、本書では「災害」とは、自然災害、すなわち、地震（それに伴う津波を含む）および気象災害（風、雨・雪、台風、土砂等、通常天気予報で警報や注意報が発令されるもの）を総称したものとして、使っていきます。特段の記載がない限り、自然災害と記載したときは、地震と気象災害をまとめて説明しているものと理解してください。

本書の狙い

「災害危機対策」とは：防災・BCPを敷居の低いところから、「始める」

⇒合理的・効率的に進めるため、防災対策とBCPを融合・一体化

⇒災害を基点に事前対策・初動対応（対応要領）、復旧要領を整理する

2. 最近の自然災害の状況

　災害危機対策の解説に入る前に、なぜ今、災害危機対策が必要なのかを確認する意味で、最近の自然災害の状況をみてみましょう。

　気象庁のホームページでは、過去に社会的に大きな被害をもたらした気象災害（地震は除く）が紹介されています。それによると、1989年から2019年までの約30年間で、実に116件もの事例が挙げられています。

（気象庁ホームページ「災害をもたらした気象事例（平成元年～本年）https：//www.data.jma.go.jp/obd/stats/data/bosai/report/index_1989.html）

　ここに地震を加えてみると、1989年～2019年までの約30年間で、震度6弱以上の地震は、なんと59回も起きています。2000年以降の20年間では53回、2010年以降の10年間で26回、2015年以降の5年間でも15回起きています。（気象庁ホームページ「震度データーベース」 https：//www.data.jma.go.jp/svd/eqdb/data/shindo/index.php）

　2019年だけでも震度6強以上の地震は3回（1月3日熊本県熊本地方で震度6弱、2月21日胆振地方東部で震度6弱、6月18日山形県沖で震度6強）起きています。

自然災害の状況

　近年の自然災害の発生状況は決して看過できない

⇒大きな被害をもたらした気象災害（気象庁）：30年間で116件

　今の日本は、極めて自然災害のリスクが高まっていると考えられます。近年特に注意が必要なのが、台風を含む豪雨災害です。気象庁の統計をみても、豪雨になる機会が増えており、今後は従来の地震に加え、豪雨災害・台風災害への対応・対策も考えていかなければなりません。

　気象庁によると、アメダス 1 時間50㎜以上の降水量の経年比較の結果として、

・全国の 1 時間降水量50㎜以上の年間発生回数は増加しています（統計期間1976～2019年で10年あたり28.9回の増加、信頼度水準99％で統計的に有意）。

・最近10年間（2010～2019年）の平均年間発生回数（約327回）は、統計期間の最初の10年間（1976～1985 年）の平均年間発生回数（約226回）と比べて約1.4倍に増加しています。

と解説しています（図表 1 - 1 ）。

　また、アメダス 1 時間80㎜以上の降水量の経年比較の結果として、

・全国の 1 時間降水量80㎜以上の年間発生回数は増加しています（統計期間1976～2019年で10年あたり2.7回の増加、信頼度水準99％で統計的に有意）。

・最近10年間（2010～2019年）の平均年間発生回数（約24回）は、統計期間の最初の10年間（1976～1985 年）の平均年間発生回数（約14回）と比べて約1.7倍に増加しています。

と解説しています（図表 1 - 2 ）。

　このように豪雨についても、甚大な被害をもたらすリスクが増えています。

図表 1-1　アメダス 1 時間 50㎜以上の降水量の経年比較

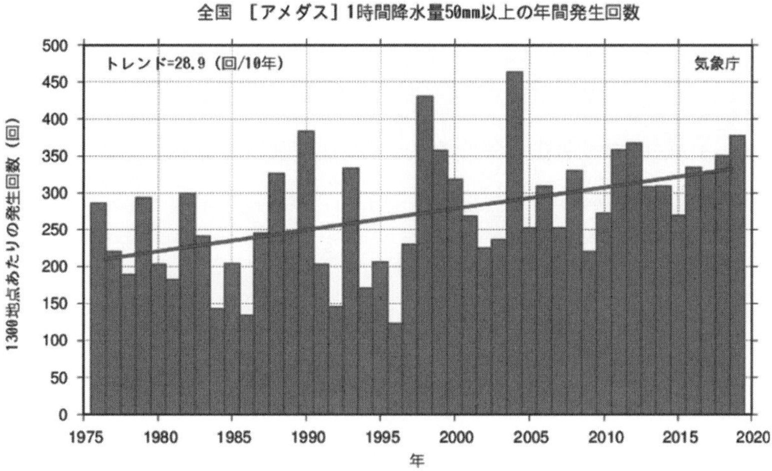

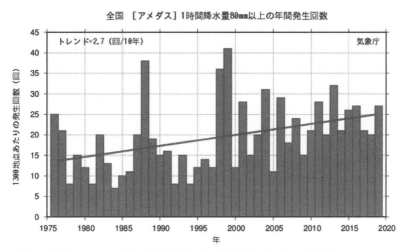

（出典：気象庁ホームページ「大雨や猛暑日など（極端現象）のこれまでの変化」
https://www.data.jma.go.jp/cpdinfo/extreme/extreme_p.html）

図表 1-2　アメダス 1 時間 80㎜以上の降水量の経年比較

（出典：気象庁ホームページ「大雨や猛暑日など（極端現象）のこれまでの変化」
https://www.data.jma.go.jp/cpdinfo/extreme/extreme_p.html）

（1）従来、なぜBCPがうまく整備されてこなかったのか

　従来の内閣府「事業継続ガイドライン第三版－あらゆる危機的事象を乗り

図表 1-3　内閣府「事業継続ガイドライン第三版」の体系と解説

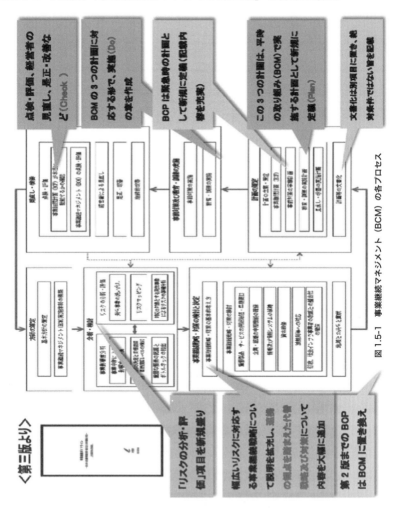

（出典：「事業継続ガイドライン改定の概要について」（平成 26 年 3 月 6 日・内閣府政策統括官（防災担当）付参事官（普及啓発・連携担当）付事業継続担当主査　筒井智士氏作成）より）

越えるための戦略と対応－」（平成25年８月）では、防災対策とBCPは関連しつつも、両者は別物であり、対策の主眼も異なるというスタンスが踏襲されています。したがって、防災対策は防災対策、事業継続対策は事業継続対策と両者を接続させずに、それぞれ対策を進めていき、お金も時間もかかるという悪循環に陥っていました。この点が、中小企業においてBCPの整備・策定が進まない原因の１つと考えられます。

　さらに、特に中小企業においてBCPの整備・策定が進まない要因としては、BCPを策定していく際の特有の事情がありました。BCPの整備・強化の実務に目を向けると、わかりにくい概念が多い上、例えば、ISO規格を参考にしてBCPを策定すると、経営資産管理や備品管理、あるいはそれらに関する調達リスクマネジメント的な内容まで分析をして、BCPに反映していくことが推奨されます。

　こうなると、対策の主眼が、どうしても余裕を持った設備・施設・インフラの確保、設備等の複層化・強靭化、冗長化などの物理的対策偏重に偏り、その設備・施設等が相応の金額のものであれば、かなりの費用を要することになります。そんなにお金がかかるなら、中小企業としては、BCPの整備に及び腰になるのも当然です。

（2）そもそもBCPとは何か

　ところで、そもそもBCPや事業継続マネジメント（Business Continuity Management；BCM。以下、BCM）とは何でしょうか。まず、この点を解説したいと思います。

　2013年８月30日に改定・公表された内閣府「事業継続ガイドライン第三版」では、BCPについては、「大地震等の自然災害、感染症のまん延、テロ等の事件、大事故、サプライチェーン（供給網）の途絶、突発的な経営環境の変化など不測の事態が発生しても、重要な事業を中断させない、または中断しても可能な限り短い期間で復旧させるための方針、体制、手順等を示した計画」と定義しています。

　また、BCMについては、「BCP策定や維持・更新、事業継続を実現する

ための予算・資源の確保、事前対策の実施、取組みを浸透させるための教育・訓練の実施、点検、継続的な改善などを行う平常時からのマネジメント活動」と定義しています。

　定義だけでは何ともわかりにくいですが、内閣府のガイドラインでは、事象や被害発生の特性に応じて、BCPの2つのタイプが紹介されています。
　1つ目は、地震等、1度大きな事象等により被害が発生し、その後は徐々に回復に向かう場合を想定したものです（図表1-4）。2つ目は、インフルエンザ・新型コロナウイルス等の感染症や水不足など、被害が断続的かつ継続的に続く場合を想定したものです（図表1-5）。
　イメージしやすくするために、事前対策の方向性を検討する観点およびBCMの場面で考慮すべき要素という2つの視点から、前者を「物的損害型」、後者を「人的損害型」として、解説します。
　地震の場合は事前の予測が難しく、突然来るイメージだと思います。図1-4の中でも「事象発生」の部分で実線（現状の予防復旧曲線）が急に0（ゼロ）に近いところまで落ち込んでいるのがわかると思います。この急な落ち込みは何を意味するかというと、予防対策や復旧に向けた準備をしていなければ、地震が来てしまうと、実線のように時間の経過とともになだらかな復旧しかできないということです。これでは事業の回復までに時間もかかり、事業が継続できなくなる可能性があります。
　そこで、事業継続のための予防策や復旧準備をあらかじめ講じておくことで、点線で書かれたように、操業度の落ち込みを少しでも緩和するとともに、復旧までの時間を早め（段階的に回復させるイメージ）ていくための考え方がBCPやBCMといわれるものです。
　「物的損害型」は、会社の施設や設備、社屋、情報システム等が被害を受けて、機能しなくなった場合の事業継続に向けたアプローチです。実際に「物的」損害が発生して機能不全に陥った場合に何ができるか、どうするかと考えた場合、基本的には、拠点等が機能停止しても、他の拠点等で代替対応できるように準備して、事業停止の危機を回避・低減するという事業継続戦略

図表 1-4 地震型（単発被害型 BCP）：便宜上、「物的損害型」と呼称

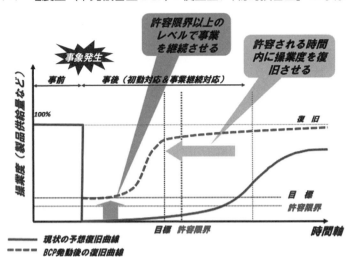

（出典：内閣府「事業継続ガイドライン第三版－あらゆる危機的事象を乗り越えるための戦略と対応－」（平成 25 年 8 月））

図表 1-5 インフルエンザ型（断続型 BCP）：便宜上、「人的損害型」と呼称

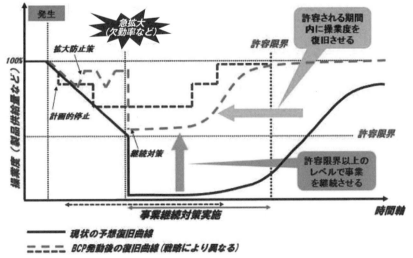

（出典：内閣府「事業継続ガイドライン第三版－あらゆる危機的事象を乗り越えるための戦略と対応－」（平成 25 年 8 月））

で進めていくことが合理的です。あるいは、回復までの間、「優先順位」を
つけて、段階的に製造やサービス提供等の事業を継続していくことが重要に
なってきます。そして、それを実現すべく代替拠点での実施体制や環境整備
（設備導入）などを行う対策に重点が置かれることになります。このような
発想から、後に述べる結果事象型BCPが提唱されてくることになります。

　このアプローチは、損害に備えて、他の拠点を整備しておくというリスク
マネジメントの発想をベースとしていることから、事業停止予防型のアプ
ローチであるといえます。実際のBCMでは、あらかじめ準備された代替拠
点を利用するために、実現可能な業務プロセスを絞り込み、当該業務を継続
していくための手順や基準を策定して、事業継続を実現していく形をとりま
す。

　「人的損害型」（図表1-5）については、感染症全般や水不足、電力不足
など断続的にインシデントが発生して継続的にその状態が続く場合のイメー
ジ図として紹介されています。

　このタイプのBCPは、（━━━）のように、社員の感染状況に応じて、計画
的にマンパワーで対応できる範囲に業務を絞り込みつつ、（━ ━）のような
被害拡大防止策を行いながら、事態の収束・小康化を待って、事業を回復さ
せていくアプローチです。感染症等では、何度か波があることがありますの
で、BCPも何度かその内容を切り変えていく必要があるのがこのタイプの
特徴です。

　そして、この「人的損害型」のBCPは、実際に相当数の社員が欠員し、
通常のオペレーションでの実施が難しくなった場合にどうすべきかを考えた
場合、当該事象に対応して、それを克服するための方策を策定して対処する
など、状況に応じて適宜柔軟に対応していくことで、事業停止の事態を回避
していくことが合理的です。

　したがって、「人的損害型」の事業継続対策としては、感染症（例えばイ
ンフルエンザ等）に罹患した社員が相当数いた場合に、いかに生産性を落と
さないかを出発点として、まずはさらなる罹患者を出さないための被害拡大
防止措置が重要になります。いかに業務品質を維持するかという戦略の下、

対応可能な業務に絞り込みながら、業務の可視化、標準化、効率化を進めておき、いざという時には他部門のスタッフ等による代行が可能なように訓練・多能工化を指向していくという方策がとられます。

このアプローチは、実際に発生した事態を受けて、被害拡大防止措置をとりながら、重要業務を継続すべく組織体制や人員のマネジメントに重点を置くというクライシスマネジメントの発想をベースとしていることから、危機対応型のアプローチであるといえます。

いずれにしろ、BCPの考え方は、事業の継続を脅かすような重大な事象（インシデント）が発生した場合に事業の停止を招かないように、事前に準備しつつ、事象発生後は、混乱状況の中で一定の業務遂行を継続し、徐々に事業レベルの回復を図っていくものです。

BCPのイメージ

事業継続を脅かす事象（インシデント）が発生した場合の概念
⇒事前に一定の準備・整備をしておくことで、混迷状況下でも一定レベルの事業を維持していく考え方。もちろん、復旧に向けた対応も重要になる

実際には、物的被害も人的被害も発生することから、どちらか一方のアプローチでは、BCMの実効性は担保できず、「物的損害」対応型の事業継続対策と「人的損害」対応型の事業継続対策の両者を融合していく必要があります。

物的損害対応型の事業継続戦略である代替拠点等での対応をベースとする予防対策を準備・整備しつつ、それを補完するための対策として、人的損害対応型の事業継続戦略である組織としての危機対応力の強化・危機対応マネジメントを行うこと、具体的には、事業継続対策としては、被災を前提として、事業停止への予防策として代替のインフラを整備しつつ、さまざまな状況に応じて種々判断・対応していけるような基準・指標づくり、訓練、権限

委譲を含めた運用体制の整備を進めていくという流れになります。

（3）BCMあるいはBCPに求められる本質的要請は何か

①BCPの起源と日本の状況

　　BCPの起源をたどると、ISO27000（ISMS）規格の大元である英国規格BS25777にその端緒があります。すなわち、BS25777において、情報システム（IT）やデータバックアップ等を視野に入れたデータマネジメントの一環として提唱されたのが、BCPという考え方です。

　　そしてそれが、BCMに関する英国規格BS25999に取り入れられ、発展する形で、現在の事業継続マネジメントシステムに関する国際規格ISO23001が制定されました。イギリスでは、そもそも地震が極めて少ないためにテロ対策も事業継続の中心的テーマの1つとして検討されてきました。

　　BCPが注目を浴びたのは、アメリカ同時多発テロ（9.11）の際に、攻撃対象となった貿易センタービルに入居していた証券会社が、データをバックアップしていたため、翌日から営業が再開できたという事例です。しかし、これはBCPの成功例とされますが、結局は、ITシステムのデータバックアップという事例にすぎません。アメリカでの事業継続の起源も、もともとは1960年代のホストコンピューターをいかに障害から守り、ノンストップの状態を作り出すかという対策論に行き着きます。上記の証券会社の例は、まさにその延長線上にある事例なのです。

　　このようにみてくると、イギリス・アメリカいずれにおいても、もともとはITやデータのマネジメントとして提唱された方法論がBCPという手法であると理解できます。

　　しかしながら、日本では、事業継続を脅かす主たる要因は、なんといっても、地震を含む自然災害です。そのような状況では、ITやデータマネジメントの視点も必要ですが、それよりもはるかに規模が大きい構造物や自社単体ではいかんともしがたいサプライチェーン等を守ることまでBCPの範疇に求められてきてしまいます。したがって、求められる

BCPのハードルは極めて高くなってしまっています。

BCPの起源

起源となったイギリスでは、もともとは「データ」マネジメントに絡む
概念
⇒アメリカの9.11同時多発テロの際に注目を浴びた事例もデータバック
　アップによる事例
⇒日本では、災害のときに主に問題となるため、ハードルが上がっている

---

②内閣府「事業継続ガイドライン」にみる「事業継続の取組みの特徴」

　　内閣府「事業継続ガイドライン」第一版及び第二版では、「事業継続
の取組みの特徴」として、次の6つの項目が挙げられていました。

・事業に著しいダメージを与えかねない重大被害を想定して計画を作成
　する。
・災害後に活用できる資源に制限があると認識し、継続すべき重要業務
　を絞り込む。
・どのような被害が生じるとその重要業務の継続が危うくなるかを抽出
　して検討を進める。
・重要業務の継続に不可欠なボトルネックを洗い出して、重点的に対処
　する。
・重要業務の目標復旧時間を設定し、その達成に向け知恵を結集し事前
　準備する。
・緊急時の経営や意思決定、管理などのマネジメント手法の1つに位
　置づけられ、　指揮命令系統の維持、情報の発信・共有、災害時の経
　営判断の重要性など、危機管理や緊急時対応の要素を含んでいる。

　　さらに、内閣府「事業継続ガイドライン第二版」では、上記の6つ
の特徴を踏まえて、ガイドラインの特徴として、下記の点を明示してい
ました。

・備えの充実には必ず多大な投資やコストが不可欠とする立場をとらず、できることから具体的な検討を進めてみること、既存の資源を活かすこと、知恵を出し合うことを推奨する。

・企業にとっても事業継続が最優先ではなく、特に災害発生直後は生命の安全確保、二次被害の防止などを重視し、その後も事業継続の対応に地域との連携を意識して取り組むべきことを明確にする。

・はじめから完璧を求めず、継続的に改善する

等、「事業継続」が求められる本質的な状況と進め方の特徴について、端的かつわかりやすく表現されていました。

しかし、これらの記述は、内閣府「事業継続ガイドライン第三版」では、姿を消しました。BCPの整備・策定を進めていく際にも、常に念頭に置いておいていただきたい内容だけに、記述が削除されてしまったことは、非常に残念でなりません。

ここに書かれた「事業継続の取組みの特徴」等の記述は、BCMやBCPの本質を明示しているとともに、本書のコンセプトとも非常にマッチしています。特に、「コストではなく、既存資源と知恵を使う」「できる部分から着実に取り組む」「必ずしも事業『継続』ではない」「はじめから完璧を求めない」という指摘は、これからBCPの整備を進めようとする中小企業やBCP策定を始めたものの迷走してしまっている企業には、光明をもたらしてくれる重要な内容です。

あらためて整理をすると、BCPの整備・策定の重要なポイントは以下の4つです。

> 事業に重大被害発生×使える資源に制約あり

> 「継続可能性」の観点から、継続業務を検討し、阻害事由と必要条件を検討

> 復旧目標時間を定めて、それに向けたリスクマネジメントを行う

> 緊急時対応ノウハウも必要で、「危機管理」の要素を含む

まず、押さえておかなければいけないのは、BCP等が問題となるの

は「事業に重大な被害が発生していること」および「使える（経営）資源に制約がある」ということです。この２つの要件は、意外と見失われています。

例えば、企業で作ったBCPをみても、対策本部が普通に情報を収集できる前提であったり、携帯電話がつながる前提であったり、すべての役員・幹部が生存している前提であったり、電気が普通に使える前提であったりと、「使える資源に制約がある」という点が、完全に抜け落ちたBCPになっていることが少なくありません。

次に、「継続」という観点から、業務を阻害する要件を洗い出し、重点業務を継続していくための必要条件を検討するということです。「継続」という視点で検討すべしと明示されていることは、重要な意味を持ちます。

そして、「目標復旧時間」（Recovery Time Objective；RTO）という概念は、リスクマネジメントの目標として掲げられていることです。「目標復旧時間」というのは、停止した業務等をいつまでに復旧させるか（させなければならないか）を時間の目安として定めるもので、BCP整備の過程で出てくる特有の概念です。BCPはもともと情報システムに絡むDBセキュリティの概念として提唱されたものであることは前述の通りですが、RTOは、目標復旧ポイント（Recovery Point Objective；RPO）と対の概念で、システムダウンが起きたときに、バックアップがあることを前提にDBをどの時点まで遡って復旧させるか（これがRPO）、そしてDBの復旧にかかる（かけられる）時間はどのぐらいか（これがRTO）ということを検討し準備するために提唱されたものです。現時点ではそのまま災害対応にも当てはめられていますが、本来災害対応にはなじまないものですので、本書の趣旨に鑑みて、本書では深入りはしません（第三章p.182〜で一部補足します）。

重要なのは、事業が影響を受ける時間を極力短くするため、通常通りのオペレーションで回せないときに、どのような方策があるか、どのような準備が必要か、通常のオペレーションに戻すために準備・対策して

いくことは何かという検討やリスクマネジメントをできるだけ行動計画化すること、と考えておいてください。

　最後は、BCPには、緊急事態対応のノウハウなどの危機管理的知見が不可欠であることです。BCPは自然災害等の甚大かつ深刻な被害が発生した状況下で発動・適用するものですので、緊急事態対応や不測の事態への対応（マネジメント）が求められます。そこでは、危機管理の実務や知見を生かした対応が必要なのです。

③BCPおよびBCMの本質的要請

　国内におけるBCPのガイドラインや規格、書籍などでは、BCPの起源に起因する情報システム的発想など、災害対応になじまない概念や考え方をそのまま導入しているケースが少なくないため、実務に混乱を招いている場合があります。そのような状況で、災害対応のためのBCPの整備・策定を進めていく上では、災害対応におけるBCPやBCMの本質的要請をきちんと押さえておくことが重要です。

　そこでここでは、BCPやBCMの本質的要請について解説しておきます。

　BCPの整備は一定の被害シナリオをベースにして進めていきますが、想定した被害を前提に対策・計画を策定することは「リスクマネジメント」として非常に重要ですから、可能な限りその想定の範囲を広げて実施しておくべきが望ましいことは言うまでもありません。

　しかし、事前の想定シナリオ通りに対応・復旧プランを発動できるなら、それはすでにリスクマネジメントが機能していますので「事業の継続を脅かす（ほどの）重大な危機」ではなくなります。

　また、通常の組織体制や業務フローに従って対応できるなら、BCPが整備されていなくても事業の継続は可能です。

　とすれば、リスクマネジメントとして対応シナリオを準備しつつ、シナリオにない想定外事象が起きたときにどのように行動するのか、通常の業務プロセスに従って対処できない場合にどのように行動するのか等の対応指針を盛り込んでおくことが非常に重要なのであり、まさにこの

点こそが、BCPおよびBCMの本質的な存在意義なのです。

　自然災害等が発生した場合、その後の状況はどのようなものか、その被害の程度はどうなのか、それは実際に発災後になってみなければわかりません。東日本大震災のような広範囲に甚大な被害をもたらすような災害では、事業継続も容易ではないのが現実です。

　平時に立てたシナリオ通りの状況になるとは限らない上、どんな状況（すなわち、シナリオ外＝想定外）であれ、やはり事業の再起・拡大・復旧に努めるのがBCPやBCMの基本発想（いわゆる、オールハザードアプローチ）です。端的に言えば、実際に起きた災害事象や被害状況を踏まえて、その中で自社の活用可能な資源は何で、どのような対応ができるかを検討し、そこからできるだけ事業を小規模でも継続しつつ、速やかに事業復旧を図るのが、BCMです。見方を変えれば、BCMとは、「通常の業務プロセスに従った処理ができずに、事業の継続を脅かす事態が生じた場合の即応態勢（マネジメント）」と言うことができます。そしてそのためのガイドラインがBCPなのです。

BCPが求められる本質的状況

BCP：自然災害等、事業継続を大きく脅かす状況で発動される

⇒被害を少なくするためのリスクマネジメントは重要

⇒被害は、必ずしも、事前の想定・準備の範囲内に収まるとは限らない

⇒「対応」は、実際の状況を踏まえて柔軟に行う。想定外の状況でも対応せざるを得ない

⇒BCPとは、「通常の業務プロセスに従った処理ができずに、事業の継続を脅かす事態が生じた場合の即応態勢に関するガイドライン」

　ただし、緊急事態、言い換えればクライシスへの対応を適切に行っていくためには、それが可能なような組織基盤づくり、すなわち、リスクマネジメントが重要になります。いざ、クライシスに対応しようにも、何の準備・対策もしていなければ、できることは限られ、効果的な被害

拡大防止対策や被害軽減対策が実行できません。わかりやすい例で言うと、日ごろから消火器を準備しておかないと、初期消火もままならず、全焼等事態はより深刻になってしまうのです。

　リスクマネジメントがしっかりしていなければ、クライシスマネジメントはうまくできません。砂上の楼閣はもろくも崩れ去ってしまうのです。

防災・BCP整備の重要なキーワード

危機対応は、そのための事前の準備なくして、成功しない

⇒リスクマネジメントなくして、クライシスマネジメントなし

⇒防災・BCPにおいても、この道理は同じ

⇒「予測・予防（リスクマネジメント）＋対応（クライシスマネジメント）」
　が重要

---

④原因事象型BCPと結果事象型BCP

　さて、地震型BCPとインフルエンザ型BCPの2つのパターンがあることをご紹介しましたが、このように、地震、津波、インフルエンザ（感染症）、噴火、台風、ITシステムダウンなど、従来、日本では、事業継続に大きな障害をもたらす事象ごとにBCPを作成することが推奨されてきました（被害をもたらす原因となる事象に着目するBCPであることから、「原因事象型BCP」と呼ばれます）。現に、これまでに、地震を中心とした災害対応を主眼としたBCPについては内閣府が、インフレンザ対策のBCPについては厚生労働省が、システム障害を主眼とするBCPについては経済産業省が、それぞれガイドラインを公表しています。

　しかし、2011年に東日本大震災が発生して、状況が一変しました。東日本大震災では、大規模地震、巨大津波、原発事故、原発事故に伴う長期の計画停電等の複数の事象が短期間に発生したため、事象ごとにBCPを作っていた企業では、どのBCPを使ったら良いのかというジレ

ンマに直面したのです。

　こうなると、事業継続の障害の原因となる事象ごとにBCPを作るより、例えば、本社社屋が使えなくなったとか、従業員が出勤できなくなった等の原因を問わず、起きた結果に着目して、当該機能が停止した場合にどうするかに着目してBCPを作った方が汎用性が高いということで、このような発想に基づくBCPの整備が推奨されるようになりました（「結果事象型BCP」。最近では機能停止型BCPとも呼ばれています）。

　例えば、内閣府「事業継続ガイドライン第三版」では、次のように記載されています。

・事業継続戦略の検討に当たっては、優先的に対処すべき発生事象（インシデント）を念頭に置いて行うものの、BCMは「どのような危機的な事象が発生しても重要業務を継続する」という目的で実施するものであることも考慮することが重要である。（上掲書p15）

・この点から、BCMでは、自社に生じた事態を原因事象（例えば、直下型地震）により考えるのでなく、結果事象（例えば、自社の〇〇拠点が使用不能）により考え、対応策を検討することが推奨される。（上掲書p15）

・例えば、代替戦略によって自社で代替拠点を確保すれば、地震、洪水、火災、テロなど幅広い発生事象に共通して効果が高いため、危機全般を考えた対応策として有効性が高い。（上掲書p15）

・この考え方は、想定外の被害を受けた場合にも、「結果事象」としてみた被害が同じものであるならば、そのための戦略・対策は、この想定外の被害の場合でも有効と期待できるという発想が背景にある。（上掲書p15・注47）

としています。

　経団連も、2013年2月19日に公表した「企業の事業活動の継続性強化に向けて」の中で、「事業継続の支障となる事象、例えば、部材・部品不足、要員不足、停電、通信途絶等への対策を援用し、あらゆるリスクに対応するといった『結果事象』型のBCPも有効である」としてい

ます。（一般社団法人日本経済団体連合会「企業の事業活動の継続性強化に向けて」（2013年）p.11）

このような背景もあり、結果事象型BCPを策定する企業も増えています。

⑤原因事象型BCPと結果事象型BCPの違い〜簡単な比較

それでは、BCPを整備していく場合に、原因事象型BCPと結果事象型BCP、どちらのスタンスで整備・策定していくべきでしょうか。BCPを整備・策定していく上での出発点は、まず、この点を明確にしていくことです。アプローチの仕方が違うと、策定する内容・手順も、実効性も大きく違ってきてしまうからです。

そこで、どちらのスタンスをとるべきか、どのような違いがあるのか、検討しながら整理していきましょう。

企業ではBCPを整備する際のシナリオについて、在社時間中の発災（災害発生）を前提としたシナリオで作成されていることが多くあります。在社時間中の被災（ここでは、地震を前提）を想定する限り、社内や会社の施設内に役員や従業員がそれなりにいるケースが多いですから、原因事象型BCPでも結果事象型BCPでも、自社のBCPの「発動」については、さほど大きな差は出ません。

一方、休日・深夜等の勤務時間外の被災の場合は、原因事象型BCPと結果事象型BCPとでは、特に初動対応や従業員の行動の面において大きな差が生じます。具体的にいえば、結果事象型BCPには、休日・深夜等の勤務時間外の被災を前提とする場合、危機管理の観点から大きな落とし穴があります。

⑥結果事象型BCPの大きな落とし穴〜危機管理の観点から

危機管理は、最悪を想定して準備・対策し、実際にクライシス等が発生した場合は、そのダメージを最小限にするための危機対応や資源・人材のマネジメントを行うことです。言い換えれば、危機管理の観点から考える場合は、最悪の状況を前提に、シナリオを組み立てることが重要となります。

　自然災害への対応のシナリオとして、役員や社員が在社している勤務時間中と、在社していない休日・深夜等の勤務時間外とでは、すぐに被害確認や対応ができないという意味で、休日・深夜等の勤務時間外の発災の方が、よりリスクが高い（状況が悪い）といえます。したがって、危機管理の観点からBCPを整備していく場合、発災のタイミングは、休日・深夜等の勤務時間外の発災というシナリオで進めていく必要があります。

　BCPが発動されるのは、資源や機能に著しい制限があるため、事業を相当の規模で縮小してでも中核的な業務を継続して、企業活動を続けていかなければいけないという状況です。このBCPが求められる本質的状況を踏まえると、勤務時間外・深夜・早朝・土日の発災を前提とした場合、結果事象型BCPでは初動対応の遅れと、BCP発動の伝達（周知）が難しい、関係者が予測しにくいという３点について、脆弱性を有しています。

　以下、具体的に説明していきます。

・初動対応の遅れ～状況確認の困難性

　１つ目は、BCPの本質的な状況で結果事象型BCPを運用しようとする場合、災害により事業継続に大きな影響を及ぼすほどの被害を出した状況下で、そもそもその事業に関する災害の影響（被害）をどのように確認するかという過程に、大きな盲点があります。

　例えば、本社社屋が使えなくなってBCPが発動されることになっている場合、BCPの発動を判断・宣言するためには、大きな被害が本社社屋に生じている可能性のある状況（例えば、本社所在地の都道府県・市町村で震度７の地震が発生したとか、本社近隣の川が台風による大雨で決壊した等）下で、本社社屋まで行って、本社社屋に入れないこと、機能しないこと（通常通り業務を実施できないこと）等を確認しなければいけません。

　勤務時間中であれば、相応の役員・従業員が在社していますから、本

社社屋の状況や機能障害の確認は比較的容易ですので、結果事象型BCPでも問題なくBCPのフローに乗せていくことができます。しかし、休日・深夜等の勤務時間外の被災の場合は、社内には役員・社員は誰も（ほとんど）いませんので、誰かが、本社社屋に行き、状況を確認して、BCPを発動するかどうかを判断しなければなりません。

　しかし、大きな被害を本社社屋にもたらしたその災害状況下であれば、電車は止まり、道路も不通の箇所、あるいは渋滞がありますので、仮に徒歩であっても、いつまで経っても本社社屋にたどり着けないという事態に陥る可能性が高いのです。本社にたどり着かないと、本社社屋の被害確認ができずBCPも立ち上がりませんので、被害の発生を前提とする結果事象型BCPでは、BCPの立ち上げが極めて遅れてしまうことになります。

　論理的に考えると、結果事象型BCPは、そもそもインフラ等に被害等が生じて、通常の機能が果たせなくなった場合の対応を想定したBCPですので、「被害の有無の確認」のプロセスはBCPの中には含まれていない（その前段階）ということになります。実際には、被害状況の確認を行う必要がある以上、そもそも結果事象型BCPのロジックの中では十分に検討されていない可能性の高い「被害状況の確認」というプロセスにおいて、実際の運用面での大きな落とし穴があることを十分に認識しておく必要があります（本来、地震により組織的な被害状況の確認を行う前提のフローなのであれば、結果事象型BCPのロジックとは矛盾することになりますし、原因事象型BCP（地震）と同じ考え方ですのであえて結果事象なる概念を持ち出すまでもありません）。

・BCP発動の伝達可能性
　結果事象型BCPの初動対応段階での落とし穴はもう１つあります。
　結果事象型BCPでは、先の例で説明すると、本社社屋の被害状況確認後に、その被害状況に応じて、BCPの発動判断・宣言および関係者への伝達を行うことになります（逆にいうと、原因事象型BCPと異な

り、結果事象型BCPは災害事象等に依存した判断を行わないことから、被災直後の段階では、仮にその地震の規模が震度6強であれ、震度7であれ、災害発生の段階ではBCPは発動しない、されないのが論理的な帰結になります）。

　しかし、大地震等の発生後は、通信インフラ障害や通話制限による輻輳^(ふくそう)等が起こりますので、被害状況の確認後に、BCPの発動を関係者に伝達する段階になって、伝達したくてもできないという状況になってしまうのです。東日本大震災では地震発生後、安否確認すらままならない状況も見受けられましたが、結果事象型BCPにおいては、その状況下で、被害の確認とBCPの発動、関係者の招集を行うことになります。果たしてこれが災害対応の現実に照らして、可能なのかという根本的な問題を抱えています。

　2013年12月、中央防災会議首都直下地震対策検討ワーキンググループが公表した「首都直下地震の被害想定と対策について」（最終報告）（以下、「首都直下地震被害想定」）によると、M7クラスの都心南部直下地震においては、「固定電話」は、「通信規制が行われ、ほとんどの一般電話は通話が困難となり、概ね通話規制が緩和されるのは2日目になると想定される」とされており、「携帯電話」は、「音声通話は利用の集中・輻輳に伴う通信規制等により、著しく使用が制限され、ほとんど接続できなくなり、規制の緩和は2日目となると見込まれる」。「メール」は、「概ね利用可能であるが、集中により大幅な遅配が発生する可能性がある」とされています。このような著しい通信制限等がある中で、関係者に対して、どのようにBCPの発動を伝え、関係者の招集をかけるのか、しかも、大震災等の被害が著しい社会状況下で、現実にそれができるのか、結果事象型BCPを前提とする以上、この点についての実効的な対策の検討が欠かせません。

・関係者の予見可能性
　さらに結果事象型BCPでは、BCPに携わるスタッフも事前にBCPが

発動されるかを予測できない状況に陥ってしまいます。

　先の例で、本社社屋が使えなくなる（機能しない）かどうかは、いざ災害が起きてみないとわかりません。本社が大丈夫でも、停電や情報インフラが使えないとなれば、それに対応したBCPが発動されることになりますが、これも、被害確認しないとわからないわけですから、前述のように連絡が難しい大地震発生後等は、対策本部のメンバーも、BCPが立ち上がるのかどうか、どのBCPが発動されるのかすらわからず、誰かが被害等を確認して、BCP発動の連絡がくるまで動きようがない、ということになってしまうのです。

　もちろん、BCPの発動を見越して、その前提で対策本部設置場所に向かうということは可能ですが、それであれば、わざわざ結果事象型BCPにせずに原因事象型BCPにして、一定の事象があれば、すぐに動くことができるようにしておけば良いだけです。結果事象型BCPを採用しながら、このようなアクションを前提としたマニュアル等が作られているとすれば、それは結果事象型BCPの論理破綻なのです。

　そして、社員ですらBCP発動の連絡を受けるまでBCPが発動される

図表 1-6　災害対応に絡む BCP における結果事象型 BCP の懸念点

「危機管理＝最悪の状況を想定し備える」 →BCPも深夜・土日等の在社時間外の被災を前提に考えるべき ⇒この観点から、結果事象BCPは大きな障害になりかねない！！	
過度のインフラ依存の対策を助長するリスク	結果事象型のBCPは事業インフラの機能に着目して、当該機能が果たせない場合の対策を考える。 →インフラ強化の設備投資を助長（設備面強化もコストかかる）
初動対応が遅れ、BCPの発動も遅れる	就業時間なら設備面・インフラ面の機能の調査・検証は比較的容易も、時間外では来社して確認しないといけない。 →交通機能麻痺で来社できず、時間的ロスも大きい。発動遅れる。
BCP発動の共有が遅れ、関係者の認識統一が難しい	来社できて機能不全を確認できても、その段階では通信障害も生じており、BCP発動の連絡が届かない。関係者も連絡なく動けない。 →BCP発動の共通認識を持てず、組織的な体制整備が遅れる。
連携型BCPでも連携先の予見可能性を担保できない	災害協定先や取引先、従業員は、結果事象でBCPの発動がされるかされないかわからない状況におかれ、身動きが取れない。 →個別の耐震補強等で余計に連携先はBCP発動の予見が立たない。
机上の理屈としてはよくても、危機管理の実務の観点からは深刻な事態を招きかねない	

（出典：㈱エス・ピー・ネットワーク）

28

かどうかわからないということは、取引先はなおさら動くに動けないということになります。

　サプライチェーンや提携先、委託先など、実際のビジネスでは、取引先と連携して業務フローを回していかないといけないケースが少なくないことから、BCPの局面においても、取引先も自社のBCP発動に合わせて、BCPモードで対応してもらうことが必要になります。

　しかし、結果事象型BCPによると、大きな災害後は、取引先と電話がつながらず、BCP発動を伝達できないということになってしまいます。これでは、事業継続は到底なし得ません。

⑦原因事象型BCPだとどうなるか

　この点、原因事象型BCPだとどうなるでしょうか。地震を想定して作ってあれば、震度6弱とか、5強とか、各社で決めた基準の地震が発生した段階で、BCPが発動されます。例えば、「震度6弱が都内で発生した場合」にBCPが発動するということにしておけば、地震速報で誰もがその状況を把握できますので、BCPが発動されることを前提に動くことができます。他の災害事象や事象についても、往々にしてニュース等で配信されることから、BCPが発動される「基準」さえ明確にしておけば、各災害でもBCPが発動されることは容易にわかります。

　原因事象型BCPの場合は、一定の基準を満たせば、その時点でBCP発動という立て付けができますので、休日・深夜等の勤務時間外であっても、わざわざ本社社屋に行って、被害状況等を確認するプロセスを経なくても、関係者はすぐにBCP発動前提でアクションを起こすことができますし、通信障害等で連絡がつけにくい状況でわざわざ関係者にBCPの発動を伝達する必要はありません。

　安否確認も災害発生と同時に発動するシステムにしておけば、役職員がそれぞれ、決められた要領に従い対処していけば良いので、動きやすいのです。また、取引先にも、BCP発動基準を共有しておけば、取引先も連絡を待たずに、BCP発動前提での支援体制に移行できます。

2つの考え方：原因事象型BCP（従来型）と結果事象型BCP（新しい考え方）

⇒危機管理としてのBCP：最悪の状況を前提＝休日・深夜等の勤務時間外の発生を想定

⇒結果事象型BCPの問題点：上記最悪の想定時に3つの落とし穴あり

・初動対応の遅れ～状況確認の困難性：被害確認できず、BCPの立ち上げが遅れる

・BCP発動の伝達も困難：被害の状況でBCPが左右されるが、通信障害等で伝達することが難しい

・関係者の予見可能性がない：連絡をもらわないと発動されるかわからず動けない

⇒原因事象型BCPは、事象（インシデント）の発生が基準になるので、「すぐに動ける」「BCP発動の伝達不要」「関係者も予見できる」

・結果事象型BCPの「前提」に隠されたからくり

　ところで、結果事象型BCPのロジックについて、読者の皆様は、何か違和感を覚えませんか。

　確かに地震に対するBCPを整備していたところ、地震に加えて津波や原発災害が発生すれば、地震型BCPでは限界があることには間違いがありません。しかし、複合的に発生するのは、災害事象（原因事象）だけでしょうか。

　結論からいえば、少なくともBCPを発動しなければいけないような甚大な自然災害が発生した場合に、災害事象（原因事象）だけが複合的に発生（例えば、地震と津波と土砂崩れが発生）して、発生事象（結果事象）は複合的に発生しないということはいえません。結果事象型BCPであっても複合的に被害が生じうることは疑いのない事実なのです。例えば、本社の機能が停止し、さらに社員が出社できないとか、サー

バーも損傷したとか、工場も被災したとか、複合的に生じうることは過去の事例をみても明らかなのです。

　そうなると、結果事象型BCPにおいても、どのBCPを使うのか、特定のシナリオで想定されたBCPが適用できないという、原因事象型BCPと同じ問題が生じてしまうのです。

　結局、原因事象型BCPは複合事象に対応できないため、結果事象型BCPが有効であるという論法そのものが、そもそも成り立たないのです。

4. 効率的にBCP整備を進めるための戦略①～原因事象型BCPで作成する

　さて、ここまでの説明で、原因事象型BCPの方が、動きやすいということがわかりました。結果事象型BCPは、原因事象型BCPを整備していた企業が、さらにBCPの精度を高めるために、被害発生後の対応・復旧の部分を経営資源ごとに細分化する意味では非常に有用ですが、これからBCPを作ろうとする企業や、BCPを作り始めたけど、どのように進めたら良いかわからないという企業には向きません。

　本書は、特に中小企業が少しでもBCPの整備を進めていけるように、できるだけ敷居の低いところから、徐々にステップアップしてもらうことを意図していますので、何よりも重要なのは、「わかりやすい」こと、そして、「進めやすい」こと、「できるだけ効率的に進められる」ことを重視します。

　私たちも、多くの企業でBCPの整備をお手伝いしていますが、実際に企業の担当者を巻き込んでBCPを整備・強化していく過程で、BCPについて話をすると、圧倒的に原因事象型BCPの方がわかりやすく、理解して進めてもらえます。危機管理実務の観点からも、前述の結果事象型BCPの３つの弱点は致命傷になりかねないことを考えると、原因事象型でBCPを整備・策定していくことをお勧めします。

　原因事象型BCPの考え方でBCPを整備していく方が良い理由は、ほかにもあります。

実際に作業を進めていく上で、重要な視点でもありますので、その理由を説明します。

（1）作成していく上で「イメージ」がしやすい

原因事象型BCPの考え方を採用した方が良い最大の理由は、何よりも、BCPを整備・策定していく上で、具体的な状況をイメージしやすいということです。

地震や台風、豪雨などは、これまでにも多く発生しており、ニュース等で報道・放映されますので、被災地でどのようなことが起きているのか、こういう災害の場合どういうことが起きてしまうのか、その状況・情報に容易に接することができます。

そのような状況・情報に接すれば、自社ではどんな被害が起きるのか、どのような対策をしたら良いのかを、多くの社員を巻き込んで、分析・検討をすることができます。そして、それをきっかけに、BCPの骨組みの部分を整備・策定していくことができるのです。

結果事象型BCPでは、本社社屋が使えなくなったとか、社員が出社できなくなった等の事態はそうそう起こることではないので、その時にどうなってしまうのかの分析は「想像」の範疇になってしまいます。工場が稼働できなくなったとか、システムがダウンした等についても、担当部門ならリスク等をイメージできても、それ以外の方はイメージもしにくく、担当部門で何とかしろよ、という風潮にもなってしまいます。

したがって、イメージできることで、BCPの整備・策定が促進されやすい原因事象型BCPの考え方で、BCPを整備・策定されることをお勧めします。

（2）BCPの発動や運用がわかりやすい

BCPが発動されるような状況はそうそうあるものではありません。そういうレアケースだからこそ、組織としての動きは、シンプルでわかりやすい方が良いのです。また、信号が青になったら歩行者が一斉に渡

り出すように、あるシグナル（基準）が発せられたら、全員が自動的に動く体制の方がわかりやすく、組織としての対応は早くなるのは一目瞭然です。

　BCPモードへの移行がスムーズで、しかもわかりやすいのは原因事象型BCPですから、原因事象型BCPの考え方で、BCPを整備・策定されることをお勧めします。

（3）費用偏重になりがちな状況を緩和できる

　結果事象型BCPは、会社の設備等の経営資源に注目したBCPであり、しかもそれが利用できない場合の対応策を検討・整備するものです。もちろん事業の復旧・回復に向けては、会社の施設や設備・備品等については相応の強化・冗長化が必要なのは原因事象型BCPでも同様ですが、結果事象型BCPは、そもそもが経営資源の機能停止が前提のところから組み立てるため、企業でのBCPとしての対策論についても、施設や設備・備品等の確保やその代替に関する議論が多くなってしまいます。

　経営資源（設備やインフラ等。もちろん人的資源も含まれますが）の強化・冗長化の方向に議論・対策が進んでしまうと、種々の設備投資や代替手段の確保等費用のかかる対策がBCPの内容の中心になりかねず、潤沢な資金がないことが多い中小企業ではなかなかBCP整備が進まないという事態に陥ってしまいます。

　繰り返しになりますが、以上のようなメリットを踏まえて、まずは着手しやすく、わかりやすいところからBCP整備に取り組むことが重要です。その意味で、これからBCPの整備に着手したいとお考えの企業の担当者や今一度BCPの見直しをしたい方は、原因事象型BCPの考え方で、BCPの整備・策定・強化を進めてみてください。

BCP未整備企業や作成途上の企業は、BCPは「原因事象型」で整備する

⇒最大の理由はわかりやすく、進めやすい

⇒最初は、原因事象型BCPを整備すべき理由

・具体的な被害等がイメージしやすい：イメージできるかどうかは推進に大きく影響

・発動や運用がわかりやすい：想定外の事態への対応を見据えるとシンプルが最善

・費用偏重の対策の抑制：結果事象型は「経営インフラの被災」から出発

⇒原因事象型BCPを採用すれば、結果事象型BCPの持つ、勤務時間外に発災した場合の落とし穴も克服できる

5. 効率的にBCP整備を進めるための戦略②〜インシデント別リスク分析

　さて、BCPの整備・策定は、原因事象型BCPで進めることが、わかりやすく、進めやすく、効率的であることはわかりました。そこで、次に問題となるのは、何を原因事象とするか、ということです。

　原因事象型BCPの整備を考えていく上で看過してはならないのは、インシデント別の差異をしっかりと認識しておくことです。原因となる事象により、生じうる社会環境や事業環境は異なることを認識しつつ、それらの要因を勘案したBCPを構築・整備していくことが求められるのです。

　そして、インシデント別の差異をどのような視点で比較し、方向性を判断するかに関して、重要な視点は、「インフラ等の状況の検証」と「予測可能性（事前の被害低減処置実施の可否）」となります。「インフラ等の状況の検証」について、検討しなければいけないのは、次の4点になります。すなわち、「社会インフラ・ライフライン停止の有無」「スタッフの負傷・健康被害等の発生可能性」「従業員の参集可否・取引先との連携の可否」「二次被害

発生可能性・被害拡大可能性等」です。整理すると、下記の図表 1 - 7 のとおりです。

図表 1-7　原因事象型 BCP の整備〜インシデント別リスク評価の視点

インフラ等の 状況の検証	社会インフラ・ ライフライン停止 の有無	スタッフの負傷・ 健康被害等の 発生可能性	従業員の参集可否・ 取引先との 連携の可否	二次被害発生・ 可能性、被害拡大 可能性等
予測可能性 （事前低減可能性）	予測可能性あり 事前の減災・被害 低減措置可能	リスクマネジメント、 減災対策、発生後 対応の3フェーズ	予測可能性なし 被害予防対策 と事後対応	リスクマネジメント、 発生後対応の 2フェーズ

（出典：㈱エス・ピー・ネットワーク）

　以下、順番に解説していきます。

（1）社会インフラの被害状況

　インフラ等の状況の検証の 1 つ目の視点は、当該インシデントの発生に伴う「社会インフラの被害状況」です。

　ここで「社会インフラ」とは、電気・ガス・水道等のライフラインのほか、通信・交通機能、社会的な物流ネットワーク、医療機能等の各機能を総称したものです。

　社会インフラの状況次第で、事業継続の可能性は大きく異なってきます。社会インフラの被害が少なければ、通常の社会環境・事業環境に近い状況ですので、事業継続への影響はそれほど大きくありません。一方で、社会インフラが大きく損なわれていれば、事業継続は容易ではありません。

　したがって、インシデント別に当該インシデント発生による社会インフラへの影響を考慮しておく必要があるのです。社会インフラの被害状況により、事業復旧に求められるスピード感も、優先順位も異なってくるからです。

（2）スタッフの負傷・健康被害等の発生可能性

　インフラ等の状況の検証の 2 つ目の視点は、当該インシデントの発生に伴う「スタッフの負傷・健康被害等の発生可能性」です。

　どこの企業・組織においても、防災あるいは事業継続時の最優先の方針は、

「人命尊重・従業員等の安全確保」とされていますが、それは、道義的・法的責任の観点以外にも、やはり、事業活動には人的資源が重要であり、不可欠の要因となるからです。

　当該インシデントにより、従業員が負傷したり、健康被害が発生する可能性があるならば、その事態を回避することに全力を挙げなければなりませんので、事業の回復・復旧には少し時間が必要になります。また、負傷や健康被害の発生により、従業員の一部が通常通り稼働できない可能性を視野に入れたBCPの策定が必要になります。一方でその可能性が低いのであれば、比較的早い段階から、通常通りの業務復旧に向けて、多くの社員の総力を結集することができます。

　したがって、BCPの策定には、スタッフの負傷・健康被害等の発生可能性を考慮・検討しておく必要があるのです。これにより、初動対応後の復旧プロセスにおける優先順位が異なってくるからです。

（3）従業員の参集可否・取引先との連携の可否

　インフラ等の状況の検証の３つ目の視点は、当該インシデントの発生に伴う「従業員の参集可否・取引先との連携の可否」です。

　BCPの発動に伴い、事業の回復・復旧には、前述のように従業員や取引先の力が不可欠です。そのためには、従業員が会社の拠点等に参集・移動できることが重要であり、取引先にも自社の動きに連動してもらう必要があります。

　いざ、会社の施設等が問題なくても、実務を担う人材がいなければ、十分な事業復旧や事業活動はできません。もし、従業員の参集・移動ができなかったり、取引先が連動できなかったりするのであれば、BCPの内容もそれに応じて整備し、あるいは被災後の状況に合わせて修正・対応していく必要があります。

　したがって、従業員の参集可否・取引先との連携の可否はBCPの整備・策定を進める上でも、重要な要素になるのです。

（4）二次被害発生・被害拡大の可能性

　インフラ等の状況の検証の４つ目の視点は、当該インシデントの発生に伴う「二次被害発生・被害拡大の可能性」です。

　２つ目の基準である「スタッフの負傷・健康被害等の発生可能性」とも一部関係しますが、インシデントが発生した後、さらに二次被害が発生する可能性があり、被害拡大の可能性がある場合は、当該被害を食い止めるための手立てや関係者が被害を受けないための対策が急務であり、事業の回復・復旧は劣後せざるを得ません。

　二次被害発生や被害拡大が見込まれる中で、無理に現場復旧作業や事業回復に向けた活動をさせたり、被害低減措置をとらないでいると、関係者（顧客を含む）が損害を被ったり、人命を失ったりというより重大な事態を招きかねません。このような事態を招けば、それこそ信用問題ですので、仮に事業活動を通常通り戻したところで、世間からの信頼を失い、事業継続など望めません。

　二次被害発生・被害拡大の可能性は、BCP発動後の対応の優先順位に大きく影響を及ぼすことから、インシデント別のリスク分析の中で、この点をしっかりと検証しておく必要があるのです。

（5）インシデント発生の予測が可能かどうか

　BCPを考える上で、もう１つ検討が必要な重要項目は当該インシデントの発生が「予測可能かどうか」です。

　災害やインシデントの発生が予測可能であれば、当該インシデントが発生・悪化する前に、早めの防災・減災・被害低減・回避策も行えますし、事前の対応計画も、予測を踏まえて早い段階で軌道修正や追加対策の検討を行うことができます。

　このように、発生が予測できる場合は、事前に行うリスクマネジメント（予測・予防）のほか、被害低減・回避のための措置、そして発生後の対応の３つのフェーズで、BCMを実施していく必要があります。

　一方、予測が不可能なものは、事前に被害低減・回避行動がとれませんの

で、基本的にはインシデントが発生してから、その被害状況等を踏まえて、対応していくしかありません。したがってこの場合は、事前に行うリスクマネジメント（予測・予防）と発生後の対応という2つのフェーズでのBCMの実施が基本となります。

　事前予測による事業継続のための準備(事前低減)段階があるかどうかで、BCPの内容は異なってくるのです。

　なお、この「予測可能かどうか」という視点は、災害危機対策の観点からは非常に重要です。感染症や台風・豪雨等ある程度予測が事前に可能なものは、被害発生・拡大前の対策（被害の低減・回避のための措置）が重要です。例えば「避難」にしても、台風や豪雨については被害が出る前に完了しておかなければなりませんが、予測不可能な地震の場合は被害発生後に行わざるを得ません。経営に重要な設備が水に浸からないように事前に高い場所に移すことも、事前に予測可能な台風・豪雨等では可能なのです。

　この被害発生・拡大前の対策（被害の低減・回避のための措置）のプロセスを取れるかどうかでBCMの実効性も大きく異なります。実は、この点も、先に紹介した原因事象型BCPと結果事象型BCPとの比較において、原因事象型BCPを採用すべき理由の一つなのです。

　原因事象型BCPの場合、災害事象ごとに対応プロセスを考えていくことができますので、感染症、台風・豪雨等の事前予測が可能な事象は、BCP立ち上げの基準を被害発生前に早めることで、対策本部の立ち上げや被害の低減・回避のための措置を被害が発生する前に実施できます。一方、結果事象型BCPは被害（結果）発生が前提ですので、この被害の低減・回避のための措置は、そもそもBCPとして想定できません（無理やり防災対策の枠組みにはめ込むしかない）。事前に対策が可能なのに、BCPの考え方により、適切な事前の被害低減・回避策が行えないというのは、危機管理の観点からは、やはり大きな問題があると言わざるを得ません。

原因事象別リスク比較の視点

原因事象別のリスク評価は、大きく 2 つの視点で

⇒ 2 つの視点は、「インフラ等の状況の検証」と「インシデントの予測可能性」

⇒インフラ等の状況については、以下の点を検証

　・社会インフラの被害状況

　・スタッフの負傷・健康被害等の発生可能性

　・従業員の参集可否・取引先との連携の可否

　・二次被害発生・被害拡大の可能性

（6）実際にどのように比較を行うか

　それでは、実際に、どのようにインシデント別のリスク分析を行うか、実際に簡略化してご説明します。ここでは、比較の視点を「（第一基準）予測の可否」「（第二基準）社会インフラの被害状況」「（第三基準）従業員への影響」という 3 つの視点に簡略化します。

①自然災害（地震、台風、水害、噴火）

　・自然災害については、第一の基準である「予測の可否」に関して、台風・水害・津波のように一定程度、規模や発生が「予測しうるもの」と、地震のように規模や場所の事前「予測が難しいもの」があります。噴火は、ある程度の予知は可能ですが、未知の要素を含みます。

　　事前に予測できるものについては、例えば台風時の鉄道会社の計画運休のような事前の被害低減策の実施も、事業継続の観点からは重要な施策であるため、その要領を整備しておく必要があります。また、そこまでの推移や今後の動向予測を踏まえて、適宜、計画や範囲を修正していくことができます。

　・第二の基準である当該インシデントの発生に伴う「社会インフラの被害状況」については、自然災害の場合は、社会インフラの機能障害が生じる可能性が高く、それに伴い従業員の参集や情報収集・共有、各

方面との連携に支障が出る可能性があります。

- 第三の基準である「従業員への影響」については、地震や台風による甚大な災害の発生により、自社や取引先等の従業員の安全・生命を脅かす事態が生じうるほか、避難が必要なケースも含め、身体・精神両面において、また私生活面においても種々の影響が生じうることから、事業継続に関しての人的資産毀損（機能停止）のリスクがあります。
- 以上を踏まえて、事業継続対策の大枠を概観すると、下記のとおりとなります。

  ✓ 防災対策（平時準備）

  ➢ 施設強化対策：耐震補強や什器の固定等

  ➢ 防災教育・研修：避難訓練等も含む安全確保のためのノウハウ共有

  ➢ 設備補強・冗長化：予備電源の確保・移設等

  ➢ 安否ルール整備・情報管理対策：安否確認システム整備、データ保存

  （解説）まず、平素からのリスクマネジメントとして、減災に向けた施設強化対策、設備補強・冗長化、防災教育・研修、安否ルールの整備や情報管理対策が必要になります。

  施設・設備等のハード面だけでなく、教育研修やルールの整備等のソフト面の対策も重要であることを忘れてはなりません。

  ✓ 災害対応（予測可能災害）

  ➢ 従業員の安全確保：従業員の安全確保、行動指針の明示等

  ➢ 被災回避行動・被害軽減措置：予測を踏まえた各種減災対策等

  ➢ 災害動向把握：情報収集や各方面への指示・連絡

  ➢ 事業中断・事業継続措置：予測を踏まえた戦略的判断・対応

  （解説）予測可能災害の場合は、何よりも、災害動向把握や被害回避行動・被害軽減措置が重要になります。事業継続を考える上では、事業へのダメージを可能な限り小さくすることが重要であり、その意味では、事前の防災対策だけではなく、予測を踏ま

えた災害対応も、事業継続上重要なマネジメントなのです。

✓災害対応（予測不能災害）

>従業員の安全確保：従業員の安全確保、行動指針の明示等

>被害軽減措置・二次被害防止対策：早めの避難や安全確保行動の
徹底

>初動対応・危機対応：発生した事象と被害を踏まえた危機対応

>広報体制整備・事業継続判断・事業継続措置：状況を踏まえ判断

（解説）予測不可能災害の場合は、防災対策以上の事前の準備は難し
いことから、発災後の対応に重点が置かれます。

ただし、事業へのダメージを可能な限り小さくすることが重
要であることは予測可能災害の場合と変わりありませんので、
従業員の安全確保と被害軽減・二次被害防止措置は極めて重要
になります。

そして、被災を前提として対応せざるを得ない以上、被災状
況と被害を踏まえた戦略的な危機対応が重要となります。災害
の規模が大きくなればなるほど、現場は混乱を極め、できるこ
とは限られるにしても、状況を踏まえて、できることは確実に

図表 1-8　インシデント別 BCP（自然災害）：リスク分析

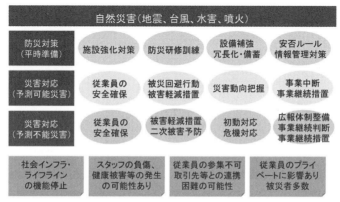

（出典：㈱エス・ピー・ネットワーク）

実行していく危機対応が求められます。

②感染症（インフルエンザ等）

・感染症については、第一の基準である「予測の可否」に関しては、発生初期は予測不可能ですが、事業継続が危ぶまれる流行期については、それまでの罹患状況や発生地域、毒性、感染力等のデータ分析・公表が相当程度行われるため、被害・動向予測は一定程度可能です。

・第二の基準である当該インシデントの発生に伴う「社会インフラの被害状況」については、感染症の場合は、社会インフラに大きな機能障害が生じる可能性は低く、従業員の参集や情報収集・共有、各方面との連携に支障が出る可能性は高くありません。

　一部間引き運行等は考えられますが、災害時のように移動そのものができないという状況は考えにくく、災害時と比べてその影響は限定的です。

　ただし、感染者も通院等で交通機関等を利用する可能性があるため、出勤・参集や移動は逆に、感染症罹患リスクを高める場合があることに注意が必要です。

・第三の基準である「従業員への影響」については、感染症によっては従業員の生命を脅かす事態も生じるほか、段階的かつ相当程度の期間にわたり相当数の罹患者を生じさせるリスクがあります。

　また、感染症の罹患時は、数日〜相当期間は会社等を休む（休ませる）必要が出てきますので、従業員が出勤できないことにより事業継続に影響が及ぶという事態が生じる可能性が低くありません。

　そして、深刻な感染症であればあるほど、家族が感染した場合や、濃厚接触にあたりうる場合は、従業員自身が感染していなくても、隔離により、通常通り活動できなくなるリスクがあることも念頭に置かなければなりません（新型コロナウイルス感染症における現在の状況も、ここでリスク分析のとおりの状況になっていました）。

・以上を踏まえて、事業継続対策の大枠を概観すると、下記のとおりとなります。

✓ 平時準備

> 施設内対策：空調設備や温湿度調整、殺菌・消毒等の対応・対策

> 研修・情報発信・訓練・マニュアル化：予防に向けた環境づくり

> 感染予防対策：予防に向けたルール化、周知・徹底、備品準備

> ルールの整備：健康管理・記録、体調不良時の対応要領など

（解説）感染症に対する事前対策としては、何よりも感染リスクの低減に向けた各種対策と、従業員等を巻き込んだ、予防活動の実施が重要となります。事業継続対策においては、事業へのダメージを可能な限り小さくすることが重要であることは自然災害の場合と同様です。

✓ 発生時対応（蔓延期）

> 従業員の健康管理対策：予防措置および健康管理ルールの徹底

> 感染者・感染源の隔離：予防・被害拡大の最重要事項。強制休日等

> 感染拡大防止・勤務体制変更：シフトや勤務体制変更（在宅含む）

> オペレーション変更、拠点の縮小・変更：罹患状況に合わせて対応

（解説）感染症について、蔓延期の発生時対応としては、被害の拡大防止措置の徹底と罹患者の存在を前提とした、通常のオペレーションを変更しての業務運営が求められます。

　　特に蔓延期については、相当数の従業員が罹患している可能性があり、各部門や業務プロセスにおける人員不足が深刻化してくることから、それを前提としたオペレーションの変更等の対応が重要です。

✓ 発生時対応（収束期）

> 従業員の健康管理対策：予防措置および健康管理ルールの徹底

> 被害軽減措置・衛生対策：シフトや勤務体制変更（在宅含む）

> 代替要員確保・感染拡大防止：欠員分の補充

> オペレーション変更、拠点の縮小・変更：罹患状況に合わせて対応

（解説）収束期の発生時対応としても、被害の拡大防止措置の徹底と罹患者の存在を前提とした、通常のオペレーションを変更し

ての業務運営が求められてくることは、蔓延期と同様です。

蔓延期と比べて、各部門や業務プロセスにおける人員不足は解消されているものの、依然として感染拡大のリスクや欠員発生のリスクがあることから、罹患者の存在を前提とした業務運営を行わざるを得ません。

図表 1-9 インシデント別BCP（感染症・化学系テロ）：リスク分析

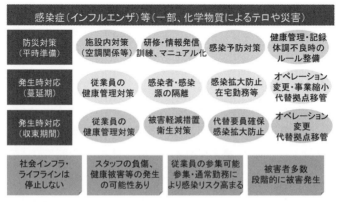

（出典：㈱エス・ピー・ネットワーク）

③システムダウン（サイバーテロ）

・第一の基準である「予測の可否」については、個別のインシデント発生を事前に予測することはなかなか難しいといえます。

システム面での各種のログや兆候は監視・分析できますが、事態の発生まで具体的に予測していないというのが、実情ではないでしょうか（兆候を掴むためのシステム的な手当ては種々対策されますが、実際に稼動しているシステムが止まることの影響が大きいため、システムを止めることを前提としにくい情報システム特有の難しさがあります）。

・第二の基準である当該インシデントの発生に伴う「社会インフラの被害状況」については、基本的には社会インフラの機能障害が生じる可能性は低く、従業員の参集や各方面との連携に支障が出る可能性は高くありません。

　　ただし、都市機能を狙う大掛かりなサイバー攻撃等の場合は、社会インフラの機能が停止する場合があります。

・第三の基準である当該インシデントの発生に伴う「従業員の影響」についても、医療機関や医療機器、化学プラントや原子力発電所を狙うテロ等の場合を除いて、基本的には、従業員等の多くが罹患したり被害等を受ける事態は、考えにくいといえます。

・以上を踏まえて、事業継続対策の大枠を概観すると、下記のとおりとなります。

　　✓平時準備

　　　➤セキュリティ対策・脆弱性対策：サイバーセキュリティ

　　　➤最新情報の収集・知見の蓄積：サイバーテロに関する情報収集

　　　➤システムモニタリング：攻撃等の兆候の把握とシステム強化

　　　➤データのバックアップ：データ保存等、攻撃を前提とした対策

　　（解説）サイバーテロに関しては、すでに各社において相応のシステム面での対策が行われていますが、外部からの攻撃手法も多様化しています。また個々の端末を操作するのは従業員であり、意識やスキルにおいて個々人で差もあることから、攻撃を受ける可能性を視野に入れた事前対策が重要となります。

　　✓発生時対応（発生初期）

　　　➤被害拡大防止措置・WEBサイト：ウイルス等への感染拡大防止措置

　　　➤被害状況の把握：自社のシステム、データ等のダメージの把握

　　　➤危機管理広報・事態告知・顧客等への対応：利害関係者への事態周知

　　　➤システム復旧・セキュリティ対策：正常回復に向けた対応

　　（解説）サイバーテロに対する発生時の対応（BCP）としては、当該インシデントに基づく影響が自社のみにとどまらない可能性を視野に入れておくことが重要であり、WEBサイト経由やメール経由での、他社や利用者への感染（影響）拡大を最小

限に食い止める必要があります。

　BCPというと、事業継続という言葉に影響されて、「継続」を最優先に考えてしまいがちですが、サイバーテロの場合は、いったん止める発想も求められることに注意しなければなりません。

　そして、いったんシステムを止めることを前提とした場合、あるいは、他に影響が及ぶ可能性のある場合については、利害関係者への告知や注意喚起が重要であることから、適時適切な危機管理広報が必要になります。

✓ 発生時対応（復旧準備期）
　➤ システム復旧・セキュリティ対策：正常回復に向けた対応
　➤ 危機管理広報・顧客等への対応：他社影響がある場合は先方の都合あり
　➤ データの復旧・脆弱性対策：データ復元、正常稼動確認
　➤ 担当部門等のオペレーション変更への対応：人事・労務対策等
（解説）復旧準備期についても、対応は基本的に変わりませんが、特に他社に影響がある場合については、自社のシステムの復旧だけではなく、場合によっては、当該他社のBCPにも影響を

図表 1-10 インシデント別 BCP（サイバーテロ）：リスク分析

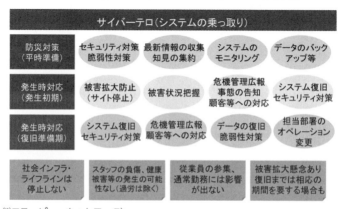

（出典：㈱エス・ピー・ネットワーク）

及ぼしかねないことを忘れてはなりません。

　なお、ここで自然災害（地震）とシステムダウンのリスク分析を行いましたが、このような違いがあるにもかかわらず、もともと情報システムに絡む危機対応策として提唱されたBCP固有の概念をそのまま災害対応に横展開することには違和感を禁じ得ません。

（7）結局、原因事象を何にするか〜「大規模海溝型地震」がベスト

　以上の各インシデントの分析から、一番状況が良くない（＝最悪の事態になる）のは、地震等の予測不可能な災害であることがわかりました。

　感染症やシステムダウンでは、基本的に一定の期間社会インフラがまったく機能しないということは極めて考えにくいですから、地震等の自然災害との比較では、事業継続対応は比較的容易です。地震の場合は、事前に予測も難しく、さらに発災後は、企業活動でも重要な電気、水道、通信、交通等が被害を受けたり、しばらくの間正常に機能しませんので、企業活動に甚大な影響が出てきます。当然、サプライチェーンもままなりません。このような状況こそ、BCPが必要な状況なのです。

　したがって、原因事象型BCPの考え方で、BCPの整備・策定を進める場合、最悪を想定して、準備するという危機管理の本質を踏まえると、「大規模地震」を想定インシデントにしておくことが得策です。しかも、津波も発生しうる大規模海溝型地震を想定しておけば、二次被害も含めてさまざまなインシデントが含まれます（水害後の感染症対策や避難所での感染症対策も含まれている）ので、結果事象型BCPが原因事象型BCPの問題点とした単一事象を前提とする点も克服できるのです。

原因事象＝大規模海溝型地震を想定する

　インシデント分析で一番状況が悪いのは、予測が難しい「地震」

　⇒「地震」を前提に、大規模地震＋海溝型という要素を盛り込む

　⇒こうすることで、津波をはじめとする複合インシデントを想定できる

---

6. 災害対策とBCPを融合・一体化するメリット

　原因事象は大規模海溝型地震とすることで、ようやく災害とBCPがつながりました。ここから、いよいよ災害危機対策の解説に入っていきます。

　ここまでの解説で、なんとなくBCPのイメージが持てたと思います。本書は、実際の自然災害への対応をしていくための「災害危機対策」の勘所を紹介していくものですが、重要なのは、災害対策（防災）とBCPを融合・一体化して準備・運用していくことです。

　災害対策（防災）とBCPを融合・一体化していく発想を持つことで、初めて、防災・BCP整備の重要なキーワードである「予測・予防・対応」が実現できることになります。

（1）防災対策との一体的整備・運用の必要性・重要性

　内閣府「事業継続ガイドライン第三版」（p.5）では、「BCMにおいては、危機的事象の発生により、活用できる経営資源に制限が生じることを踏まえ、優先すべき重要事業・業務を絞り込み、どの業務をいつまでにどのレベルまで回復されるか、経営判断として決めることが求められるが、この点がBCMと従来の防災活動で大きく異なる。そのため、防災活動の単なる延長としてBCMを捉えると、その効果を十分に発揮できないおそれがある。」としています。

　しかし、BCPを効率的かつ合理的に整備していくためには、両者を別物と考えずに、一体的に運用していくことが重要です。

　防災対策とBCPを一体的に運用していくべき理由は、次のとおりです。

①災害対策（防災）とBCPの共通性

　　確かに、内閣府「事業継続ガイドライン第三版」が指摘するように、防災対策とBCPではやるべき項目が大きく異なります。しかし、防災対策とBCPとで、「対策の主眼が異なる」かというと、そんなことはなく、共通点もあるのです。

　　防災対策とBCPは、いずれも「命」を守るための取組みという点で

　共通しています。防災対策は、自然災害が発生したときの被害を可能な限り少なくして、従業員等の人命を守るための取組みです。一方、BCPは、自然災害による一時的な大ダメージを乗り切って、事業活動（「企業の生命」）を続けるための取組みです。

　このように両者ともに「生命」を確保・維持することが至上命題であることに着目すれば、共通の考え方で両者を連動させていくことが可能となります。したがって、防災対策とBCPは、一体的に整備・運用していく必要があるのです（図表 1 -11）。

図表 1-11　防災対策と BCP の共通性

> **共通の要素：「生命」の確保・維持が至上命題であること**
> ・防災：被害を可能な限り少なくして、人命を守るための取組
> ・事業継続：一時的な大ダメージを乗り切って事業活動
> 　　　　　　（企業の生命）を続ける取組

（出典：㈱エス・ピー・ネットワーク）

　実際上も、皆様がBCPの整備・見直しを意識するのは、いつでしょうか。ほとんどの方は、大規模地震や大雨・豪雨災害、台風など、社会的に甚大・広域な被害が出た自然災害の場合ではないでしょうか。したがって、実質的には、防災対策と事業継続は密接な関係にあるのです。

> **なぜ、防災対策とBCPを融合・一体化すべきなのか**
>
> ・BCPの概念の変化：「予測・予防」のプロセスを盛り込む必要性
> ・融合・一体化の理由：防災対策とBCPには「共通要素」があるため
> ⇒両者とも「生命」を守る取組み

②防災対策とBCPの一体的運用のメリット

　今回、本書では、「災害危機対策」と銘打ったように、防災対策とBCPを一体的に整備・運用していくこと、言い換えれば、まずは防災

対策から始めることが、中小企業におけるBCP整備・強化の出発点となります。

　なぜ、防災対策から始めるべきなのか。それは、防災対策から始めることで、次のようなメリットがあるからです。

・イメージしやすく、自分のこととして、対策を進めやすい

　災害は、実際に発生すると、往々にして甚大な被害が発生します。そして、その甚大な被害に自分自身が巻き込まれてしまうリスクを常に秘めています。2018年の台風21号や2019年の台風15号、19号など、西日本・東日本の広域で甚大な被害をもたらした災害を目の当たりにして、皆様も、その甚大な被害に自らが巻き込まれる可能性があること、人ごとではないことを強く認識したのではないでしょうか。

　また、自然災害は、これまで多くの災害が発生し、ニュース等で報道されていることから、被災したことがない場合でも、実際に災害が発生した場合にどのような状況になるかイメージしやすいというメリットがあります。

　そして、台風に限らず、地震や噴火等の過去の自然災害の記録や教訓をたどりやすいというメリットもあります。過去の被害を経験・検証することで、実際にどのような被害が発生し、どのような危機（リスク）に直面するか、容易にイメージできます。

　自分自身も被災する可能性があるとなれば、やはり「何らかの対策を講じておかなければ」という動機が生まれてくる方が多いのではないでしょうか。防災を起点に取組みを進めていくことで、自分の身や生活を守るために、どのような対策をし、どのような行動をとるべきかを考える機会を持たせることができるのです。

　この動機づけを行いやすい点は、実際に準備・対策を進めていく上では、非常に大きなアドバンテージとなります。防災対策が社内でなかなか浸透しないのは、防災の取組みをまるで人ごと（担当部署がやること）のように考えてしまうからです。その意味で、自分が少しでも被災する

ような状況に置かれる可能性があるという前提を作り、防災対策や
BCP整備を「自分ごと」にしていくことは、BCPを整備をしていく上
でも、非常に重要です。だからこそ、防災対策とBCPを融合・一体化
して、準備・対策を進めていくべきなのです。

　結果事象型BCPのところでも触れましたが、イメージもできず、経験・
見聞したこともない事象やリスクを想定し、それを前提に対策を考えて
いくことは容易ではありません。特に、BCPは、現在の実務や指針に
従うと、事業影響度分析（BIA）や目標復旧時間（RTO）など、特有の、
しかもわかりにくい言葉が多いため、イメージも経験・見聞もできない
中で、種々の方策を検討していくことは担当者には苦痛でしかありませ
ん。

　まず「始める」ためには、始めやすいきっかけ作りが重要ですが、そ
の始めやすいきっかけが「災害」なのです。だからこそ、本書では、災
害危機対策という整理をしているのです。

・防災対策なくしてBCPは有効に機能しない

図表 1-12　防災対策と BCP の一体的運用～なぜ防災から始めるのか

- □ 災害が発生すると、往々にして甚大な被害が発生する
- □ その甚大な被害に、自らが巻き込まれる可能性がある

- □ 実際に災害が発生した場合に、どのような状況になるか、イメージしやすい
- □ 自らも被災する可能性があるため、対策の必要性を認識しやすい

1. 自分のこととして考えられる（当事者意識）
2. 具体的に困った状況に合いたくないため、どうしたらよいか考えられる（予測・予防・対策を考えられる）

（出典：㈱エス・ピー・ネットワーク）

防災対策とBCPを一体的に整備・運用していくべきとする理由の2つ目は、危機管理の実務を踏まえると、「防災対策なくしてBCPは有効に機能しない」と断言できるからです。言い換えれば、防災対策は、BCPの基礎の部分をなすもので、必然的に一体的に整備・運用していかなければならないのです。

　防災対策は、すでに述べたとおり、「人の生命」を守るための取組みです。防災対策を疎かにすることは、社員を疎かにすること、社員を守らないといっているに等しいといえます。

　防災対策の代表例としては、「備蓄」「耐震化・設備強化」「避難・安否確認」が挙げられますが、これらは、BCPの実効性を担保する上でも、極めて重要な取組みです。

　例えば、災害後は食料や水、エネルギー、電力等の確保もままならないですし、電気や水道が止まってしまうことで、トイレも使えない可能性があります。このような状況では、「備蓄」がなされていなければ生存すら危うくなり、事業継続どころではありません。

　また、自然災害の場合は、建物の倒壊・損壊・機能停止等が発生し、その建物の中での待機・勤務すら難しくなる場合があります。後片付けや被害状況の確認、復旧に向けた作業すら着手できなくなってしまいます。無理にさせれば、余震等で建物が倒壊し、中にいた従業員が巻き込まれたりして、生命の危険もあります。このような状況では、建物や設備の「耐震化」がなされていなければ、安心して事業継続に向けた作業に取り組むことはできません。

　さらに、被災した場合は、適切に避難できなければ命を落としかねませんし、家族や仲間も同様の状況の中で、安否がわからなければ仕事には手につきません。そもそも自らが生き残らなければ、生き延びる（事業継続）ことすらできないのです。したがって、防災対策としての「避難」「安否確認」なくして、BCPは絶対に有効に機能しないのです。

図表 1-13　防災対策と BCP の一体的運用：防災対策なくして BCP は機能
　　　　　しない

防災対策なくして、BCPは有効に機能しない！

備蓄
災害発生後は、食料や水、エネルギー、電力等の確保もままならないし、トイレも使えない可能性がある。寒くても暖も取れない。
⇒このような状況では、生存すら危うく、事業継続対策は不可能

**耐震化
設備強化**
自然災害の場合は、建物の倒壊・損壊・機能停止等が発生し、その中での待機・勤務等が難しくなる場合がある。命の危険もある。
⇒このような状況では、安心して事業継続対策には取り組めない

**避難
安否確認**
被災した場合は、避難ができなければ、命を落とす。また、家族や仲間も同様で、安否が分からないと仕事は手につかない
⇒そもそも生き残らなければ、生き延びる（事業継続）ことは不可能

**BCPの整備・強化には、防災対策が不可欠！
⇒「生き残れ、そして生き延びろ。その為にできることをやれ！」が出発点**

（出典：㈱エス・ピー・ネットワーク）

　したがって、「まず始める」の観点からは、防災対策からしっかりと進めていくことをお勧めします。

防災対策とBCPの一体的運用の理由

1. 実際に経験・見聞していることから、具体的に被害や不利益がイメージできる
2. 実際に自分も被災者になるリスクがあるため、「自分ごと」として考えられる（当事者意識）
3. 被災しないため、被害を小さくするために、どうすべきか考える動機づけができる

⇒災害を基点にすることで、始めるための「きっかけ」が作れる

・防災対策の種類と基本

　防災に関する取組みには、「自助」「共助」「公助」の３種類がありますが、あくまで基本となるのは、「自助」です。

「自助」とは、読んで字のごとく、「自分が助かる」「自分の身は自分
で守る」ということです。自分が助からなければ、人は助けられないし、
事業継続において、重要な役割も果たせません。自分自身が助かるため
の準備や対策をさせることが、何よりも重要なのです。

　防災対策を進める上でのスローガンは、「生き残れ、そして生き延び
ろ。そのためにできることをやれ」です。このスローガンを用いること
で、従業員一人ひとりに「生き残る」「生き延びる」意識を植え付け、
そのためにすべきことを考え、備え、鍛えていくことで、防災対策が強
化されていきます。耐震補強など、会社としてやるべきこともあります
が、備蓄や避難場所の確認、ハザードマップ等や避難要領の確認など、
従業員個々人でやるべきことも、明確化していくことができるメリット
があります。

　そして、「自助」の次は「共助」です。これは、災害後の過酷な状況
下では、自分1人で生き延びるといっても自助には限界もあることか
ら、近所や地域で助け合い、協力しながら、生き延びるための取組みで
す。会社での被災後の取組みも、従業員や関係者が一致団結して行いま

図表 1-14　災害対応の基本：「自助」～まずは自分が助かる

災害対応には、「自助」、「共助」、「公助」の対応が重要となる。しかし、基本となるのは、
あくまでも「自助」

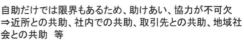

「自分が助かる」、「自分の身を守る」が基本
⇒自分が助からなければ、人は助けられないし、
　重要な役割も果たせない
⇒安全確保・防災対策（備蓄含む）は「自助」の対策

自助だけでは限界もあるため、助けあい、協力が不可欠
⇒近所との共助、社内での共助、取引先との共助、地域社
会との共助　等

自助、共助の取組みに加えて、救援物資の支援や各種
の財政的手当、人的派遣、避難所運営、仮設住宅などの
国による災害支援の取組を行うのが公助

災害対応の基本は、「自助」。この点を忘れない。
自助なくして、他の対応・支援はなし得ない。

（出典：㈱エス・ピー・ネットワーク）

すので、「共助」にあたります。実際には、この「共助」が災害発生後
は極めて重要です。

そして、「自助」「共助」を補完・支援するのが、「公助」です。これは、
国や地方自治体による被災者・避難者支援です。救援物資の支援や各種
の財政的手当て、自衛隊や医療チーム等の人的派遣、避難所運営、仮設
住宅の設置・提供などが、「公助」にあたります。

この「自助」「共助」「公助」の中で基本になるのは、「自助」です。
自助なくして、他の支援や対応はなし得ません。防災対策を進める上で
は、従業員にいかに「自分ごと」の意識を持たせていくかが極めて重要
であることを忘れないようにしてください。

③BCPの整備に関連して実施・整備することが望ましい防災関連項目

本書は、できるだけ効率的かつ合理的にBCPを整備していただくた
めの指針や、整備・策定にかかる時間や費用も極力少なくできるような
視点・情報を盛り込んでいきたいと考えています。

したがって、BCP策定にかかる指針や整備すべき項目についても、
最低限のものは記載・解説していきたいと思います。こうすることで、
読者の皆様は、項目をチェックリスト的に活用し、経営者の方が、費用
と時間をかけるべき部分を選択・判断するために役立てることもできま
すし、現状との突合せをして、今後強化・検討していくべき課題を明確
にするための指針として役立てるなど、読者の皆様がさまざまに有益な
使い方ができるようになります。

それでは防災の項目として、どんなことを検討・対策していけば良い
のでしょうか。

「BCPの整備にあたって、検討・準備しておくべき防災対策に関する
項目」は、次のとおりです（詳細は、第３章以降で解説します）。

BCPの整備にあたって、検討・準備しておくべき防災対策

1．目的の明確化＝「人命尊重」の具体化

2．被災時の従業員の行動規範の明確化

3．安否確認システムの整備・導入

4．安否確認システムを補完する情報連絡ルールの整備

5．従業員の安全確保に向けた補完対策の実施

6．帰宅困難を前提とした対策

7．社屋や会社設備の耐震補強・什器の固定等の安全対策

8．避難訓練の実施

9．危機管理体制の整備

（2）防災・BCPを策定していく場合の最初のレベル感

①想定のレベルを上げ過ぎない

　　ところで、災害危機対策を進めていく上で気を付けなければならない
のは、いきなりハードルを上げ過ぎてしまうことです。

　　原因事象型BCPを整備していく上で、大規模海溝型地震を想定すれ
ば、さまざまなインシデントや被害を踏まえたBCPを整備できますが、
だからといって、南海トラフ地震を想定したBCPをいきなり整備しよ
うとしても無理があります。

　　南海トラフ地震やそれに連動する形で東海・東南海・南海トラフ連動
地震も想定はされていますが、実際に起きてしまえば、東日本大震災を
上回る甚大な被害が発生する可能性も高い上、東京、名古屋、大阪といっ
た大都市も直接的に被災することになり、その被害の全容は想像もつき
ません。実際にどんな被害が発生するかをイメージしようにもイメージ
しきれません。

　　BCPを防災対策と一体的に整備・運用するメリットは、被害がイメー
ジしやすいから対策を進めやすいということにありますので、イメージ
できないレベルの災害を前提にBCPを整備・策定することは、本来の
目的から外れてしまいます。

　　もちろん、段階的にBCPを強化していき、東海・東南海・南海トラ

フ連動地震をも据えたBCPに発展させていくことが望ましいことは言うまでもありませんが、いきなり途方に暮れるようなレベルの災害を想定しても、「そんな状況では何もできない」と諦めの境地になってしまい、結局BCPを整備・策定するモチベーションを下げてしまうことになってしまいます。これでは意味がありません。

②まずは「レベル１」で整備・策定し、段階的に上げていく

　それでは、どういうレベル感を設定するかですが、2011年９月28日に政府の中央防災会議が公表した「東北地方太平洋沖地震（※筆者注：東日本大震災をもたらした地震の正式名称）を教訓とした地震・津波対策に関する専門調査会報告」では、津波対策について「２つのレベルの津波を想定する必要がある」としています。

　２つのレベルとは、「発生頻度は極めて低いものの、発生すれば甚大な被害をもたらす最大クラスの津波（レベル２津波）」と「最大クラスの津波に比べて発生頻度は高く、津波高は低いものの大きな被害をもたらす津波（レベル１津波）」です。

　この２つのレベル感を使って説明すれば、いきなりレベル２の想定でBCPを整備・策定するのではなく、まずはレベル１ないしもっと被害の少ないレベルに合わせて整備・策定し、社員の意識等も高まってきたら、あるいはBCPというものに慣れてきたら、徐々にレベルを上げていき、レベル２の津波にも対応できるBCPを目指すことが重要です。

災害危機対策を進める上でのレベル感

最初は、想定のレベルを上げ過ぎないことがポイント

⇒レベルを上げ過ぎると、途方もない被害想定になりやすく、お手上げの状況に陥り、防災対策やBCP整備が進まない

⇒まずは「レベル１」から始め、徐々にレベルを上げていく（内容を深めていく）

---

③被害想定をする際の注意点～心理バイアスほか

　ただ、レベル１の災害を想定して災害危機対策を進めるといっても、「被害想定」をするケースでは、さまざまなバイアスや事情により、非常に都合よくストーリーが作られてしまう可能性があります。

　災害対策の前提シナリオや従業員の行動指針を考える際に、押さえておかなければいけない点は、人間の心理的なバイアスです。

　特に注意が必要な心理バイアスは下記のとおりです。

・認知的不協和

　認知的不協和とは、私たち人間が、自身の思考の中で、矛盾する２つ（もしくはそれ以上）の認知（自分を取り巻く環境に関する意見・信念・行動の総称）を抱えたとき、不快感を覚え、その矛盾した状態を解消するために、これまで持っていた思考か、新しく入ってきた思考のどちらかを否定しようする心理状態のことをいいます。

　この認知的不協和の代表例として挙げられるのは、たばこの例です。たばこは「肺がん」等になりやすいと聞いても、喫煙者はそう簡単には喫煙をやめることができない場合が少なくありません。この時、喫煙者の中には、「たばこを吸っていても長生きの人はいる」「たばこよりも交通事故の方が死亡確率は高い」などといった理由づけ行い自身の喫煙行動を正当化することで、認知要素間の矛盾、つまり不協和状態を解消しようとします。

　同様に防災やBCPの整備の際も、地震に対する対策や備蓄・耐震補強等の対策をやった方が良いとわかっていても、お金もかかるし、面倒である等の理由で、今までやってこなかったという場合、大きな地震が国内で起きて、防災対策やBCPの整備の必要性が強調されても、「地震でも倒れなかった家もある」「東日本大震災の時も大丈夫だった」と対策をしないことを正当化するような理由づけを行ってしまうことが往々にして起きてしまいます。

　このように、現実に起きたことでも、自分の主義や考え、行動を正当

化するため、事実を軽視・歪曲・例外視して、改善しない（取り組まない）ことの理由づけを都合よく行ってしまうと、想定は甘くなり、結局、遅々として対策が進まないという事態に陥ります。したがって、まずはレベル1で良いからと安易に考えていると、想定はどんどん甘くなっていきがちであることに注意が必要です。

・正常性バイアス

　些細な異常を気にして、常に異常に対処しようとすると、あれもこれもと精神的につらくなるため、その精神的な負担を低減するために異常を異常と思わずに、正常な範囲内の異変を例外視・無視することで、精神的安定を確保する脳の働きを正常性バイアスといいます。

　端からみると異常と感じられる事象も、その異常を無視したり、自分には関係ないと考えたり、自分は大丈夫と思い込んだりしてしまう心理で、多くの人が往々にしてこの心理状態に陥りがちです。自分は大丈夫という「根拠のない自信」の根拠になるのも、この心理バイアスです。

　この正常性バイアスも防災対策やBCPの策定・準備の障害となる場合が少なくありません。特に大きな支障になりかねないのが、避難の際の正常性バイアスによる逃げ遅れです。東日本大震災の時も、地元の高齢者の方が、以前のチリ沖地震の際の津波はここまで来なかったと言って避難しなかったために、津波に呑まれて亡くなってしまったという事例もありました。

　また、被害想定を行うときも、この正常性バイアスにより「自分たちは大丈夫」という意識が働き、実際に起こりうる想定すら直視せず、想定を甘くしてしまうということも起こります。

　したがって、避難の動機づけを行う際にも、被害想定を行う際にも、BCPに関する意識づけを行う際にも、この正常性バイアスが邪魔をしかねないことを忘れてはなりません。

・多数派同調バイアス

　身の回りで、過去に経験したことがないレベルのインシデントが突然起こると、どうして良いかわからない状況になってしまいます。この時に周りにいる人々と同じ行動をとることで、精神を安定させて、自分のとるべき行動を判断しようとします。このように、インシデントの発生を認識しつつ、どのような行動をとるべきか迷ったときは、周囲の人の動きを探りながら同様の行動をとろうとする心理的なメカニズムを「多数派同調バイアス」（集団同調性バイアス）といいます。

　この多数派同調バイアスも避難の際に障害となる場合があります。例えば、大きなイベントホール等で何かを鑑賞していたら、突然、火災報知機が鳴ったとき、多くの人は、周りの人の行動をみて、周りの人が逃げなければ自分も逃げない（「1人だけ逃げるのは恥ずかしい」という心理も働く）という判断をしがちです。これが、周りに同調して行動を決めようとする多数派同調バイアスの影響です。

④避難に関する教訓

　さて、ここまで紹介してきたさまざまな心理バイアスは、まさに命の掛かった避難の局面で顕在化することが少なくありません。

　ここまで紹介したような心理バイアスを踏まえて、逃げ遅れにつなが

図表1-15　災害の避難想定や対応をする際に陥りがちな心理バイアス

危機事態に陥っているのに、「避難しない」等、イザというときに動けないという事例が多く見られる。災害心理学では、特に避難行動について、弊害となる心理バイアスが2つ指摘されている。

正常性バイアス

些細な異常を気にして、常に異常に対処しようとすると、神経症に悩むことになりかねないことから、その心理的な負担を軽減すべく、少々の異常を正常の範囲内の異変と理解して、無視することで、心的な安定を保つメカニズムが働く。これが正常性バイアス
⇒異常を無視したり、何事もない・問題ない（自分は大丈夫）と考える

多数派同調バイアス

過去経験したことのない出来事が突然身の回りに起きるなど、どうして良いか分からない時、ほかの人と同じ行動を取ることで、心の安定を図ろうとするメカニズムが働く。迷ったときは周囲の人の動きを探りながら同じ行動をとるメカニズムを「多数派同調バイアス」（集団同調性バイアスともいう）という。
⇒周りの人が逃げないと自分も逃げない。結果的に多くの人が犠牲になる。

これらの心理バイアスにより避難できなかったケースが、東日本大震災や9・11アメリカ同時多発テロの際にも見られている

（出典：㈱エス・ピー・ネットワーク）

　らないように、東日本大震災が起こる前から、釜石市の小中学生に対して、群馬大学大学院の教授が中心となって、防災教育がされていました。

　東日本大震災の大津波が東北地方沿岸部に甚大な被害を及ぼした中、岩手県釜石市内の児童・生徒の多くが無事でした。この事実は『釜石の奇跡』と呼ばれ、大きな反響を呼んでいます。中でも、海からわずか500m足らずの近距離に位置しているにもかかわらず、釜石市立釜石東中学校と鵜住居小学校の児童・生徒約570名は、地震発生と同時に全員が迅速に避難し、押し寄せる津波から生き延びることができました。積み重ねられてきた防災教育が実を結び、震災発生時に学校にいた児童・生徒全員の命を大津波から守ったのです。

　釜石市はもともと、津波からの避難の意識が高かったのですが、群馬大学大学院の教授は子供たちに、「避難３原則」という教えをレクチャーしていました。（出典：平成23年度 広報ぼうさい「特集　東日本大震災から学ぶ～いかに生き延びたか～」（内閣府・防災情報ページ）http://www.bousai.go.jp/kohou/kouhoubousai/h23/64/special_01.html）

　釜石で教えられていた避難３原則は、「想定に囚われるな」「最善を尽くせ」「率先避難者たれ」でした。

　この３原則は、「人間の弱さ」の裏返しです。前述したように、認知的不協和や正常性バイアスにより想定が甘くなったり、ここはハザードマップの外側だからと勝手に安全と思い込んで状況を過小評価したり、ここまでくれば大丈夫だろうという油断してしまいがちな点への戒めが、「想定に囚われるな」「最善を尽くせ」です。また、多数者同調バイアスで周りをみて逃げない心理的特性への戒めが「率先避難者たれ」です。避難行動が周りの人に影響されるということは、逆に誰かが逃げれば多くの人が一緒に逃げるということでもあることから、一人ひとりが助かるために率先して逃げることを教え、それが結果として他の人にも避難を促すことになるという意味です。

（3）事業影響度分析の考え方と有用性

　さて、一般的なBCPのガイドラインや書籍では、事業影響度分析（Business impact analysis；以下、BIA）というプロセスが必ず行うプロセスとして当たり前に説明されているのですが、これがBCPを分かりにくくしています。

①BCP策定プロセスにおける事業影響度分析の意義

　　内閣府「事業継続ガイドライン　第二版－わが国企業の減災と災害対応の向上のために－」（平成21年11月）によると、「影響度評価」は、計画策定に先立って行われるものと体系づけられ、「影響度評価」の項目の中に「停止期間と対応力の見積もり」「重要業務の決定」「目標復旧時間・目標復旧レベルの設定」の３つの項目が組み込まれています。

　　そして、「影響度評価」は、「事業を継続するために優先的に継続が必要となる重要業務を見極めるために必要なもの」（p.13）と明言されています。

　　具体的な進め方として、

・「事業継続の考え方の特徴として、理由を問わず企業が事業を停止した場合に、その停止期間がどの程度企業に影響を与えるのかを評価し、事業としていつまで耐えられるのかの目標復旧時間を設定する。」

・「主だった製品やサービスの供給停止が発生したと仮定する。そして、その供給停止が企業経営に及ぼす影響を評価する。具体的には、生産量の減少、利益損失、賠償責任金額、信用失墜（顧客離れ）、資金繰りの悪化などの面から評価し、企業がどの程度までの停止期間に耐えられるかの判断を行う。」

と解説されています。

　　そして、この停止の影響および最大許容時間の見積もりを踏まえて、

・「通常、災害により何らかの被害が発生すれば、すべての業務を行うことは困難となるため、重要な業務から優先順位をつけて継続するよう検討することが実践的である。そこで、特定した災害も念頭に置きつつ、企業として、優先的に継続を必要とする重要業務を慎重に選び、

決定する必要がある。」

・「影響度評価の結果や、取引先や行政との関係、社会的使命等を踏ま
え、企業にとってその重要業務の停止が許されると考える目標時間及
び目標復旧レベルを設定する。」

・「重要業務を目標復旧時間内に目標復旧レベルまで復旧させるために
は、求められる様々な経営資源の調達・配備もこの目標復旧時間内に
完了させる必要がある。」

と続けています。

　このように、事業停止の影響度を前提として、「優先して継続すべき
重要業務」や「停止許容時間を踏まえた目標復旧時間、レベル」の設定
という流れが、事業継続計画の策定にあたって最初に行われるプロセス
なのです。

② 「事業インパクト」を指標とした分析の論理的帰結

　ところで、事業停止を前提としてその経営に与える影響度を分析する
にあたり、内閣府「事業継続ガイドライン」等では「生産量の減少、利
益損失、賠償責任金額、信用失墜（顧客離れ）、資金繰りの悪化など」
という分析指標を挙げていますが、これらの指標を用いた場合、当然に
各社の「主要業務」「メイン事業」の損害が最大になることがほとんど
です。

　そして、この停止時の影響度分析が重要業務や復旧目標の選定の指標
となることを前提とすれば、影響度が最大である各社の「主要事業」「メ
イン事業」は停止を許容できる期間が短くなります（収益の大部分をそ
の事業に依存しているからこそ主要事業なのであり、早期に回復しなけ
れば企業としての存続を脅すからです）。

　そうすると、必然的に「主要事業」「メイン事業」が継続すべき重要
業務と選定され、目標復旧時間も短く（１週間以内等）設定されるこ
とになります。

　しかし、ここで考えなければいけないのは、BIAは、BCMの一部と
して、事業「継続」のために実施するという点です。BCPにおいて考

えなければいけないのは、平時のビジネス環境を前提とした停止時の損害ではなく、BCPが発動されるような社会情勢下で、いかに事業を「継続できるか」という「継続（容易）性」の視点なのです。

　事業停止の影響を踏まえて継続すべき重要業務を絞り込んでも、それが実際には継続可能性の高いものでなければ、事業継続は実現できません。言い換えれば、停止影響度のみではなく、継続容易性の要件も検討した上で、重要業務を絞り込まなければ、事業「継続」のための分析としては不十分であり、BCPの実効性を担保するためにも現実ベース指標である継続（容易）性要件を加味することが不可欠なのです。

　それでは、この継続容易性の観点を加味して重要業務の選定を行うとすればどうなるでしょうか。

　停止影響度分析の論理的帰結として導かれた「継続すべき重要業務」とされる「主要事業」は、継続容易性が低くなる可能性が高いといえます。平時から、企業は主要事業には多くの設備投資や人材投入、その他経営資源を可能な限り投入し、業務プロセスを細分化して、収益基盤の安定を図っており、これを維持・継続するためには、相応のコストと設備、人材が必要です。しかしながら、BCPが発動されるのは、「活用可能な経営資源が限られている」状況です。活用可能な経営資源が限られている中で、多くの経営資源の投入、業務プロセスの細分化が必要な主要事業を本当に維持・継続できるのか、例えば、業務実施に必要な設備や人材をどのように確保するのか、多くの業務プロセスの実施のための情報連絡や意思決定をどのように行うのか等を考えると、現実に「主要事業」を継続するには、大きな障壁があります。

　この点については、「代替の拠点を確保する」等のリスクマネジメントによって、事前の対策を行うことで、主要事業の継続可能性を確保する取組みがなされているのが現在の実務の主流ですが、そこにはまた別の問題が潜んでいます。

　それは、事業停止影響度を前提とした分析では、継続すべき重要業務が主要事業とされますので、平時から多くの経営資源が投入されている

主要事業を維持・継続するために、BCPの内容としては、いかに相応の機能・規模を有する代替の拠点・設備を確保するかに主眼が置かれることになります。重要業務として選定された主要事業を維持・継続するための生産設備等を別の地域等に確保し、メイン拠点が被災した場合等は、代替拠点を活用して事業の継続を図るという事業継続戦略が選択されるのです。

しかし、相応の機能・規模を有する代替拠点を確保しようとすれば、相当なコストがかかります。代替拠点の確保に関するコストを負担できる企業はこのような事業継続対策も可能かもしれませんが、コストを負担できない企業や単一地域で事業展開している企業の場合は、代替拠点を活用して事業の継続を図るという事業継続戦略そのものが現実的ではありません。中小企業がBCP整備を進めていく上でも大きなネックとなってしまいます。

「継続する事業の選定」に関しては、継続すべき重要業務については、実際の被災状況を踏まえて、「できることを皆で確実にやる」ことで、継続可能性を高めていく必要があります。施設が壊れようが、通信手段が断たれようが、社員一人ひとりが細々とでも継続していけること、しかもできるだけ多くのスタッフでやれば、継続できる可能性は格段に高まりますので、現実にできることを重要業務と定めて、業務を実施しながら回復を目指していくことにならざるを得ません。

あるいは、例えば、自社が製造業者だからといって自社製品を製造することが重要業務と考えるのではなく、工場を避難所として提供したり、生産ラインが復旧するまでの間は、他社製品を自社製品の代わりに提供したりすることで、地元住民の期待に応える対応をすることを重要業務と定めることで、稼動可能なスタッフから順次実行していくことができます。

BIAの狙いはわからなくもないのですが、停止によるリスクを見積もるBIAのプロセスと、継続すべき重要業務の絞込みは切り離して考えることで、比較的実現性の高いところから、徐々に事業継続に向けた取組

みを開始していくことができます。従来の枠組みにより、BIAによる分析をベースとして継続する事業を絞り込むことは、事業継続を難しくする場合もあることに注意が必要です。

なお、内閣府「事業継続ガイドライン第三版」では、BIAに基づく重要業務の絞込み等に関して、「許容限界も、厳密に言えば、発生事象（インシデント）の大きさ、インフラや顧客の被害状況などの要因で変わり得る。例えば、火災のみで自社のみが被災した場合と、広域災害により顧客や取引先も同時に被災した場合では、停止時間の許容限界はある程度異なると考えられる。また、幅を持った推測しかできない場合も多い。」として、現実の災害状況にはなじまない可能性を認めています。

難しい概念に必要以上に囚われ、分析のための分析に終始しないことが重要です。

7. まとめ

ここまで、災害危機対応の意味やBCPの考え方、実務の迷走などについて解説してきました。

BCPの策定プロセスや概念は非常に特殊ですので、とっつきにくく、わかりにくいため、今までBCPの整備が進まなかった企業も少なくないと思います。また、これまでも解説してきたように現行のBCP整備の実務に従って進めてしまうと、「時間がかかり、コストも半端ない」という大きな壁にぶつかってしまう場合があります。

でも、ここまでお読みいただいて、シンプルに考えて、イメージしやすくわかりやすい考え方をすれば良いこと、できそうなところもあること、BCP特有の難しい概念に囚われなくても何とかなりそうなことが、わかっていただけたのではないでしょうか。

従来のBCP整備の実務の枠組みに従って進めてもなかなか整備が進まなかったのですから、同じアプローチで本書で解説しても意味がありません。思い切って、発想や進め方を変えて、できるだけお金も時間もかけず（無駄

な使い方はせずにという意味です）に災害危機対策を進めていきましょう。

　具体的にどのように進めるかについては、第2章以降で解説していきますが、あらためて本章で押さえていただきたい項目を整理しておきます。

まとめ〜効率的にBCPを整備するための着眼点

　第1章でいいたいこと、押さえていただきたいことは、下記の内容です。

1．「災害危機対策」という形で、防災対策とBCPを融合・一体化して考える

2．BCPは従来の原因事象型BCPの考え方で問題ない。その方がわかりやすい

3．想定するシナリオは、「大規模海溝型地震」とすることで、汎用性を持たせる

4．原因事象型BCPや防災対策から出発することで、イメージしやすい、わかりやすい、整備や運用しやすいメリットがある

5．目標復旧時間（RTO）、事業影響度分析（BIA）など、難しく、BCPに特有の概念については、当初は、あまり気にしなくても整備は進められる

6．「できることから始める」「既存の資源と知恵を使う」「設備やインフラ対策ばかりではない方法を考える」

7．防災対策は、従業員に「自分ごと」と認識させることで、対策が進んでいく

8．従来の枠組みに囚われず、進めやすい方法論でアプローチする

第**2**章

実際の企業の対応実例と
アイデア事例から学ぶ！

～各企業で取り組める実効性ある「災害危機対策」

1 発災時の対応実例～阪神・淡路大震災[1]、東日本大震災[2]、熊本地震

1. 神戸新聞社[3]

(1) 当時の状況・被害

　本社ビルは、阪神・淡路大震災が発生した1995年1月17日当時、同震災で数多くの被害が出た神戸・三宮駅前に位置しており、建物はもちろん内部のコンピュータなど諸設備が壊滅的な打撃を受けました。

　外壁はあちこちで崩れ落ち、各所にひび割れが走り、窓ガラスはすべて粉々に砕け散るという惨状で、かつての社屋は見る影もありませんでした。一歩内部へ入ると、壁や天井が崩れ落ち、廊下、階段には至る所で段差が生じ、立ち入るにも危険な状態でした。

　2階には新聞製作システムのうち組み版系端末、画像系端末、入力系端末、出力系端末、画像カラー系システムやPC、ワープロなどの機器が多数設置されていましたが、いずれも耐震・免震装置を施していなかったため端

1　震災の原因となった地震の正式名称は「平成7年（1995年）兵庫県南部地震」（気象庁）という。この手の書籍や研究書では、正式名称を用いて記載されることが多いが、災害の実例をみていく場合、通称を用いた方が、一般の読者は記憶をたどりやすく、イメージもしやすい。本書は、イメージしやすいことが、災害危機対策を整備・推進していく上で、極めて重要な要素と考えているため、特段の意味がない限り、通称を用いて記載していく。

2　震災の原因となった地震の正式名称は「平成23年（2011年）東北地方太平洋沖地震」（気象庁）という。こちらも、注1記載のとおり、広く浸透している「東日本大震災」の呼称を用いる。

3　神戸商工会議所・情報化推進特別委員会「災害時における通信・コンピュータ対策ガイドブック」（平成8年10月）より引用・抜粋・編集。なお、同書の事例は各企業が寄稿したものであることから、原文そのままで掲載するのを基本としつつ、読みやすさのための入れ替え・補足・修正や文体の調整等、必要な範囲で編集・加工を行っている。

http://www.lib.kobe-u.ac.jp/directory/eqb/book/14-81/html/3.html（神戸商工会議所「デジタル化：神戸大学附属図書館」）

末台やキャスター付きOAラックから転落、破損した機器が多くありました。

　新聞製作の心臓部である新聞製作システム（CTS）のホストコンピュータは３階に設置されており、周辺に集配信・サブシステム（記事入力）、出力・サブシステム・磁気ディスク装置などが配置されていました。いずれの機器も耐震固定していたため落下、転倒による損傷は免れましたが、コンピュータ室の壁や天井が機器の上に落下し使用不能となりました。

　被害を決定的にしたのは電源室の破壊でした。電源室は地下１階にあり、特別高圧トランスで変圧しCTSを稼働させていましたが、室内が回復不能の状態にまで破壊されていたため、コンピュータ稼働を断念せざるを得ませんでした。

（2）BCP対応（復旧過程）
①京都新聞社での新聞製作

　　同社では、1994年１月に、京都新聞社と「相互支援協定」を締結していました。締結当時は、実際に運用されるとは、誰も予想もしなかったこの協定が実際に運用され、京都新聞社の全面的な協力でコンピュータによる新聞製作を継続することができました。

　　震災当日、編集局の記者、制作局のシステム担当者は、交通路寸断の中、京都新聞社へたどり着き、早速、夕刊制作作業を行いました。両社は同じホストコンピュータを使用しており、製作システムもおおむね共通していたため立ち上がりは早く、その日のうちに製作センターの輪転工場へ印刷用のフィルムを届けることができました。以後、長期にわたり、京都新聞社でのコンピュータによる新聞製作を続け、「神戸新聞」は被災地の日刊紙としての使命を果たし、被災地の情報を全国に届けたのです。

②自社制作へ向けた復旧作業

　　同社は、京都新聞社へ製作を依頼する一方で、速やかに、西神戸の製作センターで新聞製作システムを構築する作業を始めました。幸い、輪転機が設置されている製作センターの被害が極めて少ないことがわか

り、震災当日の午後には、社長による「1週間で新聞製作システムを西神戸に構築する」という命令に基づき、現場での作業は開始されました。

　開始当時は、電話回線や道路の寸断により、各メーカー、関係先への連絡は困難を極めましたが、新聞製作システムおよび関連メーカーへの調整はホストメーカーに、空調・電源施設関係窓口はゼネコン一社に一本化しました。各社の全面的な協力で製作システムの再構築は敏速に進み、震災から8日目の1月25日、自社製作のテスト紙面1個面を作ることができました。

　緊急システムと旧来のシステムとの機能、端末機器操作の違いなどで、システム部門以外の編集、製作部門も悪戦苦闘の連続でしたが、オペレーション訓練の時間もなく「ブッツケ本番」で自社製作に踏み切ったのが、震災から10日目の1月27日でした。

（3）災害危機対策に生かす視点

　同社の事例は、災害協定によるBCP実現の例として非常に有名な事例です。この事例にあるように、基幹システムは耐震補強されていても、天井が崩落するなどして、施設や設備が利用できなくなるリスクは、災害危機対策においては、常に念頭に置いておかなければなりません。

　同社は地場の新聞社ですので、本社社屋が壊滅的な状況を受けたとなると、自社での業務実施だけでは業務の継続が果たせなかったかもしれません。しかし、業務プロセスに共通性があり、しかも使い方を心得ている同じ機械を導入していた京都新聞社と相互支援協定を結び、施設や設備を利用させてもらうことで、事業の継続を図りました。

　自社に代替拠点があればその代替拠点を利用して事業の継続を目指すことはできるかもしれませんが、地場にしか拠点がない場合は、場所を変えて（他の非被災地に業務を移管して）業務の継続を図ることは難しいため、自社が地元で事業継続を目指しても限界があります。

　同社のように、業務プロセスがある程度共通していたり、使用していた機

械や設備が共通であるなど、自社の業務プロセスと共通性がある同業他社等の力を借りて、連携の上で、事業の継続を図ることが合理的です。この事例のように、相互支援協定を結んで、相互に支援を受けられる体制を日ごろから整備しておくのも賢明な方法の1つです。

　さらに、この事例から押さえておきたいことは、同社は社長の「1週間で新聞製作システムを西神戸に構築する」という命令に基づき現場が奮闘したことです。このような場合は、トップは明確に優先順位を示すことが重要です。あれもこれもと戦力を分散してしまうと、かえって事業の復旧を遅れさせてしまう可能性があります。優先順位を明確にして、活用できる資源を集中して、徐々に復旧を目指していくことが重要となります。

　最後に、この事例でもあるように、大きな地震が発生すれば、通信機能が停止し、交通機関も大きな影響を受けて移動も難しくなります。そんな中で、ホストメーカーが京都新聞社内に臨時前線基地を設置したことも、事業継続に大きな役割を果たしています。通信遮断や交通障害がある中で、取引先の協力を最前線で得られるというのは非常にありがたいことです。まさに、日ごろからの関係づくりが、このような有事に生きてくるといえるでしょう。

　日ごろからの関係構築は、中小企業でも可能です。特に事業の実施に不可欠な設備メーカーや取引先とは、日ごろから関係構築に努めていただくことに留意してください。

　有事に効果的な対応を行うためには、そのための準備を日ごろから行っておく必要があります。クライシスマネジメントは、リスクマネジメントなくしてはうまくいきません。日ごろの関係構築は、まさにクライシスマネジメントを成功させるためのリスクマネジメントです。そして、極めて効率的かつ合理的な事業継続のための対応なのです。

2. 株式会社一ノ蔵[4]

（1）当時の状況・被害

　宮城県大崎市に本社を構える酒造メーカーで、大松沢丘陵の豊富な地下水と良質の米に恵まれて、年間1万9千石（一升瓶換算で190万本分；2008年現在）の酒を仕込んでいます。同社では、震災前から事業継続関連文書の整備に取り組んでおり、外部の専門家に知見を求めるなどして、震災までには、中核事業と重要業務、それを支える経営資源のリスト化、取引の優先順位づけまでは作業が進んでいました。そしてその内容は役員レベルで認識を共有できていました。そんな矢先、事業継続計画の完成前に東日本大震災に見舞われました。

　震災当日は、取締役全員が不在でした。指揮権に関わる代理順位について明確に定めていなかったため、現場にいた管理職の判断で対応せざるを得ませんでした。社員をすぐに退社させることなく慎重に検討し、最終的にはいったん帰宅させることにしましたが、時間を置いて意思決定したことは、結果的に石巻方面に自宅のある社員が津波の被害に巻き込まれる事態を回避することにつながりました。

　震災当日、社長は東京・大阪方面に出張中で、夜通し車で移動してようやく翌3月12日に本社に戻ることができました。

　また、震災当日の安否確認では、外出中の営業担当に連絡がつかないなど対応に苦慮しました。夜間は本社の入口に貼り紙をしておくなどして対処しました。大半の社員は、週明け3月14日までに安否が確認できましたが、数名の確認が遅れ、最終的には1週間余りですべて確認できました。

（2）BCP対応（復旧過程）

　4　（1）〜（3）までは、株式会社インターリスク総研「東日本大震災から3年　被災企業から学ぶBCMのポイント〜被災体験から導かれる本当に役に立つこと〜（平成25年度宮城県中小企業BCP策定支援事業受託報告書）」（2014年3月）を基に、読みやすさのための入れ替え・補足・修正や文体の調整等、必要な範囲で編集・加工を行っている。

①事業の特殊性〜「地酒」

　酒造業が事業継続に取り組む上で重要な視点は、「地酒」である以上、原料（米、水）は地域での調達が必須であるという点と、免許制という枠組みでの事業であるため、生産拠点が被災した場合に、代替拠点で事業を応急的に復旧するという選択肢が実質的にとれない点です。地域の酒造メーカーは免許を持たない隣県等に代替拠点を求めることは難しいのです。

　手作りの要素が多い日本酒（地酒）は、工業製品とは異なり、人や場所、水が変われば商品品質の維持が難しいという特殊性があり、同業者間で製造拠点の融通などの相互協力をすることも難しい一面があります。

　したがって、事前の策としては、代替拠点の確保ではなく、現地復旧を前提にした、リスクを可能な限り低減する対策に経営資源を配分するという選択肢をとらざるを得ません。

②震災後の対応

　社長が出張から戻った3月12日、取締役全員と主な管理職が本社に参集して対策会議を実施しました。以後、翌週から毎朝、役員と関係部門の管理職で対策会議を継続的に実施することとなります。

　本震・余震（4月7日）とも原酒の貯蔵タンクに被害はほとんどなく、瓶詰の製造ラインなどの復旧に注力することができたため、早い段階で出荷を再開できました。その結果、製造ラインは、約1カ月（2011年4月18日）で完全復旧できました。

　同社では、中核事業（優先商品）と重要業務は震災前から明確になっており、その方針に基づいて対応しました。具体的には、出荷を優先する商品2品目に絞り込み、売上に影響を持つ供給先に対する安定供給を確保するという方針を立て、震災前から経営陣で共有していました。同社の商品は瓶の大小も区別すると70品目以上あり、さまざまな制約がある中で、すべての商品を平常時並みに出荷することは困難であるため、優先的に出荷すべきアイテムを絞り込み、柱となる商品のうち、売

上構成比が大きいものを上位から選抜して優先的に安定供給することとしたのです。

　また、重要業務および優先商品の安定供給に必要な経営資源については、各部門にアンケート調査を実施し、取りまとめる作業を震災前から進めていました。その上で、重要業務に対応する部門の割り振りとバックアップ部門についても定めていました。

　そして、震災時は、優先商品2品目の出荷という基本方針に沿って原則対応したことで業務の混乱を回避できました。販路についても、安定供給を継続すべき取引を震災前から確認していたことで迅速な対応が可能になりました。同社では、関係者と情報共有するために、被害状況と復旧作業の様子を複数回ホームページで公開して、主要な販路である取引先（卸売）にも、被害状況の情報提供を行い、当面の需要を確認するとともに、出荷可能な商品の調整を行いました。

（3）同社が震災から得た教訓

　同社では、震災の経験や教訓を踏まえ、それまでの取組みを加速させて2011年11月に事業継続関連文書の第一版を完成させています。

　準備に3年近く要しましたが、その間事業継続関連の各種セミナーなどで情報を収集し、教科書的な参考資料も集めて社内でノウハウを蓄積しました。第一版策定の約1年後に、独立行政法人中小企業基盤整備機構の紹介で専門家によるレビューを実施し、それを基に文書の見直しを進めています。

　同社では、震災当日、取締役全員が不在で、かつ連絡が十分にとれない状況であったため、在席していた管理職層で緊急時の意思決定を行う場面があったという経験を踏まえ、震災後に、緊急時の意思決定に係る権限者の代行順位について、事業継続関連文書に定めました。また、震災の経験を踏まえ、各種ガイドライン等を参考にしながら、災害規模別の行動ルール、報告ルートの明確化など、全社的な仕組みを策定しました。

　社員の安否確認については、

　・直属の上司へ連絡する手順を定めた。上司に連絡がつかない場合は本社

（災害対策本部）に直接連絡する

・発災が夜間であった場合は、危険を考慮して社員の出社は不要とし、身
　の安全を確保しつつ安否確認だけを実施する

・経営陣は夜間休日問わず、安否確認後自動参集する

と定めました。

　そして、震災後、社員向けの携帯カードを配布して各種ルールの周知に努
めましたが、実際に発生した震度5以上の余震の際に、ルール通りに安否
確認の報告が集まらない事態が生じて訓練の必要性を再認識しました。仕組
みが機能するよう、社員研修に安否確認訓練を盛り込むなど、社員の意識づ
けを徹底しました。

　避難要領に基づき実際に訓練したところ、避難経路にボイラー室があって
避難の妨げになることもわかり、事業継続関連文書を改めています。

（4）災害危機対策に生かす視点

　同社のBCPおよび震災後の対応も、災害危機対策やBCPの策定を進めて
いく上で、参考になるものが多くあります。

　まず、日本酒という地場でしかできない特有の事業環境にある企業の
BCPの事例として、非常に参考になる事例です。「地酒」の特殊性を踏まえ
ると、BCPとしては多くの企業で検討されがちな代替拠点での事業の継続
戦略が採用できないという事業環境分析をしっかりと行い、万一被災した場
合にどのような戦略でいくか、役員間で明確に共有されていたことが、事業
継続に大きく貢献したと評価できます。

　また、当日は、社長ほかの取締役がいない中で、管理職が集まり、避難そ
の他の判断を行い対応したことも高く評価できます。震災は、社長や取締役
がいない等のタイミングで、不意打ち的に発生することもあります。このよ
うなときは、暫定的に社内にいる管理職の衆知を結集して、対応するしかあ
りません。震災等の場合は、社長や役員も安否不明の状況に陥る場合があり
ますので、管理職による判断の訓練もしておくことも一手です。

　さらに、東日本大震災当時、同社のBCPは未完成であったものの、震災

時までには、中核事業と重要業務、それを支える経営資源のリスト化、取引の優先順位づけまでは作業が進んでいたということです。一ノ蔵社の、「すべての商品を平常時並みに出荷することは困難であるため、柱となる商品のうち、売上構成比が大きいものを上位から選抜して、出荷を優先する商品２品目に絞り込み、売上に影響を持つ供給先に対する安定供給を確保するという方針」について紹介しましたが、見事な絞込みといえるでしょう。

　BCPの局面では往々にして、全部を早く回復させようとしたり、少しでも多くの業務、品目の供給を続けようとしたりしてしまいがちですが、これでは、人的資源を中心に活用できる経営資源が分散してしまいます。自然災害発生後は、瓦礫(がれき)の撤去や施設・拠点の清掃・メンテナンス、設備・備品の手配、業者や原材料等の手配、被災社員への対応・支援等、通常以上にやることが増えるため、あまりに多くの業務や品目供給再開を目指すと、結局は対応しきれなくなります。被災した社員がいる場合は、社内の稼働率も100%ではなく、その中で、いろいろやろうとしては無理が生じてしまいます。

　特に、現地での復旧・再開を目指さざるを得ない企業にとっては、業務の絞込みと、そこへの全社最適の観点からの当該業務に対する資源の集中がBCPの肝になることを押さえておいてください。

　なお、BCPの策定について、もう１つ皆さんにも参考にしていただきたい点として、安否確認ルールがあります。同社では東日本大震災後に、安否確認のルールを決めています。その内容は、「発災が夜間であった場合は、危険を考慮して社員の出社は不要とし、身の安全を確保しつつ安否確認だけを実施する」「経営陣は夜間休日問わず、安否確認後自動参集する」というものです。

　この安否確認ルールは非常に参考になるもので、皆さんの企業でも採用できるのものです。第３章で解説しますが、自然災害の発生後は、余震を含めたさまざまな二次被害が発生しますので、行動基準も明確にしておく必要があります。特に地震の場合は携帯電話の基地局等が被害を受け、通信障害が起こることが多いことから、逐一とるべき行動について、相談したり、連

絡したりできません。したがって、あらかじめ行動基準を明示しておくことで、役員や従業員は、どうすれば良いかわかりやすくなります。そして、わかりやすいのは、「〜の場合は、どうする」と明示したり、連絡の有無に関係なく、「自動的に〜する」というパターンです。

同社の安否確認ルールには、この行動基準がきちんと書かれています。社員に対しては「出社は不要」と記載することで、無理に外出することはなくなりますし、一方で役員には「自動参集」と明記することで、明確にとるべき行動がわかります。

安否確認や行動基準の作り方の一例として参考にしていただきたい事例といえます。

3. 三陸鉄道株式会社 [5]

（1）当時の状況・被害

三陸鉄道株式会社は、1984年開業の第三セクター方式の鉄道会社で運行距離は、北リアス線71km、南リアス線36.6kmに及びます。

東日本大震災では、南リアス線は全線が壊滅状態、北リアス線においても橋梁が落下するなど未曾有の被害で運休を余儀なくされました。しかし、同社社長は、事業継続については、「復旧優先」の方針の下、「路線を全部点検していたら3カ月はかかってしまう。優先順位をつけ、動かせるところから、動かしていく」という強い意志を表明し、比較的軽微な被害であった北リアス線の一部区間では震災から5日後の3月16日には運行を再開しました。

（2）BCP対応（復旧過程）

同社社長は、講演会で、「停電してしまったので、PCも電話もファンヒー

5　復興庁「被災地での55の挑戦─企業による復興事業事例集」（平成25年3月）をベースに、読みやすく修正したほか、適宜筆者にて加筆・修正している。

ターも使えず、何もできない。たまたま宮古駅始発のため止まっていたディーゼルカーがあった。燃料も入っている。『これ、いいじゃないか』と車両をそのまま災害対策本部にして、対応にあたった」と述べています。

また、同社社長によると、そのディーゼルカーの中の対策本部で最初に取り組んだタスクは、①社内外との連絡体制整備（担当分け）、②運行中車両や社員、乗客の安否確認、③被害状況の確認、④復旧手順の策定の４つであったといいます。

社長は、当時の対応について、

● 対策本部には、ホワイトボードと１冊のノートを用意し、収集した情報を次々と書き込んだ
● 具体的には、〇時■■分、誰からどんな報告があった／誰にどんな指示を出したを記録し、重要な情報はホワイトボードに書き共有した

と回想しています。

（3）災害危機対策に生かす視点

同社の事例からは、災害後の対応にフォーカスして、その教訓を整理しておきましょう。この事例で注目すべきは、被災後の社長の危機対応、初動対応です。偶然が重なった要素があるとしても、ディーゼルカーに対策本部を立ち上げるという柔軟な発想で、初動において重要な意思決定機関の「対策本部」の立ち上げに成功しています。

対策本部は、災害後に情報集約と方針決定を行う起点となる重要な機関です。初動の早い段階で、対策本部の設置による初動対応体制を確立できるかどうかは、危機対応においても、災害危機対策においても重要です。

さらに、社長は、初動対応においてやるべきタスクを４つに絞り、取り組んだことも、見過ごしてはいけない点といえます。初動対応においては、スピードが勝負のところがありますので、何をするか、あれこれ迷っている暇はありません。初動対応で何をするか、あらかじめ、ある程度整理をしておくことをお勧めします。詳細は、第３章でも解説します。たった４つですが、組織体制の整備、被害状況の把握、そしてそれに基づく復旧手順の策

定と、必要な項目はすべて盛り込まれています。このような初動対応が適切に行われることは非常に重要です。

「優先順位をつけ、動かせるところから、動かしていく」という方針も危機対応においては、適切な判断です。危機対応は、「できることから、やっていく」ことが大切です。

危機対応には重要な 3 つの原則があります。「柔軟性」「迅速性」「着実性」です。この 3 原則はBCMにおいても重要な原則です。「柔軟性」とは、組織運営に関する要件で、実際の状況に対応すべく現場への権限委譲と柔軟な対応（ルール、基準の緩和）を意味します。「迅速性」とは、行動面に関する要件で、「できること」を「速やかに」着手することです。そして、「着実性」とは、統制面に関する要件で、「すべきこと」を「一つひとつ」「確実に」実行していくことです。状況に合わせて「柔軟に対応できる組織」を作り、「できること」から「速やか」に、「一つひとつ」「確実」に実行していくことが、危機事態においては大切なのです。

4. 株式会社マイヤ[6]

（1）当時の状況・被害

同社は、三陸沿岸を中心に16店舗を展開する、地域密着型のスーパーマーケットチェーン。同社は、もともと大型の地震が必ずくるという予測の下、年 2 回の防災訓練や震災対応マニュアル、地震保険への加入、安否確認システムの導入など最大限のリスクマネジメントに取り組んでいました。

東日本大震災に伴う津波で、本部と大船渡、陸前高田、大槌で 6 店舗が被災しました。しかし、震災当日も営業可能な店舗では営業を続けるよう努力しました。停電し支柱も曲がった建物では危険であると店長が判断し、店舗外で従業員の車のライトの明かりを頼りに、深夜まで販売を行いました。

6　復興庁「被災地での55の挑戦—企業による復興事業事例集」（平成25年 3 月）をベースに、読みやすく修正したほか、適宜筆者にて加筆・修正している。

震災直後は多くの店舗が被災し、電気をはじめとするライフラインが止まった状況での営業再開は困難を極めました。しかし、日ごろ行っていた危機管理の研修や仕組みが功を奏し、地震・津波発生時にも適切な対応がとられ、店舗にいた従業員・顧客に犠牲者は出ませんでした。

（2）BCP対応（復旧過程）

　商品の仕入れは日ごろ関係の深い地元業者が供給を続け、現場では店長の指示の下、現場従業員がレジの使えない状況で均一価格での販売を行うなど、臨機応変の対応で乗り切りました。

　震災後は各地で食料・物資不足の状況であったため、同社は3月18日には出張販売、同月28日には移動販売車への商品供給と出張販売所で営業を始めました。

　一方で、被災地では公共交通の一部が断絶し、自家用車等が流されたことにより、店舗に足を運ぶことが難しい地域住民に対するサービス提供が課題となっていました。こうした状況を受け、同社では、陸前高田市の店舗ではマイクロバスによる送迎サービスを実施しました。送迎サービス自体は赤字ですが、地域密着のスーパーマーケットとして買い物弱者への支援は必須として、実施したものです。

（3）災害危機対策に生かす視点

　同社の事例で特筆すべきは、地元密着企業としての「地域の人たちのため」という使命感と震災前から危機管理に取り組んできたことの2点です。

　地元密着を重視する中小企業の場合、特にそれが同社のようなスーパーマーケットなどの生活関連業態の場合は、震災後に被災者への食糧等の供給ニーズは、平時以上に高まることになります。したがって、可能な限り、地元のニーズに合わせた事業活動を展開していけるかどうかが、災害後のBCPの焦点になってきます。

　公共交通機関が止まってしまえば、特に高齢者は買い物にすら行けなくなってしまいます。その課題をしっかりと認識して、買い物のための無料送

迎バスを出し被災者や高齢者が買い物に来やすいように配慮した点は、地元密着、「地域の人たちのため」という理念を踏まえた好事例といえるでしょう。

　もう１つ着目しておきたいのは、現場レベルの危機対応力、言い換えれば柔軟性が高いことです。店舗内での販売が危ないとみるや、駐車場での販売に切り替え、車のライトの明かりを活用して深夜まで販売を続けたり、停電でレジが使えない中で商品を均一価格で販売して、計算やお釣りの対応をしやすくするなどの工夫は、現場ですぐに思いつくというものでもありません。同社では、もともと、防災訓練を繰り返し、震災対応マニュアルも整備していたということですので、日ごろのこのような危機管理対策が、きちんと現場に根付く形で整備・運用されていた点は、見習うべきでしょう。

　社内で訓練を行う場合も、マニュアルを作成している場合も、往々にして形骸化してしまい、現場では、マニュアルの存在や内容、実施手順を知らないというケースも少なくありません。日ごろから、訓練や演習、研修を繰り返していなければ、マニュアルがあっても実際の危機対応を誤ってしまう可能性があります。

　特に災害対応を行う場合、停電の中でどう対応するかが焦点になってきます。停電の場合、物販店やスーパーの場合は、レジや冷ケースが使えませんので、計算が複雑な値付けでは対応できないとか、電子マネーやクレジットカードも使えない等の制約が出てきます。また、冷蔵商品、冷凍商品などは早く売り切らないといけない等の対応が必要になります。したがって、同社のように、均一価格での販売を行う機転が必要です。ほかにも、近隣に店舗がある場合は、基幹店舗を決めて基幹店舗のみを開店し、その他の店舗は閉店して倉庫として活用し、商品やお釣り用の現金を基幹店舗に補充しながら運用の遅延に対応したり、閉店店舗のスタッフを基幹店舗に応援に行かせることでスタッフに休日を与えることができる等の対応も考えられます。

5. 新産住拓株式会社[7]

（1）当時の状況・被害

　熊本市にある工務店。もともと、同社では、1999年の大型台風の被害を教訓に、災害対応マニュアルの整備を行い、以来、毎年のように発生する台風のたびに内容を見直してきました。同社は社員・パートを合わせて120人程でしたが、顧客は5000軒に上ります。1999年台風18号の際は約1000軒の修理・安全点検を行いました。熊本地震の時は3000軒もの修理・安全点検を行うことになりました。

（2）BCP対応（復旧過程）

　４月14日の前震が起きた翌早朝、同社社長は、台風用に整備していた風水害対応マニュアルを地震用に作り替えることを指示しました。特にブルーシート掛けに関しては台風被害の対応手順と大きく変わるため、「余震が治まるまでは、屋根に上がらない」など、社員の安全確保を最優先するように呼びかけました。

　また、建築知識が少ない女性社員でも、お客様の要望に応じられるよう電話対応マニュアルと被害状況の聞き取りチェックシートを整備しました。

　チェックシートでは、対応の優先度が可視化できるよう、被害状況をS（築19年以上の瓦被害でひどいもの）、A（ライフライン、防犯上の問題が出ているもの）、B（その他の急ぎのもの）、C（生活に支障がない程度の被害）、その他（点検希望のみ）とレベル分けしました。「ドクターのトリアージ（治療の優先度を決定して選別を行うこと）と同じ感覚です」と同社社長はその趣旨を説明しています。

　ブルーシート掛けや応急措置は、エリアごとに３人１組の計20チームで行う計画を立てていましたが、壊れ方がひどく危険も伴う被災現場には、安

7　「BCP等の取組事例集〜支援機関（自治体・商工団体・金融機関・士業等）向け中小企業BCP支援ガイドブック付録、2018年３月、中小企業庁」をベースに読みやすく修正したほか、適宜筆者にて加筆・修正している。

全対策を強化できるよう 2 班合同の作業に組み替えるなど、その都度体制も見直していきました。「次に起こることが正確にわかるはずはないので、毎日計画を変更することになるだろうし、また、そうしなくては柔軟に対応できない」と、社長は社員に伝えました。

ブルーシートは台風に備えて大量に備蓄していましたが、不足することを想定して、グループ会社に支援を要請しました。また生活物資については、被災した社員がいるかもしれないことを見越して、生活用品などを見繕ってもらうように、いわゆる「プッシュ型」の支援を依頼しました。

これらの対応は、社長の実兄が東日本大震災で被災した工務店に聞き取りをした結果をアドバイスしてもらったことでできたということです。

同社は、鹿児島県の工務店と台風のために災害相互協定を結んでいました。両社では過去にも何度か、お互いに応援協力の実績があるため、県外から多くの職人が応援に駆けつけてくれました。

震災後は、顧客の復旧工事などで業務量は急増しました。社員自身が被災者であるにもかかわらず、通常業務に加えて復旧活動が重なることは社員にとっても大きな負担になるため、社員とパートナーの安全と生活の安心を守ること、今期の事業計画を白紙にしても顧客の復興を最大限優先することを明確にしました。

(3) その他の教訓

同社では、顧客へのブルーシート掛けや応急措置は基本的にはすべて無料で実施しました。これは、「被災時の大変なときに、お客様の負担を少しでも軽くということと、緊急時に費用の説明をすることは、社員にとってもストレスになり、スピード低下につながる」ためと同社社長は語っています。

また、同社社長は、「100年に 1 回の大災害に対して自分たちがやるべきことは何かを常に考え判断しています。損得より善悪を考えろというのが創業者である父からの教え。当時の営業成績は順調にもかかわらず創業以来の赤字決算でした。でも、お客様に還元できるのは今しかないと。これは社長である私にしかできない決断でした。」と総括しています。

（4）災害危機対策に生かす視点

　この会社の災害対応も非常に参考になります。もともと風水害用の対応マニュアルを整備していたことや県外の事業者と災害相互協定を結んでいた点で、そもそも防災に関する意識が高い企業といえますが、それを地震に合わせてすぐに変更した点は、見事といえます。

　実際に、事前に災害対応マニュアルやBCPを整備していても、いざ、発生した災害が事前に想定していたものと異なれば、それを修正していかなければなりません。

　BCPはあくまで事前に想定して作成するものですので、災害後に合わないままの計画を無理やり当てはめるのは得策ではありません。BCPは硬直的に適用するものではなく、状況に合わせて適宜修正していかなければなりません。災害後にBCPが機能しなかったといわれる場合、往々にして、この事前に作成したBCPを状況に合わせて修正できなかったことが原因であることが少なくありません。この事例を参考にして、BCPの運用の勘所を押さえておいてください。

　災害後の対応においては、社員の安全確保を明確に打ち出すことは極めて重要です。社員の安全確保はわかりきったことですが、被災後の混乱状況の中では、一刻も早く事業を再開しようとか、お客様の期待に応えようとか、つい頑張って無理をしてしまいがちです。だからこそ、社員の安全確保を優先事項として、明確にしておく必要があるのです。同時に、BCPにおいては、行動基準が極めて重要です。単に「社員の安全確保」というスローガンだけでは、社員により行動がバラバラになってしまいます。そこで、この会社の事例のように、具体的に明示する必要があります。「余震が収まるまでは、屋根に上がらない」と書いてあれば、社員の行動は統一されます。BCPの行動基準は、このように具体的に明記することに留意しておいてください。

　建築知識が少ない女性社員でも利用できるように、お客様の要望に応じられるよう電話対応マニュアルと被害状況の聞き取りチェックシートを整備した点についても、BCP運用の知恵が隠されています。BCPを発動した場合、実施すべき業務を明確にして、稼働できる社員でその業務を実施していく必

要があります。逆にいうと、社員は、担当外の業務も実施していかなければ
なりません。したがって、不慣れな業務ができるような対策が不可欠です。
特に、専門知識が必要な業務の場合は、なかなか業務を代わりに行うことは
できませんので、同社のように専門知識の少ない社員でも使えるような
チェックリストを作成することは、非常に有効です。

　また、同社では、社長のお兄さんの協力を得て、東北地方の工務店から東
日本大震災の時の状況を聞き、それを自社の対応に生かしています。この点
も、非常に重要な点です。BCPの整備を効率的に進めていく上では、過去
の自社や同業他社の知見を活用する方法が極めて有効です。なぜならば、そ
の対応記録自体が、BCPの骨組や参考となるからです。同業他社や業界団
体で、過去の災害の時にどのような対応をしたのか、どのような課題があっ
たのかを共有し、それを整理することで、BCPを整備していくことをお勧
めします。

　災害相互協定を締結していたことにより、スムーズに応援の職人たちが駆
けつけてくれたことも、同社のBCPがうまくいった１つの要因といえるで
しょう。職人が行うような経験やスキルが必要な業務は、一般社員が代行す
るのは難しいのが現状ですから、その経験、スキルを有している人を確保す
ることが事業継続の観点からは極めて重要になってきます。BCPの策定の
過程においては、自社が事業を継続していくために必要な要素を洗い出し、
その対策を検討しておく必要がありますが、職人のような高度な技術と経験
が必要なもの、有資格者がいなければならないもの等を把握しておき、災害
協定の締結も含めた専門人材の確保の手立てを整備するようにしてくださ
い。

2 地震対策～アイデア事例

1. 小さなBCPをグループ全社で積み上げる（株式会社リコー）

　プリンターやデジタルカメラなどの民生品から、多業種におけるクライアントの経営課題や業務課題の解決を支援する各種ソリューションを取り揃えるなど、さまざまな事業を手がける株式会社リコー。グループ従業員はおよそ10万人、連結売上高は2兆円超。グループ企業も200社を超える。同社が取り組むのは、内作の「小さなBCP」を積み上げることによるグループ全体での事業継続力の強化です。中小企業でも役に立つヒントが隠されているので、ここに紹介します。

（1）東日本大震災の教訓

　同社は2007年からBCPの構築を開始。当時は社員らが手探りでBCPを策定していました。部署ごとに策定していたため文書化も不十分で、社内でも統一性がなく、構築したBCPが正しいかもわからない中、2011年に東日本大震災が発生。東北の事業所では天井が落下し、固定されていた大型の貯水タンクが大きく移動してしまうなど、施設に甚大な被害を及ぼしました。当時策定していたBCPに基づき、現地で復旧作業を実施。途中で再度大きな地震に見舞われるなどのトラブルはあったものの、4月27日には操業再開にこぎつけることができたといいます。ところが、地震で被災したサプライヤーからの主要部品の供給が滞ったため生産遅延が生じ、被災前の操業モデルに戻ったのは同年10月。震災からおよそ半年以上が過ぎていました。同社のリスクマネジメント・リーガルセンター・シニアマネジメントの荻原毅氏は、「大災害が発生しても製品の供給を維持するためには、グループ会社

や国内外のサプライヤーとの連携が不可欠」と話しています。

　当時の反省を生かし、2012年に経済産業省のモデル事業に参加。本社と東北で被災した事業所でISO22031を取得しました。同氏は「グループ全体でのISO認証は積極的にしなかったが、抜け漏れのないBCPを策定するにはISOの考え方は非常に有効」としています。その後、社内から誰でもBCPを構築でき、確認が簡単にできるツールが欲しいとの声が上がり、荻原氏らのグループが作成したのが「"小さなBCP"構築マニュアル」でした。これはISOを認証取得する過程で学んだ中から必要最小限の部分だけを絞り込んで作成したもので、BCPについて知識のない人でも、抜け漏れなくBCPを作成できるものを目指したものでした。マニュアルは希望する取引先にも提供し、BCP策定を支援しているといいます。

（2）リコーグループの国内広域災害対応BCP

　"小さなBCP"構築マニュアルの前に、現在の同社の国内広域災害対応BCPのアウトラインについてみていきましょう（ちなみに同社では「新型インフルエンザ対応BCP」も策定しており、災害対策と併せて２つのBCPを策定している）。まず基本方針として以下を挙げています。基本方針はBCPにとってとても重要なものなので、例として記載します。

＜基本方針＞
　１、従業員／家族／お客様／ビジネスパートナーの皆様の安全を最優先する
　２、社会機能維持（災害対応に重要な役割を持つ公的機関、医療機関、国が指定するインフラ事業など）に携わるお客様への対応を最優先する
　３、リコーグループが被る可能性のある重大な経営への被害に対し、事前に対応策を検討し、十分な準備・対応を行うことで事業への影響を極小化する
　４、事業活動の中でBCPを独立して構築するのではなく、事業／業務プロセスの見直しの中で、常にその一部としてBCPの視点を加える

また、構築のステップも公開しています。これは中小企業でも十分参考に
なるものなので記載しておきます。

＜BCP構築のステップ＞
　1、基本方針
　　　機能ごとに事業継続と、それをどのようなレベルで継続させるかを明
　　確にする
　　　↓
　2、重要業務
　　　基本方針を達成するために継続すべき重要な業務を明確にする
　　　↓
　3、被害想定
　　　災害が発生した場合、その重要な業務がどのような影響を受けるかを
　　想定する
　　　↓
　4、復旧目標
　　　災害発生時に影響を受ける重要業務に対し、事前に対策等をうつこと
　　で、どのレベルで業務を継続するのかの目標値を設定する
　　　↓
　5、目標達成のための重要な要素
　　　復旧目標を達成しようとした場合に重要となる要素を明確にする
　　　↓
　6、重要な要素における課題
　　　それぞれの重要な要素にはどのような課題が存在するかを明確にする
　　　↓
　7、課題解決のための対応策
　　　・施策・施策実施に必要な投資・期待される効果・担当者／部署・対応
　　スケジュール・標準化・訓練の実施・見直し
　　　（出典：株式会社リコー／ガバナンス／リスクマネジメント　ホームペー

ジ　https://jp.ricoh.com/governance/risk.html）

（3）"小さなBCP"構築マニュアル

　"小さなBCP"構築マニュアルは、大きく二つのパートで構成しています。一つ目は「防災対策及び初動対応」で、二つ目が「重要事業の継続」です。一つ目の「防災対策及び初動対応」も、以下のように「国内グループ会社全社が対応するべき13項目」からなるレベル1と、「大地震の発生危険性が高い地域の会社が対応すべき6項目」のレベル2に分かれ、それぞれチェックリストを策定しています。南海トラフ地震や首都直下地震で震度6弱以上が想定されている都道府県にある事業所は、レベル2を策定するものとしています。また、パートごとに重要性を3段階でわかりやすく表示しているのも特長です。

<防災対策及び初動対応>
レベル1（必須）　国内グループ会社全社が対応すべき13項目
　□統括（現地）災害対策本部の設置
　□統括（現地）災害対策本部用マニュアル
　□従業員の安全確保
　□従業員の安否確認
　□施設内の安全確認
　□被災状況の把握と報告
　□情報の共有
　□帰宅指示
　□出社指示
　□備蓄品の確保
　□救急処置
　□社員用マニュアル
　□教育・訓練の実施

レベル2　大地震の発生危険性が高い地域の会社が対応すべき6項目
　　○帰宅困難者対策
　　○非常用通信手段の確保
　　○必要なライフライン、インフラの確保
　　○ステークホルダーへの情報発信
　　○地域社会への協力
　　○女性従業員への配慮（首都圏地域は、社内待機の時間が長くなる）

各パートの重要性を三段階で表示
□リコーグループ全社が対応すべきもの
○大災害が予想されている地域の事業所が対応すべきもの
△必要性を判断し、可能な範囲で対応することが望ましいもの

各パートで必要な実施項目も重要性を三段階で表示
■必ず対応すべきもの
●状況に応じて必要なもの
▲できれば対応したいもの

　例えば、「従業員の安全確保」のページでは、構築状況チェックリストには以下のように記載しています。

□備蓄品

■グループ標準書に定められた備蓄品が整備されている
●加えて、それぞれの事業所に必要な検討を行い、整備している
■備蓄品は管理責任者を定め、定期的に確認／見直しを行っている
■備蓄品は適切な場所に管理され、担当者が不在の場合でも、許可を得た必要な従業員が使用できるようになっている

> ●使用のための教育や訓練が必要な備品については、複数の担当者が
> 使用できる状態になっている

（出典：リコーグループ "小さな BCP" 構築マニュアル）

（4）重要事業の継続について

「防災対策及び初動対応」と同様に "小さなBCP" 構築マニュアルでは狭義のBCPである「重要事業の継続」について、こちらもレベル分けをして作成を促しています。

> レベル 1 （必須） 国内グループ全社が対応すべき 1 項目
> □事業継続計画策定の必要性確認
>
> レベル 2 大地震による被災の影響が、リコーグループの経営・お客様・社会に大きな影響を及ぼす可能性のある会社が対応すべき 6 項目
> ○事業影響度分析の実施
> ○事業継続戦略の立案
> ○事業継続計画の文書化
> ○見直し・改善
> ○マネジメントへの定期報告

（出典：リコーグループ "小さな BCP" 構築マニュアル）

重要なのは、まず「自社の事業継続計画策定が本当に必要なのか」を判断させているということです。その判断の基準は、レベル 2 に記載してある「リコーグループの経営・お客様・社会に大きな影響を及ぼす可能性」ということになるでしょう。同社のBCPでは、その可能性がある場合、まず自社／自部門において「何が継続するべき事業か」を明確にした上で、「事業影響度分析」の実施を進めています。

事業影響度分析（BIA）は、業務の中断により事業にどのような影響が出るかを分析するものです。これは部門によっても違います。例えば製造部門

において、災害時に生産を担当する部門は優先的に復旧させる必要がありますが、開発担当部門は多少遅れても事業に対して大きな影響は出ないでしょう。そのように事業継続の優先順位を決め、以下の手順で分析していきます。

1、「特に重要なステークホルダー」を考慮し、事業が停止したまま耐えられる最大限の時間（最大許容停止時間）を確認する。
2、その事業について、目標復旧時間（RTO）と目標復旧レベル（RLO）を決める。

　例えばステークホルダーに確認し、製品Aに対する最大許容停止時間が3週間だった場合は、少し余裕を持たせて目標復旧時間は2週間とします。目標復旧レベルはなるべく100%に近づけていけると良いです。そうすると、以下のような事業継続方針を策定することができます。

事業影響度分析シート②

継続すべき事業	主管部門	災害により事業が停止した場合の、時間経過と共に生じる影響度							最大許容停止時間	業務の復旧目標	
		1日	2日~3日	~1週間	~2週間	~3週間	~1ヶ月	~2ヶ月		目標復旧時間(RTO)	目標復旧レベル
製品 A	製造Aグループ	低	低	低	中	中	高	高	3週間	2週間	100%
製品 B											
製品 C											

事業継続方針の例）
　製品Aは、大地震が発生した場合でも、平常時に契約した納期に対し遅くとも2週間以内の遅れで全数量を契約先に届けるものとする

　方針を決定した後は、その目標復旧時間を達成するために不可欠な「業務」や「工程」を洗い出し、さらに必要な「経営資源」（人員、建物・設備、IT、資金など）と必要な「依存先」（原材料輸入先、部品納入業者、外注先など）を洗い出します。「経営資源」と「依存先」については、両者が影響を受けた場合にどのように重要業務を継続させるか、その対応方針も必要です。それらをまとめたものを部門ごとに文書化し、演習を通じてPDCAを回すという流れになりますが、効果的な演習の仕方などは第4章に記載し

ているのでこちらでは割愛させていただきます。

（5）まとめ

　リコーのBCPのすばらしい点は、繰り返しになりますが本部主導でBCP
マニュアルを作成し、それを落とし込むのではなく、本部は「BCPを策定
するためのマニュアル」を策定することで、部門／グループ企業が"小さな
BCP"を策定し、それを積み重ねることでより強固な事業継続計画として
いるところです。中小企業において全部門においてこれまで挙げたすべてを
策定するのが難しければ、まずはファーストステップとして「防災対策及び
初動対応」編だけでも策定してみるのが現実的でしょう。重要なのは、各部
門が正しくリスクを把握し、自分たちで考えてBCPを策定するところにあ
ります。自分たちの暮らす場所や事業所の場所が南海トラフ地震や首都直下
地震においてどれくらい事業に影響が予想されているのか。まずそこから把
握するのがBCP策定の第一歩です。

＜参考文献＞
リスク対策.com Vol.42、首都圏レジリエンスプロジェクト

2. 災害時に社員同士が助け合う「楽しい防災」（東京都H社）

　東京都内で飲食店や映画館などの総合レジャー業や不動産業を幅広く手が
けるH社は、東日本大震災以降、防災を中心としたBCPを強化。2018年に
は東京都が認定する「平成30年度東京都一斉帰宅抑制推進企業認定制度」
のモデル企業に選ばれているなど、その取組みは高く評価されています。同
社では災害時に社員同士が助け合う「エリア・パートナーシップ」を結成。
社員が平時から懇親会などを開きつつ、防災について語り合うことで「楽し
い防災」を実践しています。
　同社の国内の店舗数は約70店舗。従業員数は約3,000人ですが、正社員は
約450名。多くのアルバイトを抱える同社では、東日本大震災後の2012年

に本社のオフィスビルを東京オペラシティに移転したのを機に、取組みを本格化させました。オペラシティは2万人が働く巨大オフィスビルですが、その分防災の取組みにも非常に熱心で、同社もその取組みに乗る形で防災への取組みを強化しました。例えば、ビルの避難訓練も各事業所から約1,500人以上の従業員が参加します。そうすると、同じようなヘルメットが多いため迷子になってしまう可能性があるので、同社では企業カラーである濃いピンクの社名入りシールをヘルメットの前後に貼り、自衛消防隊にはビブスもそろえました。小さいことですが、こんな小さな工夫も訓練に参加しなければわからなかったことです。現在は年に2回あるオペラシティの防災訓練に合わせ、店舗も訓練を実施しており、Hグループ総合防災訓練として定着しています。また、東日本大震災後に導入した安否確認システムは、アルバイトも含めて訓練を毎月1回15日に実施しています。入退社の多いアルバイトに少しでも安否確認システムを浸透させるためです。15日は同社の給料日でもあるため、「給料日には安否確認訓練」と覚えてもらう効果があるといいます。

2013年からは従業員に対して普通救命資格取得を推奨。実際に救助活動を行って人命救助をした支配人も現れており、店舗に働く従業員の意識づけになっています。

◎どうしたら社員に楽しく防災を伝えられるか◎

同社の取組みで特徴的なのが、冒頭にも挙げた「エリア・パートナーシップ」です。これは社員の現住所をもとに、地域ごとに37のチームを結成。大規模災害時にお互いが支え合えるチーム作りを目指しています。そのミッションは「大規模災害時にすべての連絡手段がマヒした状態であっても、必要に応じて仲間同士で協力し、被害を最小限に抑え、仲間とその家族を守る」というもの。例えば安否確認で社員の無事を確認した後、地震で家が倒壊するなどの事態が発生したら、近くの仲間が助けに駆けつけることなどを想定しています。具体的には、チームで懇親会や防災施設の見学会などを定期的に開いてもらい、その負担を会社が補助することでチームの絆を深めます。

運営自体は社員の裁量に任されていますが、活動するチームは会社が積極的に支援します。

　活動はそれぞれの裁量に任されていますが、消防が開設する「防災館」を見学したり、時にはバーベキュー大会を開いたりしながら、「みんなで楽しく防災」することを目指しています。

3. 企業が住民参加型の防災訓練を開催（北海道M社）

　M工業は、北海道帯広市に本社を置く建設会社。同社は2003年9月の十勝沖地震発生を機に、社員の安全確保と地域住民の防災意識向上、被害軽減などの観点から、地域住民と一緒になった「地域防災訓練」を開催しています。

　同社は大正11年の創業以来、北海道の開発・発展に貢献する総合建設業として成長してきました。しかし、1993年1月に発生した釧路沖地震では、災害時の連絡体制や初動体制が不十分であったほか、地元の住民との連携がうまくいきませんでした。そのため、同年5月から地震対策を見直し、社員と協力会社による防災訓練をスタートさせました。

　2003年9月には十勝沖地震が発生。同社は社員だけでなく、家族や地域住民の災害に対する認識を高めることが重要であると考えるようになりました。それ以降、地元の自衛隊や警察・消防などの協力も得て、地域住民参加型の地域防災訓練を実施するに至っています。

　より多くの人にこの訓練を知ってもらうため、市内の小・中・高校生も積極的に招待しています。地域住民にも広がり、現在では1回の訓練で約3,000人～4,000人が参加するようになりました。2008年からは災害支援NPOの協力により、帰宅困難者や避難所への炊き出し訓練も行っています。

◎地域と一体となった訓練◎

　訓練内容を紹介します。まず、北海道各地で震度6弱の地震が発生したと想定し、全社員に安否確認メールを発信します。その後、直ちに災害対策

本部を設置。安否確認メールを集計後に、本社、札幌支店、各工事事務所が連携し、現地パトロールを実施します。パトロールでは同社の「BCPマニュアル」に従い、衛星電話・簡易無線機を使用し、リアルタイムでの動画や写真で情報を共有。被害状況を確認します。

　その後、地域住民や近隣町内会、地元の小・中・高校生も参加し、水防訓練（漏水・越水防止）や水中歩行体験、消火訓練、応急処置実演、親子防災教室、ロープ結び体験、煙体験、土のう作り体験、地震体験車のほか、緊急車両展示や炊き出し訓練を行います。1回で約150食を作る炊き出しは、現在は社員だけで作れるようになりました。

　同社は地域防災訓練で得られた知見を生かし、警報や注意報に対応して24時間緊急出動態勢を確立しており、大規模災害以外でも顧客からの要請にいつでも対応できる体制を構築しています。

　また、訓練を通じて社員と協力会社やその家族など参加者とのコミュニケーションが広がり、きめ細かい対応がとれるほか、普段の生活でも絆が深まっているそうです。

3 水害対策～アイデア事例

1. リアルタイム監視で水害対策（富山県T社）

　富山県に本社を置く部材メーカーT社は、工場の３方を川に囲まれ、工場設立当初から水害に悩まされてきました。東日本大震災でBCPの重要性を痛感した同社は、それまで悩まされていた水害に対するBCPを策定。現在でも訓練などによりブラッシュアップを続けています。

　同社は、東日本大震災で工場の被害はなかったものの取引先の主原料メーカーが茨城県で被災し、原料の供給がストップ。復旧するまで半年かかってしまいました。生産を継続するために海外から原料を仕入れましたが、莫大な運送費用がかかったといいます。その時の教訓から、原料の複数購買をはじめさまざまなBCPを整えてきました。

　また当時、たまたま顧客に自社の評価アンケートをとったところ、同社の「納期厳守」の取組みが高く評価されていました。そのため、災害があっても納期を守ることができる体制を構築したいと考えたのです。業界で60％以上の高い採用率があることも、同社のメーカーとしての供給責任の強さを表しています。同社のBCPの目的は「社員の命と生活を守ること」「会社の操業を守り、顧客の信頼を守ること」を掲げました。

◎出張中でも危険箇所を監視◎

　同社では、災害対策としてまず水害対策を策定しました。同社は1985年に完成直前の工場が感染氾濫で浸水して以降、同社はたびたび水害に悩まされてきたためです。同社によると、川が氾濫する場合、真っ先に氾濫する危険箇所は経験上わかっているといいます。BCPを策定する前は豪雨の中、

人が現地に赴いて目視で確認するという危険な作業を行っていました。同社はBCPを策定にあたり、まずその危険箇所に対して雨量監視システムと警報メールシステムを導入しました。

雨が降り始め、雨量が30mm／hになるとまず関係者に対してメールが発信されます。その後、雨量が増えるたびにメールが発信されますが、現地に監視カメラも設置しているためPCやスマートフォンなどで現地の様子をどこにいても確認することができます。場合によっては、出張先から監視することもあるそうです。

そのほか、ハード面でも工夫しました。専門家に依頼し、「500年に1度」の浸水レベルを想定して対策を実施。倉庫前に防水版を設置したほか、2015年には配電盤を1階から2階に移動。移動できない配電盤は想定に合わせてすべてかさ上げを施しました。さらに2017年には工場内の重要設備の保護のため高さ1mの防水シートや、簡易防水板などを設置。年に1回は社員総出で設備訓練や排水ポンプの取扱い訓練も実施しています。

2. 水害に備えたボート訓練（愛知県Ｉ社）

愛知県の金融機関Ｉ社は、南海トラフ地震や豪雨による浸水想定域内の一部の店舗が浸水被害により孤立する場合があると想定されることから、水害用ゴムボートを、水害によって孤立する可能性のある店舗に災害備蓄品として配備しました。

2017年9月には、スポーツセンターやゴムボートの協力を得て、2回目となるボートの組み立て方や漕ぎ方などの操作訓練を実施。10店舗85人の職員が出席しています。

訓練では、職員が緊急時のボートの漕ぎ方訓練として店舗対抗のボート競走を実施。一刻を争う避難を想定したボート漕ぎを体験しました。

いざ競争してみると、スタート直後からボートがくるくると回転してしまい、全くボートが進まない店舗が続出したそうです。講師からは、「必死になって全力でボートを漕ぐと、左右の漕ぎ手のわずかなタイミングのずれで、推

進力が左右に逃げてしまい、ボートが回転する」とのアドバイスを受けました。

　職員は競争などを通じて、緊急時の実践能力向上を進めています。

3. 大雨被害に備えた老人ホームの避難計画（秋田県ホームA）

　秋田県の特別養護老人ホームAは、一級河川の雄物川に近接して立地しており、大雨による洪水が従来から懸念されていました。加えて、重度介護の入居者も多く、災害が夜間に発生した場合の対応計画の策定も急務となっていました。

　そのような状況の中、2016年8月の台風により、岩手県の高齢者介護施設で9人の方が亡くなる事案が発生。この事案を踏まえ、避難計画を大幅に改定しました。河川の水位がある一定量に達した時点で高台に避難することを定めるとともに、訓練を繰り返すことで計画の検証や見直しを図り、実効性を担保するための体制整備を進めています。

　洪水時の避難計画を策定するにあたって、最初の難題は避難先をどこにするかでした。高台であること、入所者全員を福祉車両で移動することが可能な距離であること、避難先の受け入れ態勢の有無など、教育機関や行政機関、関連企業との検討を続けた結果、同施設から1km離れた市立中学校を避難所として選定しました。もちろん避難経路に危険箇所がないか、福祉車両の交差はスムーズにできるかなどにも留意し、実際に走行を行ってから決定しています。

◎記録的な豪雨災害でも迅速に避難◎

　秋田県は、2017年7月に記録的な豪雨にさらされました。7月22日の夜、激しい雨が続き雄物川の水位が上がり始めたため、15人の職員が泊まり込みで河川状況などの情報をラジオや携帯電話で収集。上流部での氾濫の危険性が高まる中、夜明け前から非常食や毛布、おむつといった物資をホールにそろえ、避難の準備を整えました。

翌23日早朝には、水位計があらかじめ決めていた基準に達したため、同ホームでは全職員を召集。市が避難指示を発表した後、直ちに職員ら約40人が福祉車両7台でピストン輸送を開始し、想定していた避難場所である市立中学校に、無事に入所者計81人全員を避難させることができました。

同ホームでは、避難訓練のほか周辺地域の自治会や事業所の関係者、施設職員など約60人が参加する地域防災学習会を開催しています。自治体や地域住民、大学、関連企業などと連携し、利用者を災害から守るための迅速な避難支援体制の構築を進めています。

4. 本社屋上を住民の避難所に提供（北海道T社）

北海道旭川市の建設会社T社は、市内を横断する石狩川と牛朱別川の合流地に本社を構えています。この地域は市が公表する「旭川市洪水ハザードマップ」では0.5〜5mの浸水地域が広がっている一方、一時避難所が不足している地域でもありました。そこで同社は旭川市に提案し、5階建ての社屋を災害時の避難場所として活用することにしました。

近年、国内では局地的な集中豪雨による河川の氾濫被害が増加しています。2015年には鬼怒川で越水や堤防が決壊したほか、2018年、2019年と西日本を中心に水害が多発しました。これらのことから、石狩川の流域においても河川氾濫時における避難に対する不安の声が上がっていました。同社の周辺では、○小学校が地震のときの避難所として指定されていましたが、そこは浸水ハザードマップでは2m程度の浸水が予測されていることから、水害時の避難場所には指定されていませんでした。そこで同社は、不足する一時避難所として、5階建ての本社社屋の活用を市に提案しました。同社の浸水予測は0.5m未満となっているため周辺よりも低い水準となっていました。4階には150m²の講堂があり、地区住民の一定の収容力が期待されています。また、旭川市では、高齢者や障害者など要援護者が利用する施設を「災害時要援護者利用施設」としています。この地区では保育所などを施設に認定していますが、すべて2階建ての低層施設です。同社として

は、これらの要援護者の避難についても旭川市と協議を進めています。

◎地域住民とのつながりが強化。業務にも好影響が◎

　同社社屋が避難所として指定されたことで、防災訓練などに普段業務と関係の薄い地域住民が訪れるようになり、周辺住民から会社を身近な存在として認知されるようになったといいます。工事を行うときに開催される住民説明会においても好意的な対応を受けられるようになり、業務の効率化にもつながっているそうです。

4 津波対策～アイデア事例

1. 浸水被害想定エリア外への倉庫移転（大阪府D社）

　大阪府の倉庫会社D社は、所有していた倉庫が大きな川に面し、南海トラフ地震が発生した場合の浸水想定エリアであったため、従来から津波や高潮などによる被害が懸念事項でした。そうした状況の中、東日本大震災が発生し、津波対策の重要性を痛感。自社の事業継続や荷主企業の商品・財産の保全の観点から、2012年に海岸線から10km以上離れた内陸部に倉庫を移転しました。

　1948年に大阪市西区に大阪営業所を開設した同社は、都心型の物流拠点として事業を行ってきました。しかし同社の倉庫は地盤沈下により、平時より水位が高い木津川に面し、標高も1mに満たない場所にありました。そのため、南海トラフ地震などの大きな地震が発生したときには津波による浸水が懸念されており、同社では以前から移転先の適地を探していました。同社は東日本大震災の津波被害の様相を映像で目の当たりにし、これまで漠然としていた被害イメージが明確化したことから、取組みの優先度を上げ、内陸部への早急な移転に向けて本格的に調査を開始したといいます。その結果、海岸線から10km以上離れた八尾市に移転適地を見つけ、2012年に移転しました。標高は5.6mで、大阪府が作成した津波浸水想定では津波による浸水が想定されていない場所でした。

◎移転によりビジネスチャンスも拡大◎

　新しい倉庫では施設自体の強靭化にも取り組みました。国土交通省により広域災害時における民間物資拠点としての指定も受け、補助金の活用を図り

ながら自家発電機（110kVA）を新設し、衛星電話も設置しました。顧客と自社の重要データを守る観点から、サーバの移転も実行しています。

新設した自家発電機はディーゼル発電機を採用し、72時間稼働可能とするため1000Lの軽油を備蓄しました。この燃料は普段はフォークリフトの燃料などとして活用しながら、軽油の劣化を防いでいます。

移転により以前より周辺道路のへのアクセスが改善したことで、より快適な業務運営につながったといいます。また、強靭化を進めたことで大阪府の災害時における荷捌き拠点に指定され、社会的な役割を広げるとともにビジネスチャンスも拡大させています。

2. 東日本大震災の被災経験を生かしたスーパーのBCP（岩手県M社）

岩手県沿岸南部を中心にスーパーマーケット15店舗を展開しているM社は、東日本大震災による津波で6店舗を失う被害を負いました。同社では震災前から危機管理体制の構築と社員教育に取り組んでおり、防災マニュアルの整備に加え、年に数回の火災防災訓練も実施していました。こうした取組みから、東日本大震災発生時も同社の従業員の多くは適切な避難対応を行い、店舗にいた従業員や顧客に犠牲者は出ませんでした。

犠牲者が出なかった一方、震災直後の事業継続や復興段階での営業面においてはいくつかの深刻な問題が生じました。

まず、発災直後においては通信手段の途絶が大きな問題となりました。同社は生活必需品をお客様に提供するというスーパーの使命から、内陸部で安全が確保できると判断した店舗では停電中でも商品の販売を継続しました。事業継続には商品の仕入れが必須でしたが、津波の被災地に隣接する店舗では電源喪失に加え、電話やFAXなどの通信手段も遮断され、商品の発注ができない事態となりました。当時は、担当者が車で電話が通じるところに移動し、商品の発注を行ったといいます。

また、復興まで大きな影響を与えたのはデジタルデータの喪失でした。同社のシステムサーバは津波で全壊した本部社屋に設置されていたため、同社

が蓄積してきた基幹データがすべて流されてしまったとともに、外部にバックアップする体制がなかったことから、貴重な営業データも完全に喪失してしまったのです。同社ではこれまで蓄積した営業データを基に棚割りや商品投入計画を立案していたため、データを失うことで、新しい店舗の再開後においても十分な販売計画を立案しにくい状況が続くことになったそうです。経験とデータの蓄積に基づいたタイムリーな商品投入は、スーパーでは重要な生命線の一つであるにもかかわらず、同社はそれを一から構築することになってしまったのです。

◎災害時の教訓を踏まえ、毎年見直しを重ねて事業継続力を強化◎

　同社は、東日本大震災の教訓を踏まえ、防災訓練の継続的な実施を徹底しながら、震災対応マニュアルの改訂を毎年実施し、さまざまな工夫を施しています。情報通信面では、被災直後に機能させることができなかった衛星電話の活用を図っています。実は震災時にも衛星電話を準備していたのですが、当時は屋外で使用可能であることに気づかなかったのです。現在では、携帯電話とともにポータブル発電機などの使用訓練も併せて実施しています。デジタルデータの喪失に対しては、内陸部にバックアップサーバを設け、データの二重化を進めています。

5 火山噴火対策〜アイデア事例

噴火時の経験を取り込んだBCP（鹿児島県K社）

電子部品メーカーK社の鹿児島国分工場は、従業員4,500人を抱える同社でも国内最大規模の工場です。ですが、工場は霧島山、桜島など国内有数の火山帯に立地しており、噴火災害が発生したときのBCP策定が重要な課題となっていました。同社は、2011年に発生した新燃岳噴火の経験を基に、本社と近隣事業所が連携して噴火レベルごとの対応ルールなど、方針の見直しを行いました。

2011年1月に新燃岳が噴火したときには、気象庁は噴火警戒レベル3と公表していました。当時の同社の指針では情報収集にとどまるレベルでしたが、地域の道路は封鎖され、工場への影響が懸念されました。そこで同社はレベルを一段階上げて災害対策本部を設置し、BCPを発動しました。

噴火災害は地震災害と異なり、噴火による影響が長期化するほか、風向きによっては影響範囲が刻々と変化するために通常業務へ戻すタイミングが難しい。そのため、適切な情報収集とその情報に応じた対応が必要になります。

また、新燃岳が噴火したときに、同社は火山灰を回収するためにショベルローダーをリースし、建屋に火山灰が侵入しないように扉の隙間にクッションを取り付けるなどの対応を行い、通常業務を維持した経験から、噴火時に必要な備品や、その運用方法などの準備をBCPに追加しました。

6 代替拠点～アイデア事例

1. 地方と東京でバックアップ体制を構築（大分県A社）

　大分県に本社を置く、ソフトウエア開発等を行っているA社は東日本大震災を機に、大分本社と東京支店を連携させるBCPを策定しました。東日本大震災では同社の取引先で、大切な社員を失った企業や、事業復旧の遅れから事業を縮小し、従業員を解雇した企業もありました。また、同社の東京支店においても、帰宅困難となったことをきっかけに多くの従業員が大分の地元に戻りたいと願いを出してきました。これらのことから、同社では大規模災害への事前対策の重要性を感じ、BCPの策定を開始しました。

　まず、代表者を本部長としたBCPの策定メンバーを選定し、基本方針、事業継続対応、インシデント対応、運用支援、管理活動に関するマニュアルを策定しました。

　同社のBCPは「負傷者を出さない・解雇者を出さない」「大規模災害時における中核事業の復旧時間20日以内」「大分、東京間の資産（システムを含むデータ）を冗長化し、顧客サービスの確保を図る」の３点を基本方針としました。マニュアル策定後は定期訓練を行うことにより、大規模自然災害に対する企業と社員の災害対応力向上を図っています。

◎ BCP が売上に貢献。熊本地震で課題も◎

　具体的には、BCPの一環として、大分本社の情報と東京支店の社内データを、相互にバックアップをとって補完し合えるようにしました。どちらかが被災しても、片方には完全なデータが残るように同期を確実にしたそうです。データバックアップの仕組みは、社内だけでなく顧客との間にも応用す

ることで、顧客への事業継続計画支援も展開しています。また、バックアップシステムをクラウド化させることにより、非常時にも端末があればデータが確認できるサービスも開始しました。こうした事業継続から派生したサービスにより、顧客のバックアップシステム構築を受注するなど売上にもつながっているそうです。

　しかし、2016年に発生した熊本地震では、大分県内でも大きな被害が発生。被災地域の顧客や導入先への連絡対応を行ったところ、避難生活を送っている顧客とは連絡がとれないことがありました。ほかにも、自治体や医療機関には優先的に連絡を行う必要があったなど、課題も浮き彫りになりました。現在では適切な対応ができるようにBCPマニュアルをブラッシュアップしています。

2. 災害時に社員寮を対策本部に（東京都T社）

　東京都の建設会社T社は、2015年に本支店社屋が電源喪失などにより使用不能になった場合に備え、本店と全国10支店に以下の条件を満たす代替拠点を整備しました。

　①最低72時間利用可能となる自家発電設備、②新耐震基準に準拠した施設、③同社、もしくはグループ会社所有の施設、④本支店社屋と同等の通信環境、⑤食料品、生活物資などの備蓄。

　東京都新宿区にある同社の本店は、社屋から約2kmの距離に位置する社員寮を代替拠点として整備しました。約120名が同時に勤務できる環境と72時間の自家発電設備を整備し、1週間分の食料・生活物資などを備蓄しています。社員寮であるため、社員の即時参集にも効果的で、災害時において、よりスピーディな初動体制の構築を可能にしています。

◎ BCP における対策本部の役割◎

　大地震を始めとする一定以上の自然災害が発生した場合、同社は本店および各支店に対策本部を設置し、主に以下の項目を実施するとBCPで定めて

います。

①情報収集・報告（役職員の安否、関連物件の被災状況など）

②実施事項の判断と各種対応支持（復旧救援活動の支持、支援部門に対する人的物的支援支持、資機材・生活物資の調達供給支持）

③社外対応の統括指揮（業界団体との連携、外部機関・顧客要請対応、協力業者・サプライチェーンとの連絡調整等）

　同社は、対策本部としての機能を継続的に確保するためには、本部を運営する「本部要員」、情報収集のために要する「執務環境と通信設備」、停電時にもそれらを稼働させることのできる「自家発電設備」の３点が必要条件であるとしています。今回特に「執務環境と通信設備」「自家発電設備」を兼ね備えた代替拠点を整備することにより、災害時における対応体制のさらなる充実を図っています。

7 企業連携～アイデア事例

1. 災害時の相互協力のための女性グループ発足（徳島県 I 社）

　徳島県でボーリング工事業を専門とするI社は、県内の建設業者10社と連携し、「なでしこBC連携グループ」を発足しました。2015年2月に災害対応を目的とした計画を策定。工事現場見学を含む合同訓練を実施し、その後は定期的に訓練を開催しています。

　緊急支援受援訓練や炊き出し訓練のほか、「なでしこパトロール」という独自の活動も展開しています。「なでしこパトロール」は連携する企業各社から女性社員が参加し、「お互いの顔を知る」ことを目的に工事現場のパトロールを行うもので、職場環境や衛生面でのチェックを行っています。建設業という比較的男性の多い業種の中で、災害対策とともに「女性が安心して働ける現場」の創生につなげることを目指すこの取組みには、現在多くの賛同者が集まり、県内企業だけでなく岡山県や和歌山県など県外との連携も実現。大学や国土交通省、県の職員も巻き込んだ取組みへと成長し地域コミュニティの強化につながっているといいます。

◎四国における想定外の大雪◎

　2014年12月、徳島県西部で大雪災害が発生し、積雪による倒木やライフライン寸断による山間部集落の孤立など、これまで想定していなかった被害を受けました。同社を含む被災地内の企業によって復旧作業を行いましたが、慣れない氷点下の活動は困難を極めたといいます。また、災害派遣の自衛隊との連携による道路啓開作業では自衛隊の什器が大きくて搬入できなかったり、自衛隊隊員のチェーンソーによる作業を同社社員が代替したりす

るなど、自衛隊との連携で混乱がありました。これらの状況を受け、四国に拠点を置く建設業者の間で、有事の復旧作業には平時の連携体制構築が必要との認識が高まったといいます。

同社を含む建設業では、男性社員は現場の外勤作業が多く、本社業務の多くは女性が担っていました。そのため、災害時に各社が連携体制を組むには女性社員の果たす役割が強いものと同社は考えたそうです。そこで、各社の女性社員が連携相手を知ることを目的にお互いに工場を見学し合い、職場環境や衛生面のチェックを行いました。こうした女性目線・一般目線からの安全環境の点検活動を「なでしこパトロール」と名付けたのです。この活動は新聞やテレビなどのメディアで広く取り上げられ、連携業者や建設業全体のイメージアップにも貢献しました。

2. 同業者との連携によるBCP（東京都D社）

東京都新宿区の印刷会社D社は、東京湾北部地震（M7.3、震度6強）を想定し、同時被災の可能性が少ない地方の同業者に代替印刷を依頼することで、地震発生後3日以内に受注件数の30％の商品を出荷できるレベルまで復旧する事業継続計画（BCP）を策定しています。BCPの中で、同業他社という、いわばライバル会社と連携するのは印刷業界特有の考え方といえるでしょう。

阪神・淡路大震災で、地元で圧倒的なシェアを誇る神戸新聞社の本社は壊滅的な打撃を受けました。たまたま、ライバル紙である京都新聞と震災発生の1年前に「緊急事態発生時の新聞発行援助協定」を結んでいたため、震災当日も京都新聞の印刷所に協定により印刷を依頼。神戸新聞は1日も途絶えることなく新聞を発行することができました。この教訓から、印刷業界ではライバルである同業他社と印刷協定を結ぶ例が多いといわれています。

阪神・淡路大震災や東日本大震災で、D社の取引先企業が甚大な被害を受けたほか、D社自身も東日本大震災では社員用の食料や水の備蓄不足、各種機材の損傷、用紙供給の停滞などを経験したことから、BCPに本格的に取

り組むことを決定しました。BCPは①社員とその家族の安全を確保する、②どこよりも早く復旧して情報発信する、③強い会社（タフで粘り強い、しぶとい）として認知される、の3点を理念とし、2013年に完成しました。

◎提携を平時にも活用◎

　同社では、自社と同規模程度の印刷業者6社（北海道、宮城、新潟、長野、京都、兵庫）と代替生産などに関する提携を進めています。これらの企業とは、平時にはBCPに関する勉強会を定期的に開催しており、被災時相互支援体制の構築に取り組んでいます。仕入れ先や代替生産先を組み込んだ体制構築に取り組むことで、印刷事業の事業継続強化が期待できるといいます。また、同社はBCP策定に至った背景や策定のポイント、苦労した点などを勉強会などで情報発信。同時被災の可能性が少ない地域との連携や中小企業同士による事業提携、印刷機械の使用の標準化など、今後BCPを策定する企業にとって参考となる取組みを紹介しています。

　同社はBCPを策定したことで、印刷業のサプライチェーンにおける自社の業務の役割を明確化し、社会的責任を果たすことの必要性を社員が再認識できたことが大きな成果としています。また、BCP策定の時に実施した社員情報の整理や情報連絡網の整備が平時においても有効に機能しており、かつ備品の整備や管理などの仕組み作りが業務の効率化にもつながっているとしています。

3. 14社が連携したBCP（島根県協同組合M）

　協同組合M流通センターは、島根県松江市にある流通団地への進出企業27社で構成されています。このうち地元企業を中心とする14社が2015年から翌年にかけて、お互いが連携したBCPを策定しました。

　同センターは松江市と宍道湖を見渡す高台に位置しており、市街地へのアクセスも優れ、山陰地域における流通ネットワークの一翼を担っています。しかし、同センターから宍戸湖をまたいだ対岸には島根原子力発電所が立地

していました。東日本大震災では福島第一原発で事故が発生したこともあり、地震発生直後からBCP策定の重要性が注目されました。まず、同組合員のうち4社がBCPセミナーに参加するなどして事業継続の在り方を模索し、先行してBCPを策定しました。その後、他の組合員も策定に着手。2013年には「経済産業省事業競争力強化モデル事業」に採択されたこともあり、この事業を活用することでBCPへの理解が進み、14社の計画策定にこぎつけました。

◎「組合BCPワーキンググループ」で情報共有と連携◎

　同センターはBCP策定を「組合員の後継者育成の機会」と位置づけ、青年部を中心に「組合BCPワーキンググループ」を設置。集合研修方式で策定作業を行い、組合員間での情報連携を進めました。ワーキングでは全体協議会、基本学習会、被災地から講師を招聘しての講演会、公益機関や金融機関、BCP専門家らで構成される外部委員会、被災地視察、組合BCP演習などが行われました。

　計画策定後も、同組合が中心となって毎年組合員を集めた教育訓練を開催し、2015年度には防災無線聞き取り訓練と組合員による炊き出し訓練、2016年度には熊本地震についてのセミナーを開催するなど、継続して事業継続に取り組んでいます。

　組合員の中には食品提供や管工事、リース物品供給など、自治体や商工団体などと災害時応援協定を締結している企業も複数あります。組合BCPを策定したことにより、組合員企業の保有する食料・飲料、資機材、燃料といった経営資源を有事に「持ち寄る」ことが可能になりました。さらに、防災のための設備投資や備蓄のスペース確保といった企業単体にかかる負担軽減につながっています。また、他の組合とも非常時相互支援の申し合わせをすることにより、組合単体では対応できない事態においても広域支援を受けることが可能になりました。

　同組合ではBCP策定を組合員の後継者育成の機会と捉え、後継者不足に悩む組合員の人材育成・企業間交流の機会にしています。また、小規模な組

合企業では組織運営のルールがほとんど存在しなかったそうですが、BCP
で策定したルールが会社運営のルールのベースになり、組織運営や機構改革
にも役立っているということです。

8 情報共有～アイデア事例

自然エネルギーを活用したBCP（山梨県F社）

　山梨県のF建設は2010年12月に国土交通省関東地方整備局から「災害時の基礎的事業継続力（BCP）」認定を取得するなど、早くからBCP策定に取り組んでいる企業です。同社は災害時の事業継続を確保するため、太陽光発電システムや発電機を整備。各エネルギーを組み合わせてBCPに役立てるとともに、災害時の連絡手段として防災無線を導入しています。もともと、山梨県は富士山も近く、南海トラフ地震や首都直下地震の影響も大きいとされています。今後、大きな災害が発生した後に事業が中断することなく役所や地域の要請に対応できるよう、事業継続計画を策定していました。

　それでも、東日本大震災では、山梨県甲府市でも震度5弱の地震を観測しました。固定電話・携帯電話ともに不通となり、現場の被害状況や社員の安否確認に震災発生から1時間10分の時間を要しました。この事態を受けて、同社は会社を基地局として防災無線の親機1台、子機20台を導入し、社員同士の連絡手段を確保しています。もちろん、訓練を繰り返すことによって操作できる通信エリアの確認なども行っています。

◎自然エネルギーを活用したBCP◎

　同社では災害に備え、会社のエネルギーとして自然エネルギーを活用した太陽光発電システム（本社51kw、資材倉庫30kw）や発電機（燃料）を整備。災害時に停電などが発生したときに備え、代替エネルギーを確保しています。さまざまなエネルギーを組み合わせて事業を継続させるとともに、食料や資機材などの備蓄の確保や、安否確認・避難訓練・通信訓練・炊き出しな

どの社員教育、協力業者への人員・資機材の要請などを日ごろから実施しており、防災協定先の依頼対応や早急なライフライン復旧対応などができるように準備しています。

　代替エネルギーを導入することにより、停電時でも本社のパソコンや複合機、電話などの機器が使用できるようになりました。防災無線も、親機には電源が必要になりますが、非常用発電機で電源を確保しています。そのほかにも、災害時に出社可能と考えられる27人の社員が7日間活動できるよう備蓄品を備えています。

　その他にも、独自の対応として本社と各作業所にAEDを配置し、普通救命講習Ⅰ（AED講習）を全社員と協力会社の40人に受講させるなど、地域の防災力向上への寄与も目指しています。

<参考文献>
国土強靭化　民間の取組事例集（平成30年3月）内閣官房
https://www.cas.go.jp/jp/seisaku/kokudo_kyoujinka/minkan_torikumi/
リスク対策 .com

第**3**章

これだけは外せない！
「チェックリスト」で対策の抜け漏れを防げ

～中小企業における BCP の効率的な整備方法

1 中小企業における効率的なBCPの整備方法

本章では、中小企業が具体的にBCPを整備していくことを想定して、効率的に進めていくための方法論や着眼点について、できるだけチェックリストや指針的なものを提示しつつ、重要な事項を解説していきます。

1. BCPの全体像

BCPは、さまざまな文書等の総称であり、決して1つの文書（計画書）だけを意味するわけではありません。

もちろん、可能な限り、1つの文書やマニュアルの形でまとめておいた方がわかりやすく、使いやすいですが、内容は、かなり細分化されてきます。特に、本書の立場では、防災とBCPを一体的に整備・運用していきますので、防災に関する項目とBCPに関する項目がそれぞれ、必要になってきます。

被災地に会社の拠点が1つしかない場合は、自社の施設を復旧させることがBCPの主眼になることは間違いありませんが、復旧までの間は、取引先や同業他社の協力等を得て（施設を間借りしたり、設備や物資を借り受けたり、従業員の応援を借りたりする等）、何とか事業を継続しようとするのではないでしょうか。

この観点で整理してみると、実は、BCPの内容には大きく分けて、4つの内容があります。

具体的に整備すべきBCPは次の4つです。
●BCP①：被災地→非被災地：非被災地への業務移管基準等
●BCP②：被災地拠点：被災拠点における復旧要領

●BCP③：非被災地：移管された業務を実施するための非常時体制
●BCP④：非被災地→被災地：被災地の元の拠点への復旧（移管）基準

図表 3-1　BCP の 4 つの内容

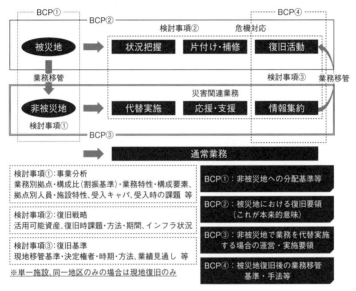

(出典：㈱エス・ピー・ネットワーク)

　自社（被災拠点）は復旧に努めながら、他拠点や取引先、同業他社などの協力先にて業務を行う場合、検討しておかなければならない事項は、「代替拠点における受入れ可否や状況」に関する基準や取決めです。図表 3 - 1 でいうと、点線の部分（BCP①の囲み部分）です。被災拠点の事業を他拠点に割り振るためには、非被災地拠点の事業構成比、受入れ余力や人員、地理的状況等を勘案しながら、被災地拠点の事業を他の拠点に分散させて移管することになります。これができれば、被災地は復旧に専念できますし、通常の規模で継続するのは無理でも他拠点や取引先・同業他社等で事業の一部を細々と継続できますので、事業に及ぼす影響も緩和できます。この点を検討し、日ごろから相応の受入れ余力を作ったり、話合いをしておくことが重要となります。これが、BCP①、被災地拠点から非被災地拠点への分配の基準・

手続き等です。

　そして、業務移管を前提とする以上、被災地拠点と代替先の非被災地拠点との間で、いつどのような基準・要領で業務を元通りに移管するか、また戻すかに関するコンセンサスと、その対応計画が必要になります。それがBCP④（図表 3 - 1 破線囲み部分）、被災地の元の拠点への復旧（移管）基準です。このBCP④はBCP①と対になるものです。実際には、移管先の非被災地拠点が複数ある場合や取引先と連携してそちらに一部移管するパターンもあることから、BCP④は複数形に派生していくことがあります。

　非被災地への業務移管後は、被災地拠点においては、可能な限り早期に通常の生産体制に戻すべく、清掃・後片付けに始まり、施設や設備のメンテナンス等、復旧のための計画策定とアクションが重要になってきます。特に被災地においては、道路等の通行障害や燃料不足による遅配なども発生するため、復旧には相応の時間がかかり、事情や状況もさまざまに変化しますので、状況に応じた緻密な計画の策定が欠かせません。それが、BCP②（図表 3 - 1 実線囲み部分）です。このBCPは、実際の被害状況等を踏まえて、事前の計画を修正したり、策定したりしていくものです。

　さらに、業務を移管された非被災地拠点においては、通常の体制を変更して、移管された業務等への対応を余儀なくされることが多く、それに伴う応援要員等も関与することが少なくありません。そこで、移管業務への対応を含む非常時体制を組んでの対応が必要になります。通常のオペレーションではなくなることから、ミス等を防ぐためにも、非常時体制下での業務運営要領を整備する必要があります。それが、BCP③（図表 3 - 1 二重線囲み部分）です。

2. BCP策定にあたって検討・確認すべき事項

　さて、BCPには４つの種類があることがわかりました。これは最終段階で求められるレベル感ですし、代替拠点で業務が実施できることが前提ですので、いきなり、すべてを準備する必要はありません。

　災害危機対策の観点からは、BCPの整備について、あまり難しいアプローチはとりません。大切なのは、検討・準備しておかなければいけない事項は何かを理解しておくことです。できるところから、徐々に着手していくことを心がけてください。

　そこで、実際の業務移管等を想定した場合のBCPについて、確認・検討しておいていただきたい事項をまとめておくと、次のとおりとなります。

BCP①に関して

〈検討事項＝事業分析→どの拠点に移管するのが合理的か〉

●拠点別事業構成比と製品別等の生産・対応体制検証

→移管先の選定指標

●非被災地（移管）拠点の地理的要因

→移管後の運送その他の対応可能性の検証

●業務特性や業務構成要素の特殊性・専門性の精査

→対応できる拠点の選別

●許認可・認可・免許等の有無やその事業実施要件

→移管の可否の検討・精査

●拠点別稼動人員・拠点の施設特性：受入れ側の受入れ余力の検討

●業務移管時の課題の抽出と対応策の検討

→人員の移動その他移管障害の洗い出し

●業務移管の計画策定

→Xデー・人員・物資・設備等の運搬体制・応援受入れ体制

　あらためて解説すれば、「BCP①」は、自社が被災した場合に、被災地以外（もしくは被害の小さい）別の拠点でまたは、同業他社やグループ会社等の施設・設備を借りて、事業を継続していく場合の対応要領を定めたBCPをいいます。

　業務を移管するにしても、まったくその設備や環境にないところに移管することはできません。また、構成比が高い拠点に移管した方が合理的です。

また、受入れ側にキャパシティがなければ、移管をしても対応できません。したがって、移管先を決定するに際しては、「拠点別事業構成比と製品別等の生産・対応体制検証」や「業務特性や業務構成要素の特殊性・専門性の精査」が重要になります。

　そして、自社の拠点への移管のみを前提としているわけではありません。他社の協力を得る場合にも、移管する業務やそれに関する設備の共通性なども重要な要素となるため、いずれにしろ、検討・検証しておくことが望ましい事項といえます。

　これは、平時から、さほどお金も時間もかけずに可能な事項ですので、一度確認をされることをお勧めいたします。

　第2章で紹介した神戸新聞社の事例のように、設備等の共通性に着目をした対策がとれるかどうかも、この要素で検討しておくべき事項なのです。

　一方で、許認可や事業免許が絡む場合は、他の地域での対応はしにくいのも確かです。特に、許認可や事業免許で当該地域での事業に限定されている場合は、地域内の拠点等での実施は可能でも、他の地域の同業他社との連携には一定の制約があることは間違いありません。

　そこで、もう1つ重要な検討事項は、「（移管）拠点の地理的要因」です。許認可や事業免許で実施可能な営業範囲との関係や二次被害、事業継続に向けた地理的な制約等の検証です。第2章で紹介した一ノ蔵社の事例もぜひ、参考にしていただきたいと思います。

　その他の項目については、これまで解説してきたことを実現に移すための項目ですので、実行に移す過程で、おのずと検討されることになると思います。

　なお、この点については、BCP整備の際の重要な視点でもあります。精緻に作り込んでも使える保証はありませんので、土台部分をしっかりと決めておき、後は、必要に応じて組み立てるという柔軟性を持たせておくことが、BCPの実効性を高める1つの知見といえます。

　東日本大震災の際、京都市に本社を構える三洋化成工業株式会社は、茨城県神栖市にあった鹿島工場が被災しました。工場は、震度5強の揺れに見

舞われましたが、幸い津波による直接的な被害は免れました。しかし、工場内の設備にズレが生じ、それに伴い、配管などに破損や亀裂がないかを点検しなければならないという大きな課題に直面しました。同社は化学工場で化学薬品などの危険物を扱っているため、安全点検は目視で済むようなレベルでありません。診断マニュアルに基づき、１箇所ずつ、パイプの内側から圧力をかけて損傷箇所がないかを確かめていかなければならない状況で、当初想定されていたチェック項目は150もあったそうです。実際には、前後の配管や装置の関係もあり600箇所以上のチェックが必要でしたが、ライフラインの復旧が長引く中、同社は２週間で事業を再開させています。その経験を踏まえて、同社のBCPの担当者は、「ガチガチのBCPではなく、大きな方針だけを決め、後は状況に応じて決められるようにしておいたことが良かった」と自社のBCP方針を評価し、「最初から、今回のようなライフラインの被災を想定し、復旧体制を構築しておくことは不可能だった」と言い切っています。

そして、そのような状況の中でも柔軟な対応ができた最も大きな理由は、BCPのメンバーがBCPの考え方を理解し、訓練していたことですが、同担当者は同時に「BCPは、試験問題の勉強のようなもので、基礎をしっかり学んでおけば、応用問題にも対応できるはず」とも述べています。

このような事例をみても、BCPでは大枠となる土台の部分のみ検討・決定をしておき、細部は、被災状況等を踏まえて組み立てる、その代わり、短時間でも良いので訓練を細目に行っておくというアプローチも合理性があると考えられます。

重要な項目についてはあらかじめ想定・検討だけはしておいていただくことをお勧めします。

次は、BCP②についてです。BCP②は、「被災した拠点の事業をいかに復旧・再開するか」という、本来的な意味で最も重要な内容を定めておくべきBCPとなります。端的にいえば、被災地拠点の復旧要領です。

〈検討事項＝復旧戦略→どのように被災地拠点を復旧させるか〉

●被災地拠点の地理的要件：応援や支援の容易性の検証

●被災地拠点の被害状況の確認・明確化

→復旧目処の算定・復旧戦略の検討

●被災地拠点近隣のインフラ等の被害状況の確認

→ライフライン・交通・通信等

●復旧に伴う課題の抽出

→専門性や業者手配その他の復旧障害の抽出・検討

●復旧に伴う課題への対応策の検討

→課題克服に向けた各種検討・業者等手配

●復旧に向けた具体的な計画策定と役割分担

→復旧に向けた組織体制整備

●業務実施基準・実施要綱の作成

→復旧に向けた業務実施基準・要綱等策定・周知

●復旧計画の進捗状況の確認と計画等の見直し

→実施状況把握・計画要領等修正

　この「被災地拠点の復旧要領」として押さえておいていただきたい重要な項目は、何よりも「被害状況の把握」に関する項目と、「活用可能な資源の状況把握（戦力分析）」の項目です。具体的には、前者の「被害状況の把握」に関する項目については、「被災地拠点の地理的要件」「被災地拠点の被害状況の確認・明確化」「被災地拠点近隣のインフラ等の被害状況の確認」です。

　また、後者の「活用可能な資源の状況把握（戦力分析）」の項目については、「復旧に伴う課題の抽出」です。

　これが、把握・抽出できれば、そこから具体的な計画を策定することはできますし、状況を踏まえた意思決定をすることができますので、BCP②については、「被害状況の把握」に関する項目と、「活用可能な資源の状況把握（戦力分析）」の項目をできるだけ具体的に整備・策定しておくことが重要で

す。

　その他の項目は、「被害状況の把握」と「活用可能な資源の状況把握（戦力分析）」を踏まえて、行動計画を組み立てていく際に重要になる要素ですので、これらの観点・項目を加味しながら、状況に応じて計画を策定、実行していただくことをお勧めします。

　次は、BCP③についてです。BCP③は、「被災地から業務を移管された移管先の業務対応要領」についての内容です。移管先、すなわち受入れ先からすれば、非常増産体制や通常業務＋αの対応、その他の特別対応が求められることから、いわば非常時体制をどうするかというBCPになります。

BCP③に関して

〈検討事項＝移管先の非常時オペレーション→代替拠点でいかに業務を回すか〉

●移管に伴う非常時シフトへの移行に伴う影響度・リスクの洗い出し

→リスク算定

●非常時シフト移行を前提としたオペレーションの検討

→非常時シフト等の検討

●移管業務の実施体制・実施環境の整備

→ライン変更・仕様変更その他の変更・対応

●受入れ側従業員のケア：非常時体制に伴うストレスや疲労等のケア

●応援要員・応援物資の受入れ体制整備

→休憩室や執務スペースの用途変更等

●非被災地での対応(生産)についての取引先等の了承取得

→取引先等への説明

●代替業務実施先からの納入等の手段・ルートの検討

→ルートや所要時間変更対応

●被災地拠点や他の拠点との情報共有・状況共有

→元の業務先への移管の見極め

　移管先での業務継続を図る上で重要なのは、移管先（受入れ側）の「業務実施体制の整備（応援体制を含む）」とそれに関する「取引先等の理解」となります。

　まず、移管先（受入れ側）としては、急に業務量が増えたり、業務のやり方を変えたりすることを強いられますので、非常時シフトへの移行については、慎重に検討・準備を進めていく必要があります。取引先等から応援要員の派遣をしてもらう場合などは、普段接点のないスタッフ同士が、場合によっては寝食もともにすることになりますので、業務量の増加や慣れないオペレーションでの業務対応とも相まって、ストレスも相応になります。そのストレスケアの対策も含めて、そのような非常時オペレーションを整備・運用していくか、この点はあらかじめ検討・協議しておくことが望ましいといえます。

　そして、もう1つ重要な対策は「取引先等の理解」です。業務が移管されることで、輸送や移動が伴う場合は、所要時間やコストに影響を及ぼすことになります。あるいは、通常の取引先では対応できなくなることも考えられることから、一時的にでも取引先を変更する必要がある場合もあります。したがって、取引先との諸々の調整と取引先の理解が必要になってきます。平時のうちから、取引先と綿密に話をしておくことが重要です。

　最後は、BCP④についてです。このBCP④は、BCP①と連動しています。業務を他の拠点等に移管した以上、被災地の拠点での事業基盤が復旧すれば、元に戻す必要があります。その基準や要領を定めるのが、BCP④です。

→移管に耐えうるかの確認、稼動状況確認

●被災地拠点への復旧基準の検討：要件・時期・移行期間・判断権者

●被災地への移管に伴う業績の見通し検討

→経営への影響を勘案して時期を判断

●被災地への移管に伴う各取引先等との調整・協議

→取引先への伝達と調整

●被災地への移管計画の策定

→段階的移行か全面移行か・応援要員等の調整

●移管される側の受入れ体制の再確認

→元のオペレーションで行えるかの確認

●移管に伴う課題の検討と対策

→種々のリスク等を勘案して、対応策を検討・準備

●非被災地側のオペレーションの確認・調整

→非常時体制解除に伴う課題抽出対策

●業務移管(復旧)の実施：移管に伴う種々のトラブルや事象への対応

●業務移管後の状況の把握

→被災地側・非被災地側の業務実施状況モニタリング

このBCP④で重要なのは、「被災地拠点の状況・復旧状況の確認」です。被災地拠点が相応の体制でなければ、業務を戻しても業務の継続は難しいままですので、元に戻さない方が良いということになります。したがって、業務を移管先から元の拠点に戻す上で最も重要なのは、もともとその業務を実施していた被災地拠点の状況です。

その他の項目は、「被災地拠点の状況・復旧状況の確認」がわかれば、おのずと検討が必要な項目です。

なお、一点、補足すれば、「被災地への移管計画の策定」についてです。元の拠点に戻すとなると、ついつい無理して、全面的に移管してしまおうとします。しかし、受入れ側もまだまだ体力が十分ではない可能性があります。「被災地拠点の状況・復旧状況の確認」を踏まえて、全面移行か、段階的な

移行か、十分に検討していくことが重要です。

3. 状況好転アプローチの採用

　BCPを整備していくと、時として被害想定をしていく上で、その被害規定・範囲がどんどん広がり、途方もない想定に行き着く場合があります。東南海・南海トラフ連動地震などは、その被害を想定しようとしても、二次被害や拡大被害まで想定していくと、あまりにも甚大で途方もない被害となってしまいます。こうなると完全にお手上げになってしまい、せっかくBCPの整備・策定に取り組んだのに、途中でやる気をなくしてしまうことになります。

　従来のBCPの過程で行っていたプロセスは、どんどん被害想定を広げて、悪い状況、悪い状況へと想定を深めていくものですので、「状況悪化アプローチ」といえます。この「状況悪化アプローチ」で進めてしまうと、被害想定の部分で行き詰まってしまいかねません。

　そこで、私どもがお勧めしているのが、「状況好転アプローチ」、すなわち、状況が良くなる方にどんどん想定を広げていき、その時にどうするかを考えていくアプローチです。

状況好転アプローチ

●現行のBCPの想定の状況の把握

→BCP策定時の「想定」の確認、問題点検証

●現行のBCPの整備状況、有用性の把握

→上記想定を踏まえたBCPの課題検証

●状況悪化型アプローチの問題点の認識

→途方もない作業、モチベーション低下

●状況好転アプローチの理解

→自分1人が生き残った状況からToDoを組み立てる

●状況好転アプローチの横展開

→各従業員が考えることでより対処事項が明確に

●状況好転アプローチでの検討結果の整理・書面化

→対処事項、優先順位等の明示

●ToDo実施のための事前準備

→タスクや実施項目の確認・明確化、一覧化

「状況好転アプローチ」は、「自分 1 人が生き残った」という状況から、やるべきことを考えていきます。BCPは災害発生後に、活用可能な資源が限られる中で、どのように対応していくかの要領ですから、災害発生後の状況を起点にして、その状況からの対応を考えていくことは合理的です。状況好転アプローチは、BCPの本質的な要請に適ったアプローチなのです。

具体的には、自分が生き残った状況から、まず何をするかを考えていきます。できることをやっているうちに、家族や同僚・仲間の無事が確認できていきます。最初は 1 人でも、家族や仲間・同僚の生存確認により、稼動人員が増えていき、できることも増えていきます。メンタル面でも、心強い限りです。これをみんなで考え、「1 人の場合は、何をどういう順序で行う」、「5 人になったらどうする」と考えていくことで、何をしたら良いか、そのために準備すべきことがみえてきます。

これが、上記の項目にある「状況好転アプローチの理解」、「状況好転アプローチの横展開」です。

ここから、「状況好転アプローチでの検討結果の整理・書面化」にもあるように、それを持ち寄り整理していきます。そして、それを実現するための準備、具体的には、チェックリストやマニュアル等の整備を含めて、準備していくのです。

ぜひ、皆さんも状況好転アプローチで作業を進めてみてください。

4. 自社や同業他社等の危機対応ノウハウの蓄積・活用

　BCPの整備を効率的に進めていく上で、重要な視点はまだあります。それは、「自社や同業他社の危機対応ノウハウ」の活用です。具体的には、自社や同業他社が過去の災害時にどのような対応をしたのかを、参考にしてBCPを組み立てていくことです。

　多くの企業では、これまで、大小を問わず、多くの自然災害に遭遇していると思います。しかし、その災害への対応記録は、往々にして社内では残されていないケースが少なくありません。実際に災害に直面すれば、目の前の災害や被害への対応に注力せざるを得ませんので、その対応の経緯等がつぶさに記録されていることは非常にまれです。しかし、記録はなくても、何とか、その災害を乗り越えて、事業の継続を果たしてきているのです。

　BCPを考える上では、この眠っている各社の事例を生かさない手はありません。すでに、災害を乗り越えてきているわけですから、その内容を参考例として活用すれば、わざわざ一からBCPを作る必要はありません。すでに、災害対応のベースは、各社ないしその周辺の経験値として、暗黙知として、ほとんどの企業に存在しているのです。

　私どもが、特に中小企業のBCPの策定を支援するケースでは、この過去の災害事例の記録化から始めてもらいます。すでに記録があるのであれば、それをベースに過去の対応における対応要領の整理、課題の検討等が可能となるからです。しかも、過去の事例は、実際の業務フローを踏まえてなされていますので、自社のオリジナルのBCPのベースがそこに凝縮されているからです。

　記録化するためには、まずは当時の経験者を社内で探し出すことです。できるだけ多くの経験者に当時の対応を振り返ってもらい、当時どのような状況だったか、どのような制約がある中で、どのような判断をしたか、なぜ、そのような判断をしたのか、対応をする上で困ったことやうまくいったことは何か、今振り返って災害対応の教訓がなんだと思うかなどをヒヤリングし

たり、書いてもらったりして、記録化していきます。眠っている暗黙知を、見える形で記録し、社内で共有・教訓化・活用していくことで、BCPの基本的な流れや対応を整理、指針化することが可能となります。

　自社での事例収集が難しければ、同業他社の経験値でも構いません。知り合いの社長や経営幹部に、当時の対応を振り返ってもらって、その教訓を共有してもらうことでも構いません。同業他社であれば、業務フローもそんなに大きくは違わないので、自社でも活用可能な教訓が少なくないからです。こういう共助こそ、日ごろの関係性がものをいいます。これについては、第２章の新産住拓株式会社の事例を参照してください。

　過去の震災の対応を担当した役員や従業員がいれば、マニュアルが完璧でなくても、意外と対応できてしまうものです。人的ネットワークと経験値、知恵と経験を結集しての災害危機対策は思いのほか有効です。

2 災害危機対策を進めるための チェックリスト①： 基盤づくり〜防災・減災対策

1. 全体像

　それでは、災害危機対策の整備・策定を進めていく上での具体的な視点の解説をしていきます。まずは、防災対策を進めていく上での環境づくりが欠かせません。環境づくりを怠ると、社風として定着せず、なかなか取組みが進まないという事態に陥ってしまいます。

　最初にやるべきは、「災害危機対策を進めるための基盤づくりと実施すべき防災・減災対策」の確認とそれを踏まえた検討・準備です。

　「災害危機対策を進めるための基盤づくりと実施すべき防災・減災対策」として、実施すべき主要項目は、下記の10項目です。項目の詳細は、順次後述していきます。多く感じるかもしれませんが、整理をしてみると、総論的な内容（①、②）以外は、

　　・従業員の命と安全を守るための項目（③、④、⑤、⑥、⑧）、

　　・従業員が実際にアクションを起こすための訓練・準備の項目（⑦、⑨）、

　　・組織として生き残り、生き延びるための骨格の整備（⑩）

に大別できますので、内容的にはごく基本的な内容です。

災害危機対策を進めるための基盤づくりと実施すべき防災・減災対策

①従業員を巻き込み、「自分ごと」の意識づけをする

　→防災対策の基本は「自助」、すなわち「自分ごと」になっているか

②災害危機対策の目的の明確化

　→「人命尊重」がお題目になっていないか。優先順位は明確か

---

③従業員の行動要領の明確化

　　→「生き残る」「生き延びる」ための基準は明確か

④従業員の安全確保に向けた補充対策の実施

　　→従業員の意識啓発や防災対策支援、行動基準遂行の環境整備はできているか

⑤安否確認システムの整備・導入

　　→従業員の安全を確認できるシステム・運用となっているか

⑥安否確認システムを補完する情報連絡ルールの整備

　　→安否確認システムが機能しないときどうするか。「人命の尊重」が担保されるか

⑦帰宅困難を前提とした対策・準備

　　→「被災時の帰宅＝移動はリスクが高い」を前提に在館対策・準備は十分か

⑧社屋や会社設備耐震補強・什器固定等の安全対策

　　→従業員が安全に避難・生活・待機・執務するための安全対策は行われているか

⑨避難訓練の実施

　　→「生き残れ」「生き延びろ」を実現するために有効な訓練は行っているか

⑩危機管理体制の整備・強化

　　→防災・減災対策を進めるべく組織体制・運用体制整備、人材確保を行っているか

　災害危機対策を進める上で肝になる従業員の当事者意識を高めていくために、役員はもちろん、従業員に対しても、災害危機対策は生命の危機を含めて、自身に大きな影響を与える事項であることを認識してもらうこと、言い換えれば、「自分ごと」にしてもらうことが重要になります。

　その上で、「自分が生き残り、生き延びる」ためにどうすべきかに視点を向けてもらい、「命と安全を守るための項目」について検討・準備・対策を

させていく必要があります。

　そして、従業員が行った「命と安全を守るための項目」について検討・準備・対策の努力に応えるべく、会社として、「従業員が実際にアクションを起こすための訓練・準備」についてサポートをしていくことが肝要です。帰宅困難者対策や避難訓練は、さまざまな事情を抱える複数の個々人や小集団などの集団的要素が絡む中で、より重要性を増してくる項目ですが、「命と安全」を守るためには不可欠なものです。備蓄は本来的に個々人、各家庭で準備・実施すべき事項ですが、企業の事業活動に従業員を関与させる以上、企業として、それらを補完するための備蓄や準備が求められます。

　企業の災害危機対策の観点からは、従業員個々人が「生き残り、生き延びる」ための対策と併せて、企業が「生き残り、生き延びる」ための対策も不可欠です。企業が「生き延びる」ための対策こそがBCPに他なりませんが、BCPとして考慮・対策すべき項目は、今後詳述していきます。この段階で実施すべき項目は、その骨格をなす、「危機管理体制（危機対応のための組織作り）の整備」です。

2.「従業員を巻き込み、『自分ごと』の意識づけをする」

　それでは、各項目について、「着眼点」と「留意点」をみていきましょう。まず、「従業員を巻き込み、『自分ごと』の意識づけをする」ことについての着眼点は、次のとおりです。

「自分ごと」にしていくため着眼点

　◇防災の基本原則の確認と周知

　◇業務時間中の身近な危険（リスク）を想起させる

　◇当該リスクに対する現状評価（知識・理解、対応力など）

　◇当該リスクを回避・低減するための課題の明確化

　◇プライベート時間中の身近な危険（リスク）を想起させる

> ◇ 当該リスクに対する現状評価（知識・理解、対応力など）
>
> ◇ 当該リスクを回避・低減するための課題の明確化
>
> ◇ 通勤時等の移動時間中の身近な危険（リスク）を想起させる
>
> ◇ 当該リスクに対する現状評価（知識・理解、対応力など）
>
> ◇ 当該リスクを回避・低減するための課題の明確化

■防災の基本原則の確認と周知

　災害対応には、「自助」「共助」「公助」がありますが、基本となるのは、あくまで「自助」です。

　「自助」とは、自分の身は自分で守るということです。自分が助からなければ、家族・親族や友人・知人も助けられませんし、社会的な立場、社内での重要な役割も果たすことができません。

　自分の身は自分で守るためには、自宅の耐震補強や家具の固定、食料・水・衣服・トイレ・毛布・電気・医療品などの備蓄、自分や家族が助かるための対策が重要となります。まさに、「自分ごと」から先に手をつけていくことが大切なのです。

　なお、「共助」はご近所や地域、コミュニティー等での助け合いであり、「自助」の延長線上で、「生き延びていく」ために行われるものです。瓦礫の下敷きになった近隣の方の救助・救出から、避難所等での炊き出し等まで、幅広く含まれます。また、「公助」は国や地方自治体からの被災者への支援であり、救援物資の送付、金融面での援助・優遇、応援職員の派遣、避難所開設・運営などがそれにあたります。

■ 「業務時間中の身近な危険（リスク）を想起させる」

■ 「プライベート時間中の身近な危険（リスク）を想起させる」

■ 「通勤時等の移動時間中の身近な危険（リスク）を想起させる」

　第 1 章でも解説しましたが、災害危機対策を「自分ごと」にしていく上でも、「正常性のバイアス」が大きな障害となります。

　したがって、「自分ごと」にしていくためには、この「正常性のバイアス」

を取り払い、「自分も被害を受けるかも」「自分も被災者になるかも」「下手したら死ぬかもしれない」と思わせることが重要です。そう思わせるために重要なのが、日々の生活の中で、自身に降りかかるリスクとしてどのようなものがあるかを具体的に想起させることです。

　具体的には、「業務時間」「休日等のプライベートな時間」「通勤時間等の移動時間」と分けて、どんな危険（リスク）があるかを考えてもらいます。

　ただし、災害リスクを想定する場合には、次の点に留意しなければなりません。

（1）都合良く考えない

（2）二次災害・複合要因を考慮する

（3）実際に対応できるスキル・余裕があるかを検証する

（1）都合良く考えない

①実際に大規模災害が発生した場合は、被災地の情報収集は容易ではない

　状況が悪ければ悪いほど、実際には情報は入ってこないことを前提としておく必要があります。

　しかし、多くの会社の危機管理規程やマニュアルでは、対策本部では、情報収集が容易な前提で作成されています。通信インフラや電気等のライフラインに支障がない平常時のクライシス案件であればこの前提は問題ありませんが、通信インフラやライフラインが停止する災害時は、この前提は当てはまらない点に注意が必要です。

　「通信がつながる」と都合よく考えず、つながらない前提で、その時どうするかという行動基準を明確にしておくことが重要です。連絡がつかない時は、こうして行動しましょうとあらかじめ定めておけば、そもそも連絡がつきにくい中で、無理して連絡をつけようとしません。

②情報システムを過信しない

　また、PCを含めて、社内の情報システムは、電気がなければ稼動しません。最近の地震や台風でも長期間にわたる停電等が発生しており、

当初は予備電源等で情報システムが使えても、そのうち使えなくなることを前提に紙での情報整理・集約も視野に入れておかなければなりません。情報システムを維持するために予備電源や蓄電池を準備し、その燃料も……とやっていると、費用も膨大になります。お金がある企業はそれでも良いですが、中小企業はそうはいきません。

　データは最低限バックアップした方が良いですが、データがだめになっても紙ファイルが復元できるのであれば、アナログ的な対応をする形で、BCPを整備していけば良いのです。

　災害の場合は、停電等が広域発生したり、通信制限等が行われるため、ネットワーク回線等が必ずしも正常に起動しなかったり、システムバグにより、システムダウンを起こしたりすることもあります。浸水等で基幹システムが停止してしまうと、システム全体が使えないという事態にも陥ります。「情報システムを過信しない」ということも、BCP整備における重要な教訓の一つです。

③耐震・免震構造・床固定等を過信しない

　構造上、計算上、相応の安全性を確保・担保して耐震設計、免震設計されて建築されていますが、構造躯体（建物）自体は問題なくても、天井が落ちたり、水道管・ガス管等の配管の棄損、それに伴う電気配線の異常やショートなどはこれまでも発生しており、建物全体が必ずしも通常の機能を維持しているわけではないことに注意が必要です（写真3-1）。

　東日本大震災でも、床固定された自動販売機が、反対側の壁まで移動してしまっていた事例も報告されています（写真3-2）。地震や流水（津波、河川氾濫問わず）のエネルギーは相当なものであり、「床固定＝動かない＝安全」とは限らないことを念頭に置いておく必要があります。くれぐれも挟まれることのないように、近寄らないことが肝要です。

（2）二次被害・複合要因を考慮する

①大前提として、津波や浸水、土砂災害等に関して、国や都道府県等で策定・公表されたハザードマップを軽視しない

写真 3-1　地震で天井が落ちた
　　　　 建物

（筆者注）
　左の写真は、筆者が、熊本地震後に、現地のクライアント企業の被災状況を視察した際に撮影した写真です（2016年5月4日撮影。撮影：当社）。
　天井が落ちてしまっていることがはっきりとわかります。撮影日は、地震の発生から約3週間経過していますが、なお、余震が続いており、このような状況では建物の中にも入れないため、手付かずの状態でした。建物自体は倒壊していません。

写真 3-2　自動販売機が移動し
　　　　 た事例（宮城県）

（筆者注）
　左の写真は、下記文献で紹介されていた事例です。
　矢印で示されているように、床固定されていた自動販売機が、設置場所とは反対側の壁まで移動していることがわかります。奥の自動販売機も設置場所から移動しています。いずれも、足元は固定器具がつけられていることが写真からも見てとれます。

（出典：東京消防庁「職場の地震対策—事業所
防災計画があなたを守る」（平成24年3月））

　　第6章でも取り上げますが、2015年に発生した常総市水害（鬼怒川氾濫）でも、2016年に発生した熊本地震でも、その被害の範囲や規模は、事前に公表されていたハザードマップや被害想定の範囲内でした。
　　いたずらに被害想定を拡大させるよりも、まずは、ハザードマップを見て、自社の立地等のリスクを把握しておくことが重要です。
②大規模災害の場合は、二次災害や複合災害が発生するケースが多いため、必ず想定の幅を広げる
　　東日本大震災では、地震のほかに、巨大津波や原子力発電所からの放射性物質の流出も発生しています。また、2018年の西日本豪雨でも、

大雨、高潮、河川氾濫、土砂災害、関西国際空港への交通手段喪失、長期間の停電等の複合事象が発生しています。さらに、2018年の北海道胆振東部地震でも、土砂災害、全道停電（ブラックアウト）等の二次災害が発生しています。

　これらの事例を参考にして、可能な限り、起こりうる事象の想定の幅を広げてください。特に、自社拠点・施設の立地場所のハザードマップと突合しながら、起こりうる状況を想定しておくと良いでしょう。

③二次被害や複合災害の発生に伴い、ライフラインの停止、通信障害、交通障害の発生を前提とする

　大規模災害の場合は、ライフラインや通信、交通機関等が通常通りに機能しません。通常のクライシス（不祥事等の緊急事案）と事業継続マネジメント等の災害危機対策との違いは、まさにこの点にあります。

　逆にいうと、災害危機対策は、「ライフラインが停まり、交通機関が機能しておらず、通信もままならない」という中で行うものですので、平時の危機管理規程等をそのまま横展開するということが難しいという特質があります。

　言い換えれば、通常のクライシスの状況のさらなる応用問題が、BCPの局面ということです。平時から組織体制や運用ルールを検討・整備しつつ、直面した状況に合わせて、それらをうまく活用しながら、被災後の状況に対応していくことが求められるのです。

（3）実際に対応できるスキル・余裕があるかを検証する

①「過去の成功」を過信しない

　前回の災害対応がうまくいったからといって、今回（次回）も「うまくいく」とは限りません。すでに説明したとおり、正常性バイアスや確証バイアスの影響で、災害に関しても、「前回（これまで）の災害では被害がなかったから、今回も大丈夫」と思い込みやすい傾向があります。

　しかし、この「今回も大丈夫」は、何の根拠もなく、非常に危険です。このような心理が、避難を遅らせてしまい、場合によっては命を落とす

という事態に陥りかねないことを従業員全員に伝えておく必要があります。

　東日本大震災の時も、チリ沖地震の時もここまで津波は来なかったからと、避難しなかった人が、逃げ遅れて、津波に呑まれて亡くなってしまいました。過去の成功に基づくバイアスは、時として命を落とすことを肝に銘じて、「過去の成功を過信しない」ようにしてください。

②「自助」のために最善を尽くすことを意識づける

　上記のような油断が起こることを踏まえ、自分が助かるために、あるいは自分でうまくさばくためにどうするかを考えもらうように仕向けていかなければなりません。

　防災対策の基礎が、「自助」にあることをあらためて確認してください。

③平時のイメージトレーニングや訓練が生死を分ける

　災害危機対応についても平時の訓練が重要になります。ただ、大規模災害が何度も起きても困りますから、一定のシナリオを使ったイメージトレーニング的な要素を入れていかざるを得ません。大規模災害の危機対応を考える場合、その訓練の中で、アクションの訓練だけではなく、「判断の訓練」も重要になります。

　「判断の訓練」とは、優先順位の判断です。種々の制約があり平時の組織体制や理屈が使えない一方で、被災地の清掃から事業継続に向けた取組みまで、対処しなければならないことが多いため、優先順位の判断が重要になります。トレーニングの中で、「判断の訓練」をすることで、各幹部の判断の差などにも気づくことができますので、会社としての優先順位や判断基準を決めていくことができます。

■当該リスクに対する現状評価

　前述のように、「業務時間中」「プライベートな時間中」「移動時間中」の具体的なリスク・危機事象を踏まえて、当該リスクや事象に対する現状の対策について、設備・物資面（ハード面）、対応するためのスキル・知識面（ソフト面）、実際にどこまでどのように対策・準備をしているか（取組み面）

の３つの観点から、現状を評価します。

　例えば、プライベートな時間中では、休日は朝からお酒を飲んでいるとか、頻繁に子どもと外出しているというような場合は、その状況で被災する可能性を前提に、酩酊状態等で避難や災害情報の把握に支障はないか、どのような服装・持ち物で外出しているか、外出の場所はどこなのか（自宅から徒歩圏内の場所と、車や公共交通機関を使うような場所では、状況がまったく異なります）等、できるだけ、日ごろに近い状況を想定して現状評価をしていくことがポイントとなります。

■当該リスクを回避・低減するための課題の明確化

　「業務時間中」「プライベートな時間中」「移動時間中」におけるリスクと現状評価を行うことで、現時点において、想定すべき事項として、あるいは対策として何が足りないかが明確になってきます。この課題の明確化・見える化が、災害危機対応を進める原動力になってきます。

　防災・BCPに限らず、リスクマネジメントを進める上でのポイントは、実際好ましくない事態（危機管理の概念でいうと、この場合が「クライシス」にあたります）が発生した場合等を前提として、現状でどこまで対応できるか、準備できているか等を、チェックしてみることから始めることです。PDCAサイクルは、どこから始めても良く、C（チェック）のプロセスから入っていくと、課題がみえてきますので、それがA（改善すべき事項＝課題）となり、その課題を踏まえて、P（計画）に移行できます。CAPDで運用していくことで、スムーズに進めていくことができるのです。

　防災・BCP等の災害危機対策についても同様です。具体的なリスクや事態・状況を前提に、そこでの対応力や当該事態への準備状況を評価（チェック）することで、現状の課題が明確になります。何が足りないか、何をしなければいけないのかという課題を明確化することで、その次には、優先順位をどうするか、当該課題をクリアするためには何が必要か、制約事項（克服すべき点）は何か等を精査・検討していくことができます。そして、それを計画に落とし込んで、対策・準備を少しずつでも進めていくことが重要です。

3.「災害危機対策の目的の明確化」

　自分ごとの意識を持たせるために、身近なリスクを前提に、災害危機対策の重要性を認識させた後は、いよいよ具体的に対策・準備を進めていくことが重要です。ここでは、自分ごとの意識を継続しつつ、自分ごとでは終わらせずに、「業務時間中」の発災を前提に、組織人としての一面も意識させていくことが重要となります。

　まず企業の災害危機対策として行わなければいけないのは、「災害危機対策の（会社としての）目的の明確化」です。「災害危機対策の目的の明確化」を進めていく上での着眼点は以下のとおりです。

「災害危機対策の目的の明確化」を進めていく上での着眼点

✧ 目的の明確化（＝「人命尊重」の具体化）

✧ 「目的」の具体化

✧ 「目的」を実現するための現状評価

✧ 「目的」を実現するための課題の明確化

■目的の明確化

　ほとんどの企業において、災害管理規程や災害対応マニュアル、危機管理規程・マニュアル等で、その最大の目的は、「人命の尊重・安全確保」とされていますが、大規模災害発生後に、いちいち指示をしなくても動けるように、従業員の行動に関する優先順位を短い言葉で端的に表現しておくことが重要です。

　例えば、「人命の尊重・安全確保」以外にも、「資産の保全・確保」「施設の安全確保」「取引先の支援」「地域社会への貢献」等がありますが、会社に応じて、どういう順位で何を定めるか、まずはここから決めていく必要があります。

■「目的」の具体化

　目的を明確化して優先順位を定めた後は、その「目的」を具体化していくことが必要になります。すなわち、「人命の尊重・安全確保」や「取引先の支援」等について、どういうことなのか例示等を用いて補記していくことが求められます。

　具体例を網羅的に書こうとするよりも、この過程を通じて、各部門や拠点等で、各目的の項目を受けて、どのようなアクションがありうるか、各部門・拠点を巻き込みブレーンストーミングしながら、例示を考えていくプロセスが大切なのです。具体的なアクションを考えていくことで、おのずから災害危機対策としてのBCP的検討を行っていることになりますので、優先順位判断等少しずつ社員の育成・意識高揚・啓蒙につながっていることに意味があるのです。

■「目的」を実現するための現状評価／「目的」を実現するための課題の明確化

　このプロセスは、前段階の「目的の具体化」を受けてのプロセスになりますので、例えば、「人命尊重・安全第一」という目的が「津波のときは高台に逃げる」と具体化（例示）された場合、現状、それができるのかできないのかを評価するのが現状評価のプロセスです。

　現状評価をした場合、「できない」となれば、なぜできないのかが問題になります。そして、「なぜ」を考えてみると、「津波発生を認識できない」「どうやって津波の発生を認識するのか」「高台がどこにあるか把握していない」「高台って、ビルとかマンションでも良いのか」等のさまざまな質問・課題が出てきます。

　このような質問・課題が出てくれば、後はそれを定義したり、調査・準備をすることができますので、やらなければいけないことが徐々に明確化されてくるのです。

　ここまでいけば、次のプロセスにうまくつながっています。

4. 従業員の行動要領の明確化

　このようなプロセスを経て行うのが、「従業員の行動要領の明確化」です。「従業員の行動要領の明確化」は、防災対策ではあまり聞かないかもしれませんが、生死を分ける非常に重要な項目です。

　事業継続の観点からも、自然災害の発生に伴う通信障害により、連絡がつかない場合でも、行動規範を明確しておくことで、従業員は必要なアクションを起こすことができるのです。

　「生き残れ。そして生き延びろ！」という災害危機対策の基本的スローガンや防災対策のベースとなる「自助」を具体化するため、ぜひ、行動要領の明確化に取り組んでいただきたいと思います。

　行動要領作成のポイントは以下のとおりです。

（1）優先順位を明確に記載する

（2）人間心理を踏まえる

（3）自助を基本として、日ごろから何をするかまで、考えさせる

（1）優先順位を明確に記載する

①「人命尊重・安全第一」では抽象的すぎる

　　行動要領は、防災対策の観点から、まずは、従業員が自らの命を守るために定めるものです。したがって、具体的なシチュエーションにおける優先順位を明確にしておかなければなりません。

　　例えば、「津波警報が出た場合は、商品や車を置いてでも、『人命』を優先する」旨を明確にします。あるいは、「津波の危険がある場合は、社用車や商品を置いてでも、高台に逃げること。何よりも、社員の安全が最優先である」等、考えられる状況下における行動について、具体的に優先順位を明示することが重要なのです。

②優先順位を具体的に記載することで、現場への権限委譲を明確化できる

　　このような形で、会社が明確に優先順位を明示することで、行動の優

先順位について権限移譲していることになります。ただでさえ不安な災害状況下で従業員は安心して行動できることになります。

（2）人間心理を踏まえる

行動要領の策定については、人間心理を踏まえて策定していくことが重要です。

例えば、「認知的不協和」によって災害の規模や被害を過小に評価してしまう可能性がありますので、リスクはリスクで正しく伝え、行動を指定する必要があります。

また、「正常性バイアス」は、災害等自分の生命が脅かされる事態が発生していても、「自分は被害に遭わないから大丈夫」「ここは安全だし避難しなくても大丈夫」「今まで問題なかったから今回も大丈夫」と勝手に思い込んでしまい、避難しない等で命を落としてしまう可能性があることは、先に解説したとおりです。

「多数者同調バイアス」も、危険な状況が迫っていてすぐに避難すべき状況であっても、皆が動かないから大丈夫だろう、と思い込み、とりあえず周りに合わせて避難しない等の対応をしてしまうことになります。

（3）「自助」を基本として、日ごろから何をするかまで、考えさせる

①指針を示しつつ、自分ではどうするか、できるかを考えさせる

行動要領は、特に避難の場面で重要になります。命を守るための行動を具体的記載し、いざというときはそれに基づいて行動させることで、「生き残れ。そして生き延びろ！」を実現しようというものです。

したがって、会社から押しつけられるのではなく、自分で生き残り、生き延びるためにどうするか、何ができるかを考えさせることが重要となります。

まず、「従業員の行動要領の明確化」に関する着眼点は次のとおりです。

┌───┐
│ **「従業員の行動要領の明確化」に関する着眼点** │
│   │
│   ◇業務時間中に起こりうるリスクの想定・検証   │
│   │
│   ◇上記リスクへの現行の対応体制・対応力   │
│   │
│   ◇上記リスクへの対応状況現状評価を踏まえた課題の検討 │
│   │
│   ◇上記リスクへの従業員の意識・スキル面の検証   │
│   │
│   ◇現状対応不備箇所への対処方針の明確化   │
│   │
│   ◇行動指針案の実現可能性の検証   │
│   │
│   ◇行動指針案の合理性検証・現場視点での精査   │
│   │
│   ◇行動指針の確定・明確化   │
└───┘

■業務時間中に起こりうるリスクの想定・検証／上記リスクへの現行の対応
　体制・対応力／上記リスクへの対応状況現状評価を踏まえた課題の検討

　「自分ごとにしていく」項目にて実施したリスク想定と評価、そして、それに基づく課題の抽出は、ここでも活用します。

　このプロセスでは、抽出したリスクの中から、さらに、自身が「死亡」「受傷（重症・重体になるもの）」する可能性のあるものをピックアップし、そのような最悪の事態を回避する方策を検討していきます。

■上記リスクへの従業員の意識・スキル面の検証

　このプロセスでは、「自助」を実現するため、簡単にいえば、自分の命を守るために、行動要領、特に避難に関する行動指針を策定することを主眼に置いています。

　したがって、「自助」「自分の命を守る」ための知識やスキルがどこまであるかも検証して、そのレベルに合わせた行動要領を作成していく必要があります。

　そこで、上記で抽出されたリスク（「死亡」「受傷」のリスクという意味で、以下では重大リスクとして、解説していきます）について、どの程度の知識を持っているか、例えば避難訓練の際にテスト形式で成績を競いながら、楽

しく防災知識やスキルを確認していきます。

　防災については、消防庁等からわかりやすい防災関連教材も出されており、難しい高度な教材よりも、基礎的な知識・技能を身に付けることが重要です。動画なども充実しており、避難訓練等のちょっとした時間を使って、知識向上を図ることができます。

　本書のコンセプトは、可能な限り効率的にお金と労力を使って、災害危機対策を進めていくことにありますので、教材等も国や都道府県が公表している無料の教材や資料を最大限活用していくことが有益です。

　例えば、消防庁では、

・『津波から生き延びるために－知る・行動する－』(https://www.fdma.go.jp/publication/database/database005.html)

・『ふせごう－家具等の転倒防止対策－』(https://www.fdma.go.jp/publication/database/database004.html)

・『地震だ！その時どうする？』(https://www.fdma.go.jp/publication/database/database002.html)

・津波災害への備え（https://www.fdma.go.jp/publication/movie/post-1.html)

などが公表されています。

■現状対応不備箇所への対処方針の明確化

　次に、対処すべき課題を明確にしていきます。実際に助かるため、生き残るためにできていないことを費用や手間等、対策を推進していく上でネックとなる要因はまずは度外視して、抽出をしていきます。

　例えば、津波避難に際して、高台に避難すれば良いことはわかっているが、実際、営業社員が外回りをしている際に、ルート上のどこに避難の相応しいビルがあるとか、地図上にマーキングするなどして準備されているかとか、社屋の屋上に避難すべきなのか、近くの避難所に避難すべきかのかなど、実際に避難等する場合に動けるための準備・対策がなされているかを明確化していくのです。

■行動指針案の実現可能性の検証／行動指針案の合理性検証・現場視点での精査

　その上で、その課題を踏まえて、できるだけ現実的で実現可能な行動指針案を具体的に策定していきます。

　ただし、ここでも、できるだけ多くの行動指針案をまずは検討した上で、それぞれの実現難易度、準備・対策の難易度を検証していきます。

　行動指針案は、従業員の命を守るものですので、安易に妥協してはいけません。生き残りために必要な行動を推奨し、そのための準備・対策を促します。段階的にあるいは、ケース別に行動指針を作成しても構いません。

　行動指針とは、例えば、自衛消防隊の「消火班は、消火にあたっては、退路を必ず確保し、危ない（腰の高さまで火が上ったら）と思ったら、必ず逃げる」等、逃げる基準や助かるために逃げることを明示しておくことです。災害ではなくても、火災の場合は、自衛消防組織が中心に活動しますが、一番リスクの高いのは実際の火を消しにいかなければならない消火班です。一番命の危険にさらされますが、消火班という使命に燃えると、責任感の強い社員ほどがんばって消火しようとします。目の前の火に集中するあまり、また、何とか消そうと粘るあまり、周囲に火が回って退路を絶たれて、避難できないという事態に陥りかねません。だからこそ、そうならないために、「逃げること」「逃げるために退路を確保すること」「逃げる基準」を行動指針に盛り込み、具体的に明示しておくことが重要なのです。

■行動指針の確定・明確化

　そして、ここまで検討してきた行動指針案を踏まえて、社内での意見収集や訓練により総括し、内容を確定して文書にて明示・明確化していきます。

　行動指針は、特に従業員の命を守るものです。そのため、口頭で伝えるのみでは大事なときに失念してしまうという事態に陥りかねません。個々人の判断で動くと、命を落としてしまうリスクもあるため、その明示・周知にも力を入れるべきです。

　行動指針は、ケース別にまとめて作成し、冊子化、書面化しておくことが

重要です。外回りの車両等があるのであれば、クリアファイル等に入れて車内に設置しておくことも検討すべきです。ルートが決まっているのであれば、ルートの地図とともに、道中の高い建物、病院などを、わかりやすくマーキングしておくだけでも、避難しやすくなります。

なお、社用車ないし業務で使用する私用車の中には、防災物資を入れておいてください。最低限の物資（マグライト、トイレを含む）を入れておくことで、数日は最悪車内でも避難生活が可能な体制をとっておくこともぜひ、検討いただきたいと思います。

5. 安否確認システムの導入および安否確認ルールの決定・周知

災害危機対策の重要な項目の１つとして「安否確認システムの導入」と「安否確認ルールの決定・周知」があります。

災害発生後、特に本書で前提とする大規模海溝型地震の場合は、通信障害が発生している可能性が高いですので、その実態を踏まえた安否確認システムの整備が重要となってきます。

また、電話での安否確認は、順に電話をかけていかなければいけないため、どうしても時間もかかりますし、その作業に貴重なスタッフの手が取られてしまいます。

台風や大雨のように、通信障害が発生しにくい（ただし、被害の状況によっては、被害確認等の電話が集中し、電話の輻輳等により、一時的に通話制限等が行われ、電話がつながりにくくなることはあります）災害の場合は、電話の緊急連絡網活用も可能ですが、できれば、安否確認の作業を効率化するために、メールの活用やSNS（LINE等）、あるいはセキュリティ系企業が提供している安否確認システムの導入・利用をお勧めします。また、地震の場合は、規模が大きければ大きいほど、電話はつながりにくい状況になりますので、他の手段による緊急連絡・安否確認が必要となります。

安否確認システムの導入および安否確認ルールの決定・周知として、検討・準備しておくべきことは下記のとおりです。

①安否確認手段の現状評価：現在の発動基準・運用ルールの評価

②安否確認への従業員の対応状況評価

→レスポンスやルール・運用関係知識の評価

③現状の安否確認システムの脆弱性の検証

→使いにくさ・使えない状況の検証

④現状の安否確認システムの運用に関する課題の明確化

→運用面の課題の明確化

⑤安否確認システムの整備・導入・強化

→現行システム補強・入れ替え・見直し

⑥安否確認システム・安否確認ルールの社内周知・共有

→落とし込み・勉強会実施

⑦安否確認訓練の実施

→システム(ルール)起動(発動)・理解・レスポンス状況確認

⑧社長や幹部の訓練への積極的参加

→幹部による率先垂範・重要性意識の意識づけ

⑨安否確認訓練の総括

→総括評価（講評）による再周知・意識づけ・意識高揚

　ここでも、特に重要な項目について解説していきます。

　まず、①～④に関してですが、重要なのは、「①安否確認手段の現状評価」と「②安否確認への従業員の対応状況評価」です。特に、「発動基準」が明確かどうかを検証しておく必要があります。簡単にいうと、どういう状況・条件が発生すれば、安否確認システムや安否確認ルールが発動・適用されるのか、ということです。この発動基準を明確化することが、安否確認システム整備の第一歩になります。一定の事象（インシデント）が発生すれば、自動的に安否確認システムが立ち上がり、安否確認ルールによって安否確認が行われる形にしておくことが重要です。

　発動条件となるインシデントですが、例えば、「当社施設が所在する都道府県で震度 5 強の地震が発生した場合」とか「大雨特別警戒」が発令された場合」とか「台風直撃や大雪により、被害が発生または安否不明の事態が生じるおそれがある場合」など、基本的な発動基準を明確にしてください。

　その上で、現状の安否確認システムの手段（緊急連絡網の利用なら電話）とそのリスクを把握・確認します。

　また、安否確認システムや安否確認そのものについての従業員の意識や現行のルールの理解度や安否確認のためのツール（例えば、安否確認システムやSNS等。通常利用しているツールを安否確認に転用する場合も含む）を使いこなすスキルがあるかどうかのチェックをしていきます。

　これにより、③、④はおのずと明らかになってきます。

　それを踏まえて⑤以下の項目に移っていき、安否確認システムを導入し、そのルールを決めて、訓練を行うという流れになります。

　メールを安否確認システムとして利用する場合は、連絡の都度、たくさんの連絡先のアドレスを選ぶのは大変ですので、例えば「anpi@……」というような 1 つのアドレスを決めて、メーリングリスト方式（アドレスは 1 つだが、そこに必要なメンバーが登録され、指定のアドレスにメールを送れば、登録メンバー全員に同じメールが同送されます）を採用して、周知することが効果的です。1 つのアドレス、しかも覚えやすいものであれば、誰もがすぐに安否メールを送れますし、メーリングリスト方式を採用することで、登録の担当者には個人のアドレスを教えなければいけないかもしれませんが、他のメンバーには表示されないので、個人情報管理上の安心感もあります。

　なお、セキュリティ会社系の安否確認システムは、上記で触れた発動基準を満たしたときに、自動的に安否確認メールが登録している社員に送付されます。しかも入力しやすいフォームになっているので、当該メールに返信したり、メールで送られてきたURLからアクセス・情報登録することで、安否報告ができますので、非常に使い勝手が良いといえます。メール等やSNSを使う場合は、ルールの決め方次第ですが、誰かが手動で安否確認メールを

送付することになりますし、事前に項目を周知しておかなければ、メールを受信したスタッフも何を書いたら良いかわからなくなります。

　メールやSNSで行うという企業は、先ほど述べた発動基準のほかに、

　・誰がどのタイミングで、安否確認メールを送付するか

　・安否確認メール（メッセージ）を受け取ったら、何を記載するか

を決めておく必要があります。

　また、地震の場合は大きな余震も続くケースがありますし、大規模災害の場合は、二次被害が発生する可能性が低くないため、受傷のリスクは１度ではありません。したがって、地震等が発生した後に、土砂崩れ等の別の災害が発生した場合は、新たに安否確認が必要になる場合があります。必ずしも安否確認が最初の１回だけで終わるわけではないのが、自然災害の特徴です。

　そして、安否確認システムを決めたら、その使い方と運用ルールを整備・周知する必要があります。運用ルールについては、「各自発信のルール」が効率的です。一定の基準を満たした場合（例えば、「所在地で震度５強以上の地震が発生した場合等」）は、所定の項目を記載の上、所定の連絡先に連絡・返信するものです。その後は、例えば「６時間に１回、所在場所と状況を報告する」というようなルール化をして周知します。このような自動発信のルールを活用することで、頻繁かつ継続的に行わなければいけない安否確認の作業の人員を別の業務に充てることもできる上、継続的な報告ルールを定めていることから、継続的に従業員の状況を把握でき、万一二次被害に遭った場合も、その情報や兆候を把握することができるメリットがあります。

　もう一点、重要なのは、安否確認の訓練は日ごろから必ず行っておくこと、そして、その訓練には社長を含めて幹部も率先して参加することです。社長や幹部が率先して参加することで、安否確認を社内で定着させることが重要です。

6. 避難訓練の実施

　防災のテーマでもう１つ重要なのが、避難訓練です。小中学校の時は全校一斉に避難訓練をしたと思いますが、企業では、自衛消防隊のみで訓練したり、ほとんど訓練を行っていないという企業も少なくないのではないでしょうか。

　しかし、第５章でも触れるように、災害発生後の避難要領は、企業として安全配慮義務を問われる要素の１つになるぐらい重要な要素なのです。まして、どこに逃げるか知らされていなかったとか、そもそも避難させた場所がハザードマップ上リスクのある場所だったなどということになっては、企業としての過失を問われる可能性が出てきます。

　避難訓練は企業の実際の活動でも非常に侮られがちです。入居しているビルの一斉訓練のときなどは、非常ベルや非常放送がかかることに文句を言っている社員もいたりしますが、避難は命に関わる重要な事項であることを、あらためて強く認識しなければなりません。

　そして、従業員の多くが先に説明した、確証バイアスや正常性バイアスによって、「自分は大丈夫」「何かあってもすぐに逃げられる」と思っている場合もあり、いざというときに避難が遅れる要因になる可能性があることに留意しなければなりません。

　避難ベルや非常放送よりも仕事優先という考えの多い企業は、いざという有事になって慌てたりしてしまうのです。

　避難訓練に関して、企業として、準備・確認・検討しておくべき事項は次のとおりです。

```
避難訓練の実施

　①現状の避難訓練実施状況の総括と課題抽出
　→実施状況・参加者・実施内容等総括
　②避難に関する従業員の意識状況の把握
```

→警報器無視の状況や避難経路理解状況

③避難に関する基準・ルール・指揮命令権者の決定

→組織体制整備・仕事優先排除

④避難の重要性に関する意識づけ

→避難に関するバイアス・業務優先意識の払拭

⑤避難訓練の実施

→全員での実施・日ごろ参加しないスタッフの参加・実際に行動

⑥避難時のリスクに関する説明会実施・説明資料作成

→避難時のリスクの周知

⑦避難誘導や自衛消防に関する勉強・説明会

→災害特性理解・他人任せ意識排除

⑧避難動線の安全性確保

→避難障害の確認・障害物の排除・避難動線明示・周知

⑨避難・誘導に関する器具等の点検・整備

→避難器具の点検・増強・使用方法周知

⑩避難の仕方の周知：災害特性を踏まえた避難の仕方の周知および実践

⑪業務移動中の避難場所の確認・検討

→各自検討・津波等からの避難も想定

　ここも、重要な事項に絞って解説していきます。

　避難訓練については、「従業員が軽視している」状態を解消することが最も重要です。したがって、「②避難に関する従業員の意識状況の把握」「④避難の重要性に関する意識づけ」「⑤避難訓練の実施」が重要な項目になります。「避難に関する従業員の意識」については、消防訓練の際に意識調査アンケートを行うとか、避難動線の理解度を質問するとか、自部門の執務フロア等の避難障害を答えてもらうなどして、現状の知識・意識レベルを把握し、その後の対策に生かすことも一案です。

　「避難の重要性に関する意識づけ」や「避難訓練の実施」については、社長や幹部も参加して、別の仕事で関心を示さない従業員のプレシャーをかけ

たり、部署の参加率を部門幹部の評価基準とすれば、参加率は一気に上がります。

　なお、テナントビルの場合は、実際に避難が必要な場合は、非常階段に各階から人が流れ込むため、想像以上に避難に時間がかかります。いわゆる非常階段の渋滞です。

　さらに実施することが望ましいのは、「⑥避難時のリスクに関する説明会実施・説明資料作成」、「⑦避難誘導や自衛消防に関する勉強・説明会」、「⑧避難動線の安全性確保」です。消防訓練の前後の時間を使い、1時間でも良いので、全社で勉強会をしていただきたいと思います。内容は、先に紹介した消防庁の災害関連の動画を見て、意見交換するだけでも構いません。避難は、命を守るための行動です。避難訓練は、何も自衛消防隊だけがやるものではなく、全員で実施・参加すべきものです。したがって、全員が避難訓練をできなくても、勉強会等で、避難時のリスクや基本的な要領を周知・確認しておく必要があります。

　避難障害についても、地震の場合は、ロッカーや什器が倒れたり、ファイルがキャビネットから飛び出して散乱したりと、大変な状況になります。避難動線のはずのところが、避難経路をふさがれるということもあります。そもそも施設内の状況が火災の場合とはまったく異なることから、訓練や勉強会をせず、いきなり逃げろとなっても、逃げられないことを知っておかなければなりません。

　災害、特に避難を要するような地震はいつ発生するかわかりません。発生したとき、自衛消防隊のメンバーがいるとは限りません。したがって、特に中小企業においては、勉強会の中で、自衛消防隊の役割や災害時の対応要領の基本をみんなで勉強・共有し、全社一丸となって乗り切るための結束を固めていただくことが望ましいといえます。

　なお、地震の揺れを感知した場合や余震が続いている場合など、避難を開始する前に、一時的に社内の安全な場所で、待機している必要があります。

　日ごろから、ロッカー等が転倒したり、物が落下してこない社内の安全な場所をチェックしておき、そこに一時待機することも周知しておく必要があ

写真 3-3　地震後の事務所の状況

オフィス家具の転倒事例（宮城県）

（出典：東京消防庁「職場の地震対策－事業所防災計画があなたを守る－」平成24年3月）

（筆者注）
　東日本大震災時の様子。内装の壁がはがれ、壁際のキャビネットが倒れている。
　ロッカーは、通路に面して置かれることが多いため、地震で倒れると、通路自体をふさいでしまう。また、散乱した物やガラス扉の破片等が飛び散り、避難の障害となる場合もあります。今一度、避難動線の安全性の確認をお勧めします。

ります。このように書くと、「安全な場所ってどこ？」と疑問が湧くかもしれませんので、参考資料を載せておきます（図表3-2）。

図表 3-2　安全な場所の参考例

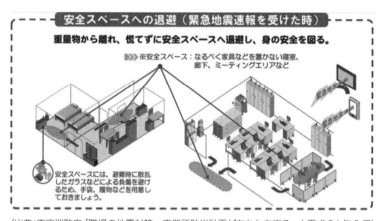

（出典：東京消防庁「職場の地震対策－事業所防災計画があなたを守る－」平成24年3月）

　なお、業種や職種によっては、お客様の誘導等、従業員以外の人々の誘導をしなければいけない企業もあると思います。また、従業員の中に、怪我人（車椅子利用者）、妊婦、身障者等の避難時要配慮者も含まれているかもしれ

ません。

　このような避難時要配慮者が避難者に含まれている場合は、1人での避難が難しい（例えば、車椅子のスタッフが避難階段を1人で降りるのは困難）、大きな段差や連続しての移動が難しいあるいは足元の悪い場所を避難させるのは危険（例えば、足の不自由な高齢者、ベビーカーを押している人、妊婦等）、非常ベルや非常放送が聞こえない人や避難ルートがすぐには判断できない人もいる（例えば、耳の不自由な方や目が不自由な方）等の事情があります。

　避難時要配慮者に対しては特別な配慮が必要になりますので、避難時要配慮者が含まれている場合の留意事項を紹介しておきます。

避難時要配慮者が含まれている場合の検討・留意事項

①遊撃要員の確保・配置：避難時の付添い、サポート、車椅子対応等

②避難動線の安全性確保

→避難障害の確認・障害物の排除・避難動線明示・告知

③避難・誘導に関する器具等の点検・整備

→避難器具の点検・増強・使用方法周知

④避難の仕方の周知：災害特性を踏まえた避難の仕方の周知および実践

⑤業務移動中の避難場所の確認・検討

→各自検討・津波等からの避難も想定

⑥避難訓練、誘導訓練：障害者や妊婦の避難等を想定した訓練

⑦特殊スキルの習得

→外国語はもちろんのこと、手話等のスキル習得も望ましい

　参考程度の掲載ですので、詳細は割愛しますが、避難時要配慮者への対応が必要な企業は、参考としてください（外国人の避難等については、この後のヒューマンリソースへの配慮の部分で言及しています）。

7. 什器等の固定

　ロッカー等が避難動線をふさぐだけなら何とかなるかもしれませんが、移動や転倒・落下等により、従業員が挟まれたり、下敷きになったりしては、従業員の命に関わります。

　什器や備品等で、特に大きいものや重量のあるものは、床や壁面固定することを検討してください。什器や設備等の固定は、その金具の購入や設置工事にそれなりの費用はかかりますが、従業員の命を守るための重要な対策です。

図表 3-3　什器・備品固定や落下防止策

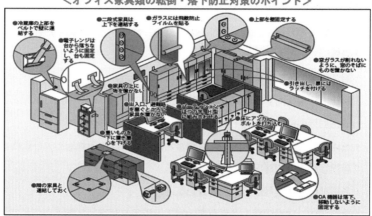

（出典：東京消防庁「職場の地震対策－事業所防災計画があなたを守る－」平成 24 年 3 月）

　什器・備品等の固定・落下防止については、図表 3 - 3 を参考にできるところから始めてください。参考までに、社屋や会社設備の耐震補強、什器固定等の安全対策に関する当社のガイドラインの項目を掲載し、簡単に解説しておきます。

　この中で押さえておいていただきたい項目は、「⑤施設内での安全確保に関するその他の確認」と「⑥施設損傷時の復旧・応急対応」です。

　まず、「施設内での安全確保に関するその他の確認」については、停電時起動を例として挙げています。これは例えば、電子ロック錠のドアなどでは、停電になった場合は、鍵が自動的に開錠されるパニックオープンの仕組みと説明されるものが少なくありませんが、本当に停電時に開錠されるのか、確認をしている企業は少ないのが実情です。電気の設備点検や消防訓練の際に、実際に停電の状況を作り、ドアが開錠しているかどうかを確認することが望ましいといえます。

社屋や会社設備の耐震補強、什器固定等の安全対策
①耐震診断・オフィス内の被災時の危険箇所抽出
→被災時のリスク算定(想定)
②オフィス・勤務場所周辺の被災リスクの精査・調査
→ハザードマップ等の活用
③耐震補強の実施・什器等の固定による受傷リスク低減策
→耐震補強・什器固定
④施設内危険箇所の明確化・周知
→館内図等への一覧化・説明会実施等の周知
⑤施設内での安全確保に関するその他の確認：停電時起動・ガス管等
⑥施設損傷時の復旧・応急対応：対応要領等の確認・安全確保実施要領
⑦施設利用不可時の対応要領の検討
→避難場所・立ち入りルール・復旧要領
⑧火災発生時の避難・誘導体制の確認
→火災時はリスク増加・避難誘導動線確認

　もう１つが「施設損傷時の復旧・応急対応」です。施設や設備が地震等で倒壊・損傷した場合の復旧手順・要領・関係先連絡先の作成や、そもそもの施設・設備安全点検項目の準備など、施設損傷時の復旧・対応の準備をしていくことは、災害危機対策としては非常に重要です。この施設・設備の安全点検項目のチェックや復旧・応急対応要領の整備は、第１章で解説した

結果事象型BCPでは重要な要素となりますが、本来的は、防災対策（耐震補強の一環）で実施すべき事項なのです。

「④施設内危険箇所の明確化・周知」とも関係しますが、会社施設の平面図を作成・利用していていただくことをお勧めします。フロア図、平面図があれば、防災対策上も、事業継続の局面でも、非常に重宝します。施設内の危険箇所や要注意箇所を平面図に書き込んで共有しておけば、有事の際のリスクの回避に役立ちますし、施設の全体像がわかるので安全確認の手順や優先順位を記載しておくことで、簡易のフローになります。余白を作っておけば、番号や色分け等をして余白に書き込んでおくこともできますし、写真を貼ることもできます。どこに何があり、どういう手順で機器を復旧するかとか、どこをどうチェックするかも、Ａ３用紙半面に平面図を入れ半分の余白部分に、写真や手順を書き込んで説明書類を作っておけば、簡易のチェックマニュアルにもなります。シールを使って、消火器等の位置を示すこともできます。

また、被災後も、平面図に損傷箇所をマーキングして状況を記入したり、番号とリンクさせて写真を貼るなどすれば、被害状況の集約が可能です。あらかじめ、余裕を持って印刷しておき、記入のルールなどを周知しておけば、後はペン等で書き込んだりするだけですから、効率的に情報の集約も可能です。

ぜひ、平面図の有効活用により、あまり時間もお金もかけずに、効率的にチェックリストや被害状況の集約を行ってください。

なお、施設の点検に関しては、内閣府（防災情報ページ）が、「大規模地震発生直後における施設管理者等による建物の緊急点検に係る指針」（www.bousai.go.jp/jishin/kitakukonnan/kinkyuutenken_shishin/index.html）を公表しています。チェックリストや記入例が比較的詳細に掲載されていますので、このようなツールを積極的に活用することも、費用と労力を抑えて効率的にBCPを整備していく上で、非常に効果的です。ぜひ、活用してください。

8. 帰宅困難者対策および備蓄他

　さて、帰宅困難者対策について補足しておきます。内閣府（「大規模地震の発生に伴う帰宅困難者対策のガイドライン」平成27年3月）によると、東日本大震災の際は、「首都圏においては鉄道の多くが運行を停止するとともに、道路において大規模な渋滞が発生するなど、多くの公共交通機関の運行に支障が生じた。地震の発生時刻が平日の日中であったことと相まって、鉄道等を使って通勤・通学している人々の帰宅手段が閉ざされ、結果として、首都圏において約515万人（内閣府推計）に及ぶ帰宅困難者が発生した」とされています。

　帰宅困難者の問題は公共交通機関での通勤・通学が多い大都市圏で生じる問題と考えられがちですが、大都市圏以外では車通勤だから帰宅困難者にはならないと考えるのは危険です。地方都市では、大都市圏よりも車両で通勤する従業員の比率が高いと思われますが、大規模な自然災害が発生すれば、被災地やその近隣地では、道路は、地割れや近隣建物の倒壊、水道管の破裂等による漏水・水没、広域での液状化等により、通行不能となる可能性があります。停電により信号機が止まり、交差車線の車が双方譲らず、交差点で車が立ち往生して、大渋滞が発生する事例も発生しています（筆者が、2016年に発生した熊本地震の被災地を視察した際にもみられました。沿道の家屋やブロック塀が倒壊して、瓦礫が一車線を埋め、片側交互通行とせざる得ない箇所もあり、相当な渋滞が発生していました）。幹線道路は、警察・消防・自衛隊その他の災害緊急車両の優先通行道路となり、交通規制も行われます。豪雨の場合も、道路の冠水や土砂災害、河川氾濫等、車での移動のリスクは高いため、無理して帰宅させることは、従業員の命を危険にさらす可能性があることを認識しておかなければなりません。

　公共交通機関が止まった場合は、徒歩にて帰宅を試みる人も少なくないですが、災害後に、余震や二次被害も考えられる状況で、長距離を歩くことは、極めて危険であり、夜、暗くなる状況であればなおさらです。

　東京都では、帰宅困難者対策条例を制定し、一斉帰宅の抑制、つまり会社

等の在館での待機を前提として３日分の備蓄を企業等に求めています。帰宅困難者対策の詳細については、参考文献（内閣府（防災担当）「大規模地震の発生に伴う帰宅困難者対策のガイドライン」平成27年３月 http://www.bousai.go.jp/jishin/kitakukonnan/pdf/kitakukonnnan-guideline.pdf）などに譲り、記述は割愛しますが、会社に従業員がとどまること、とどまれることを前提とした最低限の備蓄は行っておく必要があります。

　通勤や移動に車両を使う従業員に対しては、車両のトランクなどに３日分の備蓄物資を積んでおくなど、帰宅・帰社が困難になった場合を想定した対策を実施することをお勧めします。大渋滞にはまってしまい、飲まず、食わず、トイレにも行けずでは、判断力も低下してきてしまい、場合によっては、事故等につながりかねません。

　なお、備蓄品や情報共有の仕方など、帰宅困難者対策として実施しておくべき事項は、「帰宅困難者対策ハンドブック・帰宅困難者対策条例の概要リーフレット（東京都）」(https://www.bousai.metro.tokyo.lg.jp/kitaku_portal/1000672/index.html）にもわかりやすくまとめられています。その中から、皆様にも知っていていただきたい部分をいくつか引用、教訓を整理しておきたいと思います。

● 平成23年３月11日に発生した東日本大震災では、首都圏においては鉄道の多くが運行を停止するとともに、道路において大規模な渋滞が発生し、バスやタクシーなどの交通機関の運行にも支障が生じました。

⇒ 筆者注：大都市だけではなく地方においても、大きな地震の後では、鉄道の運行停止・大規模な渋滞が発生し、バス、タクシーなどの交通機関の運行にも支障が生じることを認識してください。

● 輻輳により携帯電話がほとんど使えず、安否確認が行えませんでした。

⇒ 筆者注：大地震が発生すると、安否確認や状況確認の電話が増え、電話が輻輳します。輻輳とは、簡単にいうと、電話が集中するため、回線等がパンクしないように通話制限をかけることです。輻輳が発生すると、電話がなかなか通じませんので、安否確認すらできなくなる場合があります。

●災害発生時、大量の帰宅困難者が一斉に帰ろうとして道路や歩道が多くの人で埋まると、警察・消防・自衛隊の車両が速やかに現場に到着できず、救助・救命活動に支障をきたします。

⇒筆者注：大地震後一斉に帰宅しようとすると、人や車が道路に集中することになります。そうすると、緊急自動車も通れなくなり、救命・救助に支障を来します。従業員や家族の命に関わる状況で、救急車すら来れなくなる心配があるのです。

●備蓄の目安

➢対象となる従業員等

雇用の形態（正規、非正規）を問わず、事業所内で勤務する全従業員

➢ 3日分の備蓄量の目安

✧水については、1人当たり1日3リットル、計9リットル

✧主食については、1人当たり1日3食、計9食

✧毛布については、1人当たり1枚

✧その他の品目については、物資ごとに必要量を算定

✧備蓄品目の例示

✧水：ペットボトル入り飲料水

✧主食：アルファ化米、クラッカー、乾パン、カップ麺

　※水や食料の選択に当たっては、賞味期限に留意する必要がある。

✧その他の物資（特に必要性が高いもの）：毛布やそれに類する保温シート、簡易トイレ、衛生用品（トイレットペーパー等）、敷物（ビニールシート等）、携帯ラジオ、懐中電灯、乾電池、救急医療薬品類

➢上記品目に加えて、事業継続等の要素も加味し、企業ごとに必要な備蓄品を検討していくことが望ましい。

✧ （例）非常用発電機、燃料（危険物関係法令等により消防署への許可申請等が必要なことから、保管場所・数量に配慮が必要）、工具類、調理器具（携帯用ガスコンロ、鍋等）、副食（缶詰等）、ヘルメット、軍手、自転車、地図

➢企業等だけでなく、従業員等自らも備蓄に努める。

✧（例）非常用食品、ペットボトル入り飲料水、運動靴、常備薬、携帯
電話用電源

⇒筆者注：備蓄物資の一応の目安は３日分です。確かに、物資の準備に
はお金もかかりますが、缶詰、レトルト食品、インスタント食品などを
うまく活用し、日ごろの食事のためのものとうまくローテーションしな
がら、準備しておくことが重要です。火も使えなくなりますので、家庭
や事務所には、ガスコンロとガス缶、鍋ぐらいは置いておくことをお勧
めします。そのほか、アルミホイル、ごみ袋、ガムテープ等、マジック
ペンもいろいろと役に立ちます。ビタミン類をとれるように、果物の缶
詰も準備しておくことをお勧めします。また、ビタミン類と同じく不足
しがちな食物繊維を補うため、ポップコーンや乾燥ワカメなども入れて
おくと重宝します。いざというときは、電気も使えず、紙でのやり取り
になりますので、紙の代わりに書き込んだりできるサランラップやガム
テープ、水で破れたりすることのないタオル類などを多めに準備してお
くことも有用です。

　女性の場合は生理用品も日ごろから少し多めに買って、いざという際
の備蓄を兼ねておくことも有効です。電池も同様に少し多めに買ってお
くと良いでしょう。また、停電の際は、車は貴重な電源でもありますの
で、車のシガーソケットから給電できるコンセント類も普段使いもかね
て準備しておくことも有用です。

●施設内に従業員等が留まれるよう、日頃からオフィスの家具類の転倒・
落下・移動防止対策、事務所内のガラス飛散防止対策等に努めましょう。

　その他、情報共有の方法やチェックリストも掲載されています。見やすさ
にも配慮して作成されています。インターネットで検索すれば、簡単に見ら
れますので、ぜひ、一読してください。

　同ハンドブックに限らず、最近では防災、BCPに関して、有用な参考資
料がさまざまにインターネットでみられます。このような資料をうまく活用
していくことも、できるだけコストと労力をかけずに災害危機対策を行って

いく上では、非常に有効な方法です。

　当社のガイドラインより、帰宅困難者対策およびその関連事項に関する指針を掲載しておきます。

帰宅困難を前提とした対策・準備

　①従業員の帰宅困難リスクの把握・集約

　→帰宅しない場合の在館状況予測

　②従業員の在館を前提とした備蓄物資の確保

　→水・食料・毛布・トイレ等

　③従業員の在館を前提とした在館時ルールの検討

　→部屋割り・男女別・役割分担等

　④従業員在館に伴うリスクの予測とその対策

　→盗難・受傷・衛生管理面等

　⑤従業員帰宅困難時の勤怠管理ルールの検討

　→時間管理やその記録の手段等

　⑥負傷・体調不良の従業員への対応要領の検討

　→最寄医療施設調査・付添い可否等

　⑦近隣住民や歩行者等社員以外の在館者への対応要領検討

　→受入れスペース、担当者

　⑧施設の安全面の確認・確保と立入禁止区画の設定等

　→施設管理会社との協力

　⑨在館者・施設内避難者への情報提供

　→交通状況、周辺情報、災害・気象情報等

　⑩身障者・外国人等への対応

　→身障者のサポート体制・外国人等への言語対応

　当社ガイドラインで帰宅困難者対策を補足すれば、その他の重要な項目としては、「③従業員の在館を前提とした在館時ルールの検討」「④従業員在館に伴うリスクの予測とその対策」です。

帰宅が難しいとなれば社内に待機することになります。場合によっては、数日になるかもしれませんので、「③従業員の在館を前提とした在館時ルールの検討」の例示として挙げている男女別の部屋割り・フロア割、執務スペースと休息するためのスペース分け、飲食その他のルール化等、検討しておく必要があります（もちろん、これらは施設の被災状況等にもよることから、被災後に検討・決定することでも構いませんが、項目としては把握しておいてください）。そして、この中で合わせて検討しておくべき事項は、「⑤従業員帰宅困難時の勤怠管理ルールの検討」です。帰れないとなると、ついついだったら仕事をするとか、瓦礫等の撤去・室内の片付け・清掃等をしてしまうかもしれませんので、勤務時間がどこまでなのか、非常にあいまいになります。消灯・終業時間を一律で決めるなど、勤怠ルールも検討しておく必要があります。そして、この検討にあたって留意しておくべきなのは、必ず「休むこと」をルール化することです。事業継続も大事ですが、1日、2日頑張れば何とかなるというものではありません。長期戦になりますので、休息・睡眠は非常に大切です。ローテーション制でも構いませんが、社長や幹部を含めて、必ず、「休むこと」をルール化してください。早く復旧したい気持ちはわかりますが、不眠不休の奮闘は、判断ミスや重要な兆候を見逃す可能性もあり、かえって重大な事態を招いてしまう可能性があります。BCPの活動の大原則は、「必ずスタッフが休める時間を作ること」です。

もう1つ重要なのは、「⑥負傷・体調不良の従業員への対応要領の検討」です。自然災害後はストレス等で体調不良を来す場合もあります。体調不良のときは、最寄りの病院や避難所の救護所に従業員が付き添って移動するなども検討すべきです。復旧作業中の受傷事故や頭を打った等の場合は、無理に動かさず、119番したり、誰かが近くの医療機関に行き、医師に対応方法を相談するなどの対応をしてください。

9. ヒューマンリソースへの対応および外国人避難者への対応

被災して、一定時期でも家等が住めなくなってしまった従業員は、家族の

ために避難・生活場所を探したり、瓦礫撤去や清掃等で仕事どころではありませんので、一定期間休めるような配慮も必要ですし、被災お見舞金等を支給している企業もあるかもしれません。

　災害危機対策の観点からは、さまざまなヒューマンリソースへの配慮を検討しなければなりません。また、地震その他の自然災害に慣れていない外国人等がいる場合は、対応ルールの整備等も必要になります。参考までに、「ヒューマンリソースへの配慮」および「外国人への対応」について、対応・検討事項を当社のガイドラインから紹介し、重要な項目について解説しておきます。

　まず、可能な限り取り組んでいただきたいのは、「１．応急措置・心肺蘇生措置の実施訓練」です。大規模地震発生後は、道路の陥没や橋脚の損壊等による通行止め等により、救急隊が来られない可能性があります。災害の規模が多ければ多いほど救急要請も殺到しますので、すべての救急要請に対応できるわけでもありません。

　したがって、救急隊が来られない前提で、最低限の心肺蘇生措置ができるスタッフを社内で複数名養成しておくことをお勧めします。最寄りの消防署等で、「救命救急講習」や「応急手当講習会」が開催されていますので、男女社員をそれぞれ数名ずつ参加させ、その技能を身に付けさせておくことが重要です。

　また、同様に、避難訓練の際にAED（Automated External Defibrillator；自動体外式除細動器）の訓練も実施しておくことも検討すべきです。自動化されていて非医療従事者でも使えるとはいっても、一刻を争う場面で使用方法に戸惑っていては、命に関わってしまいます。自動化されていて使いやすいという思い込み、過信が、いざというときに思わぬ落とし穴にならないように、避難訓練の際などに、使用法や手順だけでも確認しおくことをお勧めします。

　「ヒューマンリソースへの配慮」の観点から、もう一点押さえておきたいのは「メンタルケア」についてです。被災後は、起きた災害事象への恐怖（地震等への恐怖）、家など大切なものを失ったことによる失望（感）、家族や大

1．応急措置・心肺蘇生措置の実施訓練
①消防隊の限界
→消火活動、一斉119番等、交通渋滞等で到着できないリスク
②従業員等による応急措置・心肺蘇生措置
→救命措置はスピード勝負、AED等設置
③応急措置、心肺蘇生訓練等の実施
→消防署での研修受講等、社内訓練
2．メンタルケア
①被災者のメンタルケアの必要性
→恐怖、失望、家族等の死亡等による焦燥感
②長期的な影響も生じる
→段階的なケア、メンタルヘルス体制の確立、長期的視点
③避難生活等によるストレスからも生じうる
→睡眠不足、栄養不足による体力低下
3．配送スタッフ、現場対応スタッフへの配慮
①被災リスク
→余震や二次被害の発生等による配送・現場対応中の被災リスク
②種々の事態への対応不安
→地理に不慣れ、近隣の状況把握困難、自身の健康面や家族への影響
③通常と異なるオペレーション等による限界
→長時間待機、大渋滞、疲労・過労
④現地調達の限界
→物資やエネルギーの不足、現地での確保困難
⑤配送途中等での盗難・強奪等のリスク
→被災地は警察力も低下し、治安悪化
⑥応援部隊としての派遣
→被災リスクの周知、人選基準（家族等の理解を含めて）
4．休養・休息ルールの整備・確立
①災害対応時の特性
→少ない人員での対応、状況がわからず長時間化、体力消耗
②ストレスによる疲労の増加
→情報不足や状況打開困難による苛立ち等
③上記特性を踏まえて「休養・休息ルールの整備」
→ルール化と周知、徹底
④休養・休息環境の整備
→執務フロアとの分離、リーダーの率先垂範、備品整備
⑤ローテーション等による運用
→長時間化の抑制、パターン化による生活習慣化
⑥運動施設・医療施設の整備：運動や静養は不可避。場所を明示する
⑦組織的な健康チェック体制の整備
→定期的なヒヤリング、専門家の配置等

切な知人・友人等の死亡等による焦燥感、大切な人を救えなかった無力感などに苛まれ、精神的に大きなダメージを負います。

また、慣れない避難生活や瓦礫撤去や清掃、交通機関等が使えない不便さや疲労等による睡眠不足、栄養不足による体力低下などが起きて、体調を崩しがちで、メンタル面まで悪影響が及びがちです。災害対策本部に詰める役員や経営幹部、現場スタッフも、過度な緊張感や緊迫する状況の中で、不眠不休で対応を続けてしまう場合も少なくありません。特に被災後数日は、無理しがちです。

そこで大事なのが、休憩・休息のルール化・徹底と、メンタルケアの体制作りです。休みや睡眠をとらなければ、正常な判断力を失ってしまうばかりではなく、災害の悲惨な状況も相まって、精神疾患をも招きかねませんし、家族や友人が亡くなった場合は、気丈には振舞っていても、フラッシュバック等で、急にメンタル不調を来してしまう可能性もあります。

2017年5月15日の西日本新聞の記事によると、「熊本地震の対応に従事した熊本県職員の約4割が『震災後、心身の不調があった』と訴えていたことが、県の調査で分かった。災害対応に追われ業務量が激増したことや、休日や休養が取れない状態が続いたことなどが原因とみられる。」としています。また、「調査は昨年9月に実施。回答者3632人のうち、37.8%の1373人が心身の不調を訴えた。このうち、不調が最初に表れた時期を『震災後1カ月以内』と答えた職員が8割以上を占めた。」とも記載されています。東京都福祉保健局は、「災害時の『こころのケア』の手引き」（平成20年5月）（https://www.fukushihoken.metro.tokyo.lg.jp/tamasou/sonota_jouhou/saigaitaisaku.files/saigai.pdf）を公表して、災害時のメンタルケアについて説明しています。このようなガイドブックを公表するということは、実際に、災害後にメンタルケアを必要とするケースが少なくないとことの裏返しですので、「ヒューマンリソースへの配慮」としては、メンタルケアも重要なテーマであることを念頭に置いておいてください。

なお、在館する外国人への対応が必要な場合の検討事項等について、参考までに掲載しておきます。

1．地震発生時の外国人の特性

①地震そのものを理解できない人がいる

→パニックになる外国人もいる可能性あり

②揺れで感じた疑問をそのままぶつけてくる人もいる

→揺れから被害の想定難しい

③揺れによる恐怖でパニックになる人もいる

→何が起きたか説明、大使館等と連携

④停電や断水を理解できない人がいる

→復旧見通しや備蓄の説明等を行う

⑤エレベーターを使おうとする人がいる

→停電等での閉じ込めリスクへの理解は薄い

⑥自分だけで避難することができない

→地理に詳しくなく、避難場所がわからない

⑦最新の正しい情報を入手できない

→通信障害時に連絡をとりたいとの相談殺到

⑧関係者から安否や滞留場所の問い合わせが殺到：対応負荷

⑨被災している場所からの移動を希望する

→移動リスク告知、交通機関の情報提供

2．情報伝達等

①使用言語：日本語、英語、中国語、韓国語の４ヶ国語をメインに

②避難の方向等を指示・明示

→ボードやプレート、デジタルサイネージ等

③避難指示等の多言語化

→翻訳アプリ入りタブレット、翻訳機付拡声器等

④誘導・案内員：筆記具等も持参し、必要に応じて筆談やメモ渡し

※高知県観光振興部「外国人旅行者の安全確保のための災害時初動対応マニュアル〜旅館・ホテル編〜」（平成 27 年 7 月）を基に、筆者が要約・加筆

3 災害危機対策を進めるための チェックリスト②：BCP・事業継続対策

　ここからは、BCP・事業継続に向けた対策を解説していきます。可能な限り、最低限重要な事項に絞って解説していきたいと思いますが、BCPを策定中の企業の参考にもなるように、適宜、当社ガイドラインも掲載していきます。

1. BCPの整備・策定プロセスのイメージ

　BCPの整備・策定にあたっては、第1章でも説明してきたように、特殊で非常にテクニカルな概念も多くあります。

　BCP整備・策定過程で行われる分析や概念は、批判を恐れずに書けば、有事の対応の計画であるはずなのに、「平時」の事業環境を前提としているものが多いのです。平時の論理がそのまま使えるなら、そもそもBCPなどいらないはずです。しかし、平時の論理そのままでは通用しないから、BCPが必要になるはずなのに、「平時の論理」が前提になっているのは、違和感を覚えます。

　本書では、他の専門家からの批判を恐れず、危機管理の「実務」を踏まえて、あまり有用性のない部分は大胆に割愛して、できるだけわかりやすい視点で説明します。その観点から、通常とは異なりますが、BCM（事業継続マネジメント）は、BCPを回していくためのマネジメント（対応要領）の意味で使っていきます。

　まず、BCPは2つないし、3つのプロセスでの実行（マネジメント）に移していきます。

図表 3-4　BCM の流れ

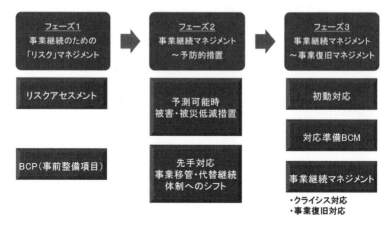

(出典：㈱エス・ピー・ネットワーク)

　フェーズ２の「事業継続マネジメント～予防的措置」は、予測可能災害（台風、大雨、大雪、感染症）などの場合に、必要となるプロセスです。地震のように、事前の予測が難しい災害については、被害低減措置（例えば、耐震補強、避難）は、フェーズ１の事業継続のためのリスクマネジメントや防災対策に含まれてきます。

　防災・減災対策と、フェーズ１の「事業継続のためのリスクマネジメント」の違いは、防災・減災対策には、「事業を守る・継続する」という視点は入っていませんので、防災・減災対策で事業の基盤を固めた上で、実際に災害後を見据えて、会社を存続させていくための課題の検討と準備を行うのが、フェーズ１ということです。内閣府「事業継続ガイドライン第三版」でBCPの概念が変更されるまで、「BCP」と呼ばれていた領域が主に、この部分に該当します。

　予測可能災害の場合は３つのフェーズ、予測が難しい災害については２つのフェーズでマネジメントしていくとイメージしておいてください。

2. BCPの目的・基本方針

　BCPの整備・策定にあたっては、業務に限らず、何に重点を置いて対応するのか、具体的には「何をするのか」や「どういう優先順位なのか」を、明確にしておく必要があります。混迷した状況下で、組織としての優先順位をメンバーが認識して、一丸となって対処していかなければ、事業継続が難しくなるからです。

　BCPには、「目的」と「基本方針」を冒頭に記載します。

　「目的」は、何のための取決めなのかを明確にしておくことです。この中には、どういう局面で適用するものなのかについても、記載しておくことが重要です。

　「基本方針」は、発災後に、どういう順序（視点）で対応をするかを明確にしておくものです。事業の復旧は当然ですが、何を重視するかを、広く従業員に知らせるために決めておくものです。この重視する価値の明示は非常に重要です。

　東日本大震災の際の企業の例を挙げると、例えば、大手飲料メーカーでは、自社工場が被災していながら「地域社会との共生」を掲げ、工場を避難場所として地域住民に開放し、備蓄物資や他地域から送られてきた物資を住民に配布・提供しています（永井隆「サッポロビール仙台工場長「有事の決断力と想像力」プレジデントONLINE、2011年8.15号「職場の心理学271回」http://www.president.co.jp/pre/backnumber/2011/20110815/20013/20022/）。

　さらに、大手ファーストフードチェーン企業のCEOも、震災対応の基本方針として、各店舗に「P（パーソン）→S（ソーシャル）→B（ビジネス）」の順番で行うように指示しており、自社のコア事業の再開よりは、社会貢献、被災地支援を優先することで、当該地域における事業基盤の安定を志向しました（小屋知幸「震災が浮き彫りした『強い企業』の条件〜明確なリーダーシップが企業を導く」日経ビジネスONLINE、2011.5.8　http://business.nikkeibp.co.jp/article/manage/20110511/219910/）。

あるいは、会員組織の宅配サービス事業者は、震災後の物流停滞や放射能漏れによる食品の風評被害が問題となる中、「何事にも組合員への供給を最優先する」という対応方針を明確にし、商品を確実に調達供給できる安全な食品に絞り込み、調達先や食品包装に関するルールを緩和して安全・安心な食品のみを供給し続けました（日経ビジネス「2011年版アフターサービスランキング　非常時に頼れる企業」2011.7.25号、P39）。

なお、「基本方針」の明示にあたっては、「誰に対して、何をするのか」をできるだけわかりやすく明示することを心がけてください。

なお、基本方針をどのように定めているか、そのイメージを持っていただくため、中小企業庁が公表している「中小企業BCP策定運用指針～緊急事態を生き抜くために」の様式例をご紹介しておきます（図表3-5、図表3-6）。

図表3-6の形式の方が、先ほど記載したように、誰に対して何をやるかが明確にできますが、書き方は、企業ごとで構いません。

大切なのは、目的として、「どのような目的でBCPが制定されたか、言い換えれば、何のための取決めなのかを明確にしておくこと」、そして、基本方針として、どういう順序（視点）で対応をするか、何を重視するかを、明確にしておくこと」です。この点をBCPの冒頭で明確にしてください。

図表 3-5　BCP の基本方針の策定例（中小企業庁）

2. 基本方針

当社は、以下の基本方針に基づき、緊急時における事業継続に向けた対応を行う。

チェック	基本方針
☐	人命（従業員・顧客）の安全を守る
☐	自社の経営を維持する
☐	顧客からの信用を守る
☐	供給責任を果たし，従業員の雇用を守る
☐	地域経済の活力を守る

（出典：中小企業庁「中小企業 BCP 策定運用指針〜緊急事態を生き抜くために」（(2) 様式類（記入シート）・入門コース・一括ダウンロード（PDF）） https://www.chusho.meti.go.jp/bcp/download/bcppdf/bcpguide_kinyu.pdf)

図表 3-6　BCP の基本方針の策定例（中小企業庁）

```
1．BCP策定・運用の目的：
　①顧客にとって
　②従業員にとって
　③地域にとって
　④その他

2．緊急時に事業継続を図る上での要点：
　①企業同士の助け合い
　②商取引上のモラル
　③地域への貢献
　④公的支援制度の活用
　⑤その他
```

（出典：中小企業庁「中小企業 BCP 策定運用指針〜緊急事態を生き抜くために」（(2) 様式類（記入シート）・基本・中級・上級コース・一括ダウンロード（PDF）） https://www.chusho.meti.go.jp/bcp/download/bcpform/bcpform.pdf)

（1）中小企業おけるBCP整備の際の「業務の絞込み」に関する基本的な考え方

　次は、BCPの中でも重要な概念である中核事業についてです。

　限られた資源で、通常のオペレーションが回せない（平時の論理で進められない）状況では、業務を通常通り続けられませんので、BCMを進める際には、「選択と集中」の発想で事業を絞り込み（これが「選択」）、そこに活用できる経営資源を「集中」していくことが求められます。

　この絞り込まれた業務を、BCP策定のプロセスでは「中核事業」や「重要業務」と呼んでいます。

　重要業務の絞込みついては、通常はBIA（事業影響度分析）の手続きを経て、重要業務を絞り込むことになります。例えば、中小企業庁の「中小企業BCP策定運用指針～緊急事態を生き抜くために」では、BIAは「（自社の）事業を理解する」という項目で紹介しています。そこでは、「（自社の）事業を理解する」ために、「事業への影響度を評価する」「中核事業が受ける被害を評価する」「財務状況を分析する」の３つのプロセスを挙げ、この３つのプロセスを経ることで、

　・あなたの会社の中核事業（製品やサービス）は何ですか？

　・緊急事態が発生した場合、中核事業の復旧までに許容される期限（期日、納期）を把握していますか？

　・中核事業の継続に不可欠な資源にはどのようなものがありますか？

　・重要業務に大きな影響を与える災害にはどのようなものがありますか？
という質問に答えられるようになっていることが期待されているとしています。

　「中核事業とは、それを失うと、あなたの会社の経営状態に甚大な影響を与える事業のことであり、広義的には、長期的に見て会社の評判や世間のイメージ失墜につながる事業も含まれますが、一般的な中小企業の場合は、大企業に比べて事業の数が少ないことから、商品の種類や顧客等の視点から特

定することになります。この中核事業の特定無くして、有効なBCPは策定できません。」、「中核事業は最終的には経営者の判断によって決定されるものですが、事業規模が決して大きくない会社の場合は、中核事業が明確な場合も多々ありますので、手始めとしては、重要として思いつく事業をいくつかあげて、その中で、財務面、顧客関係面、社会的要求面から、優先順位を付けてもよいでしょう。」と解説しています。(https://www.chusho.meti.go.jp/bcp/download/bcpform/bcpform.pdf)

　しかし、中小企業の場合は、特定分野における高い専門性が事業の特性になっていることが多く、業種の異なる多くの事業を展開していることはあまり多くないはずです。「中核事業」というものがイメージしにくいと思います。したがって、重要業務の絞込みまでの分析の部分は、BIAのような難しい分析にはそれほど重きを置かず、今やっている「メインの事業」という理解で良いと思います。

　事業や業務の絞込みということは、一部の事業や業務を止めるということでもあります。また、選択した事業や業務についても、YESかNOかの二者択一でもありません。例えば、病院では、今いる患者さんや救急の患者さんのみ受け入れて、新規の外来を中止するということもあります。ホテルの場合も同様で、現在宿泊しているお客様への対応に徹し、新規の受入れ業務を止めるという場合もあります。

　東日本大震災の事例として、第2章で、日本酒で有名な一ノ蔵社の事例を紹介しました。同社の中核事業や重要業務の絞込みの仕方も、中小企業にとっては非常に参考になります。(p.74参照)

　大切なのは、「選択と集中」ですので、「できることに徹するために、何をするか、何ができるか、何をしないかを見極めること」です。これが、重要業務の絞込みの意味です。災害発生後の混迷状況下で対応を迫られる場面で真価を発揮するのがBCPですので、すべてをやるということではなく、重要なものだけを残して、社会機能が回復し100％稼働できる状況になるまで準備を整えて待つイメージです。

　一部の業務（商品・サービス）だけを継続するという発想もあり得ること、

および本書の趣旨が「まずは始める」という点にあることから、「重要業務」とは、端的に、BCPが発動された場合に、マネジメントしていく対象となる業務（商品・サービス）と考えてください。

　ただし、業種・業態によっては、災害発生後に業務対応のニーズが急増するケースがありますので、その場合は、業務対応優先順位を変えていく方が無難ですので、留意してください。

　例えば、

●建築・建設・土木・ライフライン関連（電気・水道設備を含む）およびその関係事業者（メーカー、技術・施工、物資提供事業者）等
　→都市機能の早期回復やビル等の早期復旧のニーズが高まるため

●医療・薬事関連・介護・メンタルケアサービス
　→このような業態は災害後にニーズが増すため

●運輸・配送・物流・倉庫の各サービスおよびその関連サービス
　→救援物資の搬送・搬入や各種修理・物品の運搬・配送ニーズが高まるため

●不動産管理・仲介サービス
　→被災地における仮設住宅ニーズへの対応で、自治体における空き物件等の借り上げニーズが出てくるため

●ホテルその他の宿泊関連サービス
　→被災地の復旧・復興作業のため、各地からの応援があり、宿泊施設のニーズが高まるため

●小売り・物販・飲食サービス
　→被災後は、食料品や飲料、衣料品、消耗品、薬等が不足したり、ライフラインの機能停止により調理等に限界があり、被災地では購入のニーズが高まるため

●食品、飲料、生活消耗品、衣料品等の製造
　→被災後は、食料品や飲料、衣料品、消耗品、薬などが不足して、需要が高まることから、通常以上の供給が必要になるため

　重要なのは自社の事業が自然災害後にニーズが高まるかどうかを見極めることです。被災後のニーズが高まる場合は、被災後できるだけ速やかに、当該業務を実施できる体制を整備することが求められてくる点には注意が必要です。

（2）重要業務の継続に関する考え方

　企業のBCP担当者の支援をしていると、早期に100％に戻さないといけないプレッシャーがすごく強いですし、企業のBCPでも、目標復旧時間を3日とかに定めている企業もあります。しかし、急ぐ必要はありません。100％のレベルに数日で戻すことには無理があります。中小企業の場合、ハードルを上げすぎないことが、事業継続に向けた重要なポイントです。

- ●まずは、「業務の範囲を絞り、無理のない（続けられる）範囲で、業務を続ける」ことを目指します。
- ●それが厳しいとなれば、次は「数日～1週間で後片付け等をして、一部でも業務再開のめどをつける」ことを目標としてください。
- ●それでも厳しければ、もちろんある程度の資金的余裕も必要ですが、「地域や近所の皆様にできることをする」ということでも構いません。

　「事業継続」といいながら、「重要業務」の絞込みとなる理由について、中小企業庁は次のように説明しています。（中小企業庁「中小企業BCP策定運用指針～緊急事態を生き抜くために」（(2)　様式類（記入シート）・基本・中級・上級コース・一括ダウンロード（PDF)） https://www.chusho.meti.go.jp/bcp/download/bcpform/bcpform.pdf）

　「中核事業の一つが、「顧客"甲"に対して、製品"A"を製造・提供すること」であるとします。この場合、製品"A"をひたすら作り続ければよいわけではなく、その他にも受注、出荷、配送、支払い、決済といった、中核事業に付随する業務も不可欠であることはいうまでもありません。そのため、まずは当該中核事業の遂行に必要な「重要業務」をすべて把握し、(以下略)」ということです。したがって、重要業務の再開・継続という場合は、

このように業務単位に分解して、その実施に向けた体制に戻すことを目標に進めていけば良いのです。

　なお、被災地では、高齢者の自宅の清掃、物資運搬を手伝ったりと、できることをしてください。もちろん、取引先等の手伝いでも構いません。中小企業は、特に地域・近所の皆様に支えられている要素も大きいと思いますので、助け合い、共助は、非常に重要です。

（3）BCPの難関「目標復旧時間」や「目標復旧レベル」と重要業務

　BCPでは、目標復旧時間（RTO）とか目標復旧レベル（RLO）という概念が登場します。

　RTOの本来の位置づけは、重要業務の絞込みに絡めて、「事業復旧が大きく遅れると、最悪の場合、主要な顧客との取引解消にもつながるため、結果として会社の存続が危ぶまれることは想像に難くありません。そこで事業中断による被害を極力小さく抑えるためには、中核事業を復旧させるまでの期限の目安となる目標復旧時間を決める。」（中小企業庁「中小企業BCP策定運用指針～緊急事態を生き抜くために」（（2）様式類（記入シート）・基本・中級・上級コース・一括ダウンロード（PDF））https://www.chusho.meti.go.jp/bcp/download/bcpform/bcpform.pdf）という考え方です。

　これらの概念はもともと、BCPという考え方の由来でもある情報システム、データバックアップに関するものであることは第1章で解説しました。データはバックアップされていることが前提ですので、RTOやRLOを観念しやすいですが、企業活動については性格が異なりますので、RTOやRLOといわれてもなかなかピンとこないと思います。

　しかし、この「考え方」自体は、時間軸で事業の回復を考えていくBCPでは不可欠なものです。

　BCPが発動される状況下では、「重要業務の継続」と「被災拠点の復旧」が同時並行で行われることになります。被災した状況を踏まえて、何らかの行動スケジュールを立てては修正しながら、事業継続に向けたアクションを起こしていくしかありません。

　例えば、「5日以内に、事務所の瓦礫の撤去や清掃を終わらせよう」。そして、その後、「3日ぐらいで、事務所の建物や設備の点検を終わらせよう」というようなスケジュールを立てて行動していきます。簡単にいうと、これがRTO、RLOと考えれば良いのです。「5日以内に」とか、「3日ぐらいで」が目標復旧時間（RTO）、「事務所の瓦礫の撤去や清掃を終わらせる」とか「事務所の建物や設備の点検を終わらせる」というのが目標復旧レベル（RLO）です。

　従来のBCPの枠組みでは、これを事前に決めておく計画書の策定が推奨されてきました。「目標」という言葉に、「予定」という意味を含意させて、目安としての時間とレベルを想定して、段取りを組んで復旧を目指そうというわけです。

　まずはBCPを作り始めるという企業は、厳密に目標復旧時間を策定することを考えずに、自社のキャッシュフローや在庫の状況、サービスの必要性を勘案し、1週間や10日、2週間等、大まかな予定（目安）を置いていただく形で構いません。目標復旧時間は、災害等で通常通りできなくなった業務にいったん目途をつける目安としての期間と考えていただき、業務復旧に向けた対応や優先度の高い重要業務を着実に実施し、徐々に軌道に乗せていくためのスケジュール目標と考えてください。

　BCP策定実務上は、中核業務の分析により、最大停止許容時間（要は、契約上・キャッシュフロー上、会社の事業停止がどのくらいの期間耐えられるかという指標）を見積もり、それに至らないように目標復旧時間と目標復旧レベルを定めていきます。したがって、目標復旧時間の事前策定が無駄ということではありません。しかし、分析や作業が非常に難しいので、「まずは始める」ことを目標にする中小企業では、まずは基盤を作り、徐々に強化していくアプローチが適切です。大切なのは、無理して目標復旧時間を検討することではなく、「時間軸」の中で、「何をいつまでに、どのレベルにもっていくか」を戦略・スケジュール立てて考え、そのために種々努力をしていくという、BCPのもともとの発想・考え方をしっかりと理解していただくことです。

（4）事業継続戦略策定の視点〜継続する業務の見極めと復旧レベル選定の注意点

実際にどのように業務を絞り込み、あるいは継続する業務を決めていけば良いでしょうか。当社では、次の視点（図表3-7）で検討されることをお勧めしています。

①継続する業務の見極め

まず、大きな視点として、「事前に行う事業環境分析」と災害発生後の「被災後に考慮が必要な要素」を総合的に勘案して検討・決定していくことになります。

もちろん、この判断要素は、「どの事業をどの範囲で、どうやって継続するか」を決めていく際の指針として活用することを目的としています。

中小企業においては、通常は業種の異なる事業をさほど多くは手掛けていませんので、「事前に行う事業環境分析」による「継続すべき業務」（計画案）と、災害発生後に「早期に復旧を目指す業務」（現実に復旧に向けたマネジメントを行っていく業務）は一致することになります。

しかし、実際には、被害が大きい災害であればあるほど、災害発生後の状況を加味して、いつまでにどのレベルでの復旧を目指すか、それまでの間に会社を存続させるために、どのようなアクションを起こすかを検討していかざるを得ません。

そこで、実際のBCMを行っていく上では、「事前に行う事業環境分析」と「被災後に考慮が必要な要素」の両方を加味して検討していかざるを得ないのです。特に、事業を「どの範囲で、どうやって継続するか」ということを考えていく上では、被災後の状況把握・分析が重要です。

②「事前に行う事業環境分析」

まず、「事前に行う事業環境分析」では、大きく「拠点等の分析」と「事業の分析」を行います。

「拠点等の分析」では、例えば、被災地エリアにいくつか拠点があるのであれば、どの拠点で何ができるか、どこの拠点にどの業務を移管す

図表 3-7　重要業務の絞込み・継続する業務選定にあたっての考慮事項

事前に行う事業環境分析	1．拠点等の分析	①拠点数（バックオフィス）
		②拠点数（店舗、その他）
		③主要拠点所在地（都市）
		④主要拠点の機能充実度
		③主要拠点の状況（設備面）
		④主要拠点の状況（人員配置）
		⑤主要拠点の状況（事業構成比）
		⑥拠点の業務・施設特性
		⑦主要拠点の受入れキャパシティ
		⑧主要拠点までの移動容易性
		⑨業務移管時の対処課題
		⑩広報・情報集約容易性
	2．事業分析	①地域別事業構成比
		②契約・法規制の要請
		③対応可能要員の多さ
		④専門性・専門知識の必要度
		⑤許認可・免許・資格の可否
		⑤在庫や外部委託の可否
		⑥主要取引先との関係性
		⑦業界団体・同業と連携可否
		⑧業務停止に対する許容度
		⑨社会的な早期回復必要性
		⑩事業停止許容度超過の影響
被災後に考慮が必要な要素	1．活用可能な資源等の確認	①施設・設備の被害状況
		②稼働可能メンバー数・状況
		③ライフライン等の状況
		④取引先・仕入れ先等の状況
		⑤施設・設備の復旧見通し
		⑥情報システム・データ状況
	2．代替・実施容易性	①専門性要否→対応可能人数
		②マニュアル・指針等の有無
		③アナログでの対応可否
		④応援要員等の派遣容易性
		⑤施設・備蓄・移動手段状況
		⑥コスト、契約・手続きの要否
		⑦従業員の健康・精神状態

るのが合理的か、あるいはどこの拠点から応援配置・配送が可能か等を分析します。これにより、代替拠点の選定や災害後の業務実施場所の選択が容易になるからです。

　この「１．拠点等の分析」の「⑥拠点の業務・施設特性」には、事業免許・許認可が絡む場合の効力が及ぶエリアのような法的な要請や事業に必要な物資を調達する上での利便性や地理的要因、障害となりうる事象等の検討も含まれます。また、この項目の中で、各拠点・施設・設備の耐震化の状況も整理しておくことも重要です。

　この各拠点・施設・設備の耐震化の状況は、災害発生後は情報取集も難しい場合が少なくないことから事前に行っていくことが重要です。

　なお、耐震基準については、1981年に建築基準法施行令が改正され、いわゆる新耐震基準が定められました。1995年に発生した阪神・淡路大震災では、この新耐震基準で建てられた建物の被害は限定的で、基準の改正前に建てられた建物に被害が集中したとされています。耐震強度の一つの目安として、1981年以降に建てられた建物かどうかということが、重要な指標となります。1981年以前の建物は、その後耐震補強工事等をしていなければ、倒壊のリスクは高いと判断せざるを得ません。ぜひ、建物の竣工時期を把握するようにしてください。

　「事前に行う事業環境分析」の２つ目は、「２．事業分析」です。ここでは、特に「④専門性・専門知識の必要度」が重要な確認・検討項目になります。例えば、企業では往々にして、広報関係業務は本社の専門部署の人しかわからないとか、財務・経理も専門部署のみで行っており、各拠点では経費精算ぐらいしかできないとか、「～業務（商品）」は「……工場でしかやっていない（作っていない）」ということがあります。

　事業は各種の業務が連続して行われることで実行されていきますので、事業継続を考える上では、このような専門性のある業務、専門知識が必要な業務をどのように継続するかを検討しておく必要があります。別拠点ではできず、しかし少しの間も止めることができない業務ということであれば、まずはその拠点の機能、業務実施体制を早期に回復する

ために、被災後に活用可能な経営資源を最大限投入することが必要になります。なお、この専門性のある分野を同業他社や取引先との連携で対応できるかどうかも併せて検討し、必要に応じて災害時の協力についてのコンセンサスを取りつけておき、継続できる環境を整えるという方法論もあります。

③業務の絞込みや業務対応要領の整備

①、②のプロセスを経て、会社としての業務の優先づけを行っていくことになります。

まず、社長自らが、BCPを重要な経営課題と位置づけ、全社員に整備・策定に向けた強い意気込みを示すことです。「私は、皆さんの雇用を守りたい。でも、そのためには、BCPを作っておかないと、災害時に会社の存亡の危機に陥ってしまう。取引先からの信用も得られない。このようにBCPは会社を守り、皆さんの雇用を守るためのものなので、ぜひ、整備・策定に協力してほしい」と宣言してください。この時に重要なのは、本書で一貫して説明しているように、従業員に「自分ごと」であることを認識させ、従業員を巻き込んでいくことです。災害後の過酷な環境で各現場を支えるのは、従業員です。そして、会社の事業が存続できなければ、従業員の雇用維持は難しくなります。そうならないため、従業員に「自分が仕事を失わないためにもBCPが必要なんだ」と認識してもらえるようなメッセージを発していく必要があります。

次に、BCPの策定、特に重要業務の絞込みと、その対策にも各現場・部門の従業員を参画させることです。

具体的には、

● 業務を洗い出す
  ➢ 全体の業務フローを確認
    → 業務フロー図がなくても、エンドユーザー側から工程を遡り、誰（社員）が、どのような形で、何をしているのかを明確にします。
  ➢ それを実際に行うために社内の各部門がどのように参画・関与しているかの確認

→エンドユーザーへの業務を行うために欠かせない業務を洗い出します。

　➤当該業務実施後のフローを確認（請求までの処理も含めて社内の各部門がどのように関係しているか）

　　　→アフターフォローやクレーム対応を含めて、関連で対応が必要な業務を洗い出します。

●業務を絞り込む

　➤業務全体を洗い出したものを踏まえ、その優先度を判断する

　　・日々現場での対応が必要なもの

　　・即応が必要なもの

　　・そんなに急がないもの

　　・当面は縮小しても困らないもの

　　・ほとんど行われていないもの（プロセスも含む）

　　・別の簡略な方法や一部のやり方で対応できるもの

　➤絞込みを行う上では、各担当者の心情は「どれも必要」となりやすいため、BCPの状況を説明する

　　・ライフライン等も止まる可能性が高く、通常通りの業務実施はすぐには難しいこと

　　・従業員も被災するため、家族の問題も含めて、業務を絞り込まないと対応しきれないこと

　　・瓦礫の撤去や災害後の清掃など、災害発生に伴う業務も加わること

　　・お客様側も被災されている場合は、お客様側の事情も加味する必要もあること

　➤最終的にどの業務をどのような形で行うか（重要業務の選定も含めて）は、社長が関与して決定し、社内に周知する

　　　→担当者同士、部門同士では、どうしても部分最適の発想で、自部門の利益を最優先で考えがちであるため、最終的は社長がしっかりと優先順位を明確にして、全体最適の観点から社内のコンセン

サスを図る必要があります。

●絞り込んだ業務の実施に必要な要素やスキルマップを抽出する

➢絞り込んだ業務を実施するために、必要なスキルや手順、資機材を洗い出します

➢それが活用できない場合の代替手段や、その中でもできる業務・プロセス、方法論がないか検討します

➢このような機会を社内で作り、考える機会や習慣を作っておくことで、人材育成にもつながります

➢必要な内容や決まった項目がある場合は、書面に手順やチェックリストをまとめておきます

この作業は、BCPのためにやるというよりは、日ごろの社員研修や引継ぎ、新人教育の中で、そのベースを作っておくとよいでしょう。書面化する作業の時間がないということであれば、教える側の話した内容を、研修日報的に教わった側が記録し、最後にそれを集約・整理させる作業で、全体の復習をさせるプロセスで業務知識の定着も図ることができます。

④中小企業の強みを生かす

実はBCP整備の秘訣は、日ごろからの取組みの中にあります。本来BIAで行う業務を支える資産の抽出なども備品管理や施設管理でできているはずの内容なのですが、BCPのプロセスに組み込まれてしまうと、何か難しく、特殊な概念のように思えてしまいます。

しかし、中小企業の場合は、比較的少人数で、しかも創業者が社長というケースも多いため、かなりの企業で、ある程度、自社の組織を理解しているはずです。影響度の分析、ある程度のことは日ごろの経営や事業リスクマネジメントの中で、本来行われているべきものです。

実際には、日ごろやっていること、把握していることを、平時の余裕のあるうちにリスト化・整理しておいて、可能であれば、優先度までつけておく（A、B、C等）とか、日ごろの業務の研修の中でフローや手順を書面化・整理しておく、ジョブローテーションや相互の業務協力体

制で業務を実施しておき、いざというときに代わってできるように人材育成をしておく等の取組みを行い、それをまとめ・整理しておく、最低限書面化して、ある場所がわかるようにしておくだけでも、BCPの骨組みはでき上がります。中小企業においては、人員も多くないため、相互に協力しながら業務を進めているという企業も少なくないと思います。少なくとも、おおよその業務内容ややり方は知っているというケースが多く、その意味では、業務への対応は、比較的対応力があると考えられます。大企業のように「部門が違えば、やっていることはわからない」とか、「部門同士の軋轢で調整が大変でなかなか進まない」、「それは担当部門がやることで我々は関係ない」という実態は中小企業では少ないと思います。

　また、中小企業の場合は、社長自ら現場に立ったり、業務を行っていて、日ごろから他のスタッフとコミュニケーションをとり、一緒にやっているというケースも多いと思います。そういう企業では、万一社長が安否不明になっても、その安否がわかるまでの間、日ごろ一緒に仕事をし、コミュニケーションをとっている社員や幹部は、社長の考え方や価値観を相当程度共有していますので、いざという時（日ごろにおいても社長がいないときや、連絡がつかないときなど）に、おおよその方向性や対応策の判断ができることもあるのではないでしょうか。

　このような点は、中小企業の強みです。この強みをBCP策定に生かし、BCMを実行していけば良いのです。「日ごろの取組みをBCPに活かす」、「BCPを意識して、日ごろの業務の取組みを少しだけ深めて、考える習慣をつけていく」ことを心がけてください。

⑤「被災後に考慮が必要な要素」

　さて、被災後の状況を踏まえて、事業の規模や範囲等をどのように絞り込み継続を目指すかという具体的な戦略を立てていくことになりますので、被災後に考慮が必要な要素の確認・検討も重要です。

　この点については、確かに事前に必要な資源や機材を洗い出しておき、準備・対策しておくというBIAの考え方はリスクマネジメントとし

ては合理的ですが、多くの中小企業にそれを求めるのはいささか無理があると思います。実際には、予備を確保する余裕は少ないため、現実に使えるものをいかに回すか、使えないならどうするかを考えて対応していかざるを得ないからです。

　もちろん、災害後に、業者の手配をかけるのは当然ですが、これは何もBCPの局面に限らず、平時でも足りない場合や故障の場合は同じです。それでも災害後は同時に依頼が集中するため、すぐには手配できない場合がありますので、通常の資機材調達のルートの明確化だけではなく、手配できるまで、時間がかかる中で、どうするかという視点を忘れてはいけません。ここは知恵の勝負ですので、日ごろさまざまな状況に柔軟に対応している中小企業の強みを生かすべきです。

　大切なのは，現実に使えるものをいかに回すか、使えないならどうするかを考えて対応するための方法論を検討しておくことです。機材が使えなければアナログで対応せざるを得ないから、そのための要領や手順・段取りを確認して、可能な限り標準化・準備しておくとか、いざとなったら同業他社の機械を使わせてもらうことにして、そのための準備・根回しをしておこうと考えておくのが、中小企業のBCPです。

　「被災後に考慮が必要な要素」で確認・検討する事項は、「使える経営資源は何か」を把握するための項目（「活用可能な資源等の確認」）と、それらが使えない前提での代替の方法論や可能性を探ること、あるいは、実際にどのくらいの規模で業務を継続できるかを分析するのに必要な情報を集めること（「代替・実施容易性」）です。

　検討すべき項目は、前記の図表3-7の中に記載しておきました。被災後、通信環境等は良くありませんが、当該項目を参考に情報収集をして、「ある程度の事業の見通しを立てるXデーはいつか」、それまでの間で、「どの事業を、どのような規模で、どのように継続するか」を検討し、決めてください。そして、ホワイトボードにでも良いので、それを書き出し、適宜修正しながら、Xデーに向けて、無理のない範囲でTo Doを洗い出し、継続を実施していくことが重要です。

なお、一番のネックは資金繰りになると思います。日ごろから銀行との関係を強化しつつ、保険加入、被災後の各種の助成等をフル活用するしかありません。業界団体でも財政的な支援を行うところもありますし、商工会議所などにも相談しながら、財務的手当てを日ごろから算段してください。この点は、平時も有事も変わらず、中小企業の社長の重要な任務です。

4. 第1フェーズ　事業継続に向けたリスクマネジメント

　それでは、先ほどご紹介したフェーズに従って、BCPの整備・策定に向けた重要なポイントを解説していきたいと思います。

　第1フェーズの「事業継続に向けたリスクマネジメント」は、「リスクアセスメント（リスク評価）」と「BCP（事前準備項目）」に分かれます。このBCPという言葉は狭義で使っていますが、わかりにくければ「事前検討・整備項目」と理解しておいてください。

　当社ガイドラインから、それぞれの検討事項等をご紹介すると、図表3-8、3-10のとおりとなります。

（1）「リスクアセスメント（リスク評価）」

　まず、「リスクアセスメント（リスク評価）」として検討しなければいけないのは、「ステークホルダー分析」「自社の対応面における脆弱性」「地勢リスク・社会情報分析」の3つになります。

　「ステークホルダー分析」では、ステークホルダー、特に取引先との契約関係や業務停止の場合の影響、対応策等について、現状を評価し、事業が停止した場合のリスク対策やリスク対策を実施していく上での課題を精査・検討していきます。

　また、「自社の対応面における脆弱性」については、当該リスクを踏まえて、自然災害が発生した状況下で、自社でどこまで対応できるか、対応するために必要な体制やマニュアル等は整備されているか、従業員に対応するスキル

図表 3-8　リスクアセスメントの項目

リスクアセスメント	1 ステークホルダー分析	①ステークホルダーの現状	ステークホルダーの洗い出し、契約関係整理
		②ステークホルダーBCP検証	委託先等のBCPの有無確認、内容確認・精査・協議
		③代替手段等の検討・検証	委託先等で対応できない場合にとりうる手段の検討
		④実行に向けた課題の抽出	代替手段等を実現する上での課題、対処すべき事項
	2 自社対応脆弱性分析・評価	①マニュアル・方針等の有無	有無・明文化の状況、内容の合理性・有効性
		②インフラ被災リスク	インフラの冗長性、代替可否、復旧スピード
		③ヒューマンリソース	稼働・動員可能人数、専門性、スキル・知識の有無
		④オペレーション分析	応援可否、業務移管等の受容量、外注対応可否
		⑤危機対応ノウハウ・経験値	過去事例の集約・明文化状況、経験者の有無
		⑥情報システム・データ	システムのバックアップ状況、データ保存対策
	3 地勢リスク・社会情勢分析	①被災・二次災害リスク分析	地理的状況、ハザードマップ、施設等の特性
		②ライフラインへの依存度	被災時の影響度、依存度、代替性、復旧容易性
		③考えられる二次災害等	考えうる二次災害シナリオ、施設管理責任
		④帰宅・出社可否の予測	役員・社員等の通勤経路・手段・時間・備蓄状況
		⑤復旧めど予測・確認	地域防災計画等の確認、現実的な復旧予測
		⑥その他ボトルネックの検証	交通規制、テナントビルの影響、法的規制等

があるかを評価・分析します。

　これを行うことで、事前にある程度明確にしておかなければいけない事項が何なのかが、明確になりますので、その部分をBCPとして整備していくことになります。

　3つ目は、「地勢リスク・社会情勢分析」です。この分析は、実際にBCMを進めていく際の制約条件を確認するものです。どのような状況の中で対応していかなければならないのかを明らかにすることで、手順や対応策が変わってきますので、すべてを見通すことは無理としても、ハザードマップ等も活用しながら、想定できる範囲で制約条件の確認を行い、その状況下でどのようなアクションをとるかを検討していきます。

　地勢リスクの把握では、ハザードマップを見比べながら、自社拠点における被災リスクを判断していく必要があります。また、ハザードマップは、避難する際の避難場所の選択にも重要な役割を果たします。ハザードマップを無視して避難すれば、従業員を命の危険にさらすことになりますし、後々安全配慮義務違反等で企業としての責任を問われることがあります。

　ハザードマップ自体は国や各地方自治体で公表されており、コストはかけなくてもできますので、ぜひ、実施してください。

　参考までに、「ハザードマップ分析」の例を図表3‐9に掲載します。第6章でも触れていますので、そちらも参照してください。

図表3-9　ハザードマップ分析のイメージ

地震の％は、政府の地震調査研究所により「今後30年以内に震度6弱以上の地震が発生する可能性」です。

店舗名	建物設立日	住所	地震	地震備考	津波	浸水・洪水	高潮	施設特性
本社	1998年	東京都■■区□□□	26%-100%	-	-	-	-	
西日暮里	2003年	荒川区■■■	26%-100%	-	-	0.3m～0.5m	-	
大崎	2005年	品川区大崎■■■	26%-100%	-	-	0.3m～0.5m	-	駅前地区
新潟	2013年	新潟市中央区■■■町□□□	6 %-26%	-	0.3m～0.5m	-	-	路面店
伏見桃山	1977年	京都市伏見区□□□	震度6強	花折断層地震	-	-	-	

（出典：㈱エス・ピー・ネットワーク）

　実際には、危ないところは「濃いアミ」、要注意は「淡いアミ」等、色分けしてまとめておくと、非常にわかりやすくなります。

　液状化のリスクについても上記で紹介した国土交通省のハザードマップサイト「ハザードマップポータルサイト」内の「わがまちハザードマップ〜地域のハザードマップを入手する〜（https://disaportal.gsi.go.jp/hazardmap/index.html）」で調べることができます。

　また、交通規制の情報も、各都道府県警のホームページなどで確認しておくことが望ましいです。大規模災害時は、幹線道路は、災害優先道路になり、一般の車両は乗り入れができなくなる可能性があります。平時のうちから、どの道路が規制されるのか把握できていれば、その規制も踏まえた対策を検討することができます。事前にチェックしておかないと、実際に災害が発生し、会社等に向かって移動中に、交通規制に遭遇し、訳もわからず慌ててしまうことになりかねません。災害発生後は、停電やホームページへのアクセスの集中、通話規制等により、その場で、交通規制の理由や状況を確認することは難しいので、いざというときに慌てないために、事前に確認しておくことをお勧めします。

　必要に応じて、交通規制に関する案内等をプリントアウトして、私有車や社用車に積んでおき、会社の近くまで車が来れない場合の対策も準備しておくと良いでしょう。

（2）「BCP（事前準備項目）」

　次は、どのように対応するかを決めて、その準備をしたり、そのような事態に陥らないための課題への対応をしたりすることが必要になってきます。特に、「自社の対応面における脆弱性」は、BCMを行っていく上で、大きな障害となりかねませんので、できるだけその課題に対しての指針や情報、対応要領を事前に決めておくことが重要です。

　ここで検討・準備すべき項目は、「リスク対応計画の策定」「リスク対応力の強化」「防災対策・事業継続体制の強化」の３つとなります（図表3-10）。

　リスクアセスメントの結果を踏まえ、「リスク対応計画」を策定します。これが一般的にイメージされるBCPのイメージに近いかもしれません。

図表 3-10 「事前準備・策定項目」で検討すべき項目とその着眼点

事業継続 リスクマネジメント（事前整備・策定項目）	1 リスク対応計画の策定	①シナリオ別対応力評価	シミュレーションや対応力検証による対応力自己評価
		②優先順位判断（重要業務）	各種リスク・対応力を踏まえた業務実施の優先順位づけ
		③優先順位準拠対応プロセス	優先順位に基づく対応・判断フロー・基準検討
		④フロー・指標・基準明確化	BCPとしての書面化（指針・ガイドラインの作成）
		⑤ERMへの反映と補完	ERMの観点での不備事項の洗い出しと対策
		⑥対応スキーム（体制）	事業継続に向けた基本的な組織体制（基本設計・考え方）
		⑦⑤以外の実施環境整備	その他の課題の抽出と対応、実務要領の検討・作成
	2 リスク対応力の強化	①危機管理研修（役員・従業員）	知識、意識、スキルの確認、対応上の課題の明確化
		②災害対応トレーニング	知識・スキル向上、判断力と行動力のレベルアップ
		③非正常オペレーションの課題	非常時体制での模擬対応、対応上の課題明確化・対策検討
		④対応力強化のための組織的課題	非常対応、自律的対応可能な組織整備のための課題検討・対策
		⑤対応力強化のための個人的課題	個々人の意識向上、スキル等のアップに向けた行動計画
		⑥③〜⑤の対応計画策定	課題と対応計画の検討・明確化、実施状況モニタリング
	3 防災対策・事業継続体制の強化	①取引先との協議	取引先とのコンセンサス醸成、協力体制確認、課題への対応
		②業界団体の連携	業界団体の方針確認、自社でできること・やること明確化
		③外部研修等への参加	外部や取引先の知見を取り入れる、連動訓練
		④施設・設備の補強・冗長化	設備やシステムの補強、複線化、冗長化、強化
		⑤役員・従業員の意識調査	意識調査、役員・従業員の意識高揚、部門の温度差把握
		⑥専門部署の選定と情報収集	組織推進体制整備、情報収集・共有、情報管理・共有体制

　私どもは、さまざまなシナリオが含まれてくる「大規模海溝型地震」における対応計画を作成してみることをお勧めしています。といっても、すでに解説したように「状況好転アプローチ」にて作成していきますので、To DoやHow To、対応手順や基準、とるべき行動などを中心に整理・記載していくことになります。

　リスク対応計画の策定のポイントは、時間軸を急ぎすぎないことです。BCPでは、いつまでに何をするかという時間軸は必要ですが、非現実的な時間目標を作っても仕方ありません。ある程度、組織としての動きを指針化しておくというイメージで構いません。ただし、これはあくまで計画案で、被災後の状況により、一部変更していく前提ですので、その点は念頭に置いておいてください。

　もう１つ注意しておいていただきたいのは、「危機対応のための組織、いわゆる対策本部を作ること」と「全社最適の視点で組み立てること」です。

　往々にしてやってしまいがちなのは、部署ごとにTo Doを作成してしまうことです。これでは、各部署が部門の最適を考えて動いてしまうことになりますし、災害後に重要業務の継続に向けた人員調整や資源配分に影響が出てくる場合があります。

　実際、災害にうまく対応した企業の例を見ると、現場部門がミッションを持って自律的に行動し、それを対策本部も含めて全社でサポートフォローしつつ、一方で、別部隊により、事業や拠点の復旧に向けた準備・対応が着々と進められていくという流れになっています。会社としての社会的使命を基にした重要業務を決め、その実施および被災拠点の復旧作業という２つの役割に、それぞれメンバーと資源を割り振るというイメージで、組織体制を作成することが重要です。組織の作り方については、この後、詳しく解説します。

　次に重要な事前準備項目は、「リスク対応力の強化」です。これは、リスク対応計画（案）を参考として、災害後に組織として活動できるための人的基盤を作るものです。

BCMは組織が一丸となって対応していかなければなりません。そのために重要なのが「①危機管理研修（役員・従業員）」と「②災害対応トレーニング」を通じた「③非正常オペレーションの課題」の抽出と関係者一同の理解です。

　危機管理研修で知識と意識を高め、実際に演習をして対応できるかどうかを試してみることでさまざまな課題がみえてきます。また、訓練をやってみることで、対応についての大きな流れをつかむことができ、研修で得た知識に実践ノウハウが付加されます。後は、そこで気づいた課題を組織的なものと個人的なものに分け（これが、「④対応力強化のための組織的課題」と「⑤対応力強化のための個人的課題」にあたります）、その課題を踏まえた準備・対策を考えていくことが、対応力を上げていくことにつながります。もちろん、この課題の中には、リスク対応計画の修正も含まれてきます。リスク対応計画をBCPとして押しつけるのではなく、実際のレベルに合わせて修正していく謙虚な取組み・姿勢が非常に大事です。シナリオを決めた訓練ですらできなかったことが、もっと過酷な状況に置かれる災害後にできるはずはないのです。

　「リスク対応力の強化」とは、端的にいうと、シナリオを決めて、訓練や演習を繰り返し、気づきを得て、それを役員・従業員が形にしていくことを繰り返していくことで、組織の対応力を上げていくことです。

　訓練・演習については、第4章で詳しく解説しますが、重要なのは、リスク対応計画書やBCPを忠実に再現するセレモニー的な訓練ではなく、リスク対応計画書やBCPの内容も含めて、今の課題は何かという問題発見とそれへの対応という問題解決能力を高めていくことです。

　単純なセレモニー的な訓練だけでは、有事の際に、計画書のまま進めるのが適切なのか、優先的に対処すべき事項は何なのか、他にとりうる手段はないのか等の気づき、判断ができなくなってしまいます。

　そうならないために、演習を行い、考えさせていかないといけません。わかりやすくいうと、演習の際には、参加者に意見をいわせるということです。往々にして、演習で意見が出ると、「本番とは違うから」で穏便に済ませよ

うとしてしまいがちですが、意見をいうということは、その人は当事者意識を持って参加しているということでもありますし、作成サイドでは気づかなかった課題や現場の温度感・レベル感も把握できることになります。多くの人が意見を持ち、それを会社として活かしていくことで、組織としての問題発見能力と問題解決能力を高めていくことができます。事務局として耳が痛いかもしれませんが、BCP・BCMの活動において重要なのは、組織として災害危機対応力を上げていくことですので、それはプラスの意味で捉えていくことを心がけてください。

　なお、シナリオをどのように作成したら良いかわからないという場合は、東日本大震災や熊本地震、台風の時の自社や同業他社の事例を使って、実際にどのような状況になったのか、どのように対応したのかを時系列で追いかけ、検証していくことも有効です。

　事前予測災害については、被害が生じる前から、どのような動きをしたか、すべきかを整理しておくことは非常に有用です。このような行動計画は、タイムライン防災と呼ばれ、国土交通省が大雨の際の河川の氾濫に対する避難勧告発令のプロセスに活用しています。

　国土交通省は、「タイムラインとは、災害の発生を前提に、防災関係機関が連携して災害時に発生する状況を予め想定し共有した上で、「いつ」、「誰が」、「何をするか」に着目して、防災行動とその実施主体を時系列で整理した計画」と定義し、「防災行動計画」の訳として用いています。

　（出典：国土交通省 水災害に関する防災・減災対策本部 防災行動計画ワーキング・グループ「タイムライン（防災行動計画）策定・活用指針（初版）」平成28年 8 月（https://www.mlit.go.jp/river/bousai/timeline/pdf/timeline_shishin.pdf））

　事前に予測可能な災害だけではなく、実例に基づき、災害発生当時の状況や 3 日目ぐらいで生じてくる問題、 1 週間ぐらい経った時点で整理していかなければいけない事象などを、実例を基に検証しておくことで、より災害後により迅速かつ効率的な対応・行動がとれるようになってきます。

　なお、国土交通省も、本書と同様、予測可能性等を加味した視点で対策を

講じていますので、参考までに掲載しておきます。

● 「我が国では、地震等の短時間の現象で予測や準備が困難な災害（以下「突発型災害」という。）に対して、災害発生後の対応をまとめた計画の策定等、災害発生後の対応を強化してきている。

同様に、災害発生までの現象が長時間にわたり、事前に災害や被害の規模等が想定される水災害等の災害（以下「進行型災害」という。）においても、災害発生後における対応の実施等の事例が多い。進行型災害の場合、災害発生前の早い段階で防災関係機関が緊密に連携した対応により防災・減災が可能であるが、これまでタイムラインのような計画を策定してきていないのが現状である。

このため、災害発生前の緊迫した事態に対し、防災関係機関の連携による対応が困難な状況になっている。（出典：国土交通省 水災害に関する防災・減災対策本部 防災行動計画ワーキング・グループ「タイムライン（防災行動計画）策定・活用指針(初版)」平成28年8月、4-6頁）

● タイムラインの対象とする災害は、進行型災害を基本とするが、突発型災害を対象とすることもできる。

また、タイムラインの策定にあたっては、災害対応時の想定外の事態を減らすため、最悪の状況を含む災害も想定することが望ましい。

● 対象とする災害は、水災害、雪害や遠地津波災害等の進行型災害を基本とし、事前に起こりうる状況を想定し共有した上で、防災行動をタイムラインとして策定する。

また、突発型災害においては、例えば、地震発生後の人命救助のために重要な「72時間」を意識して、それまで何を行わなければならないかについて検討する等、地震発生後の行動をタイムラインとして策定する事例もあり、タイムラインは災害発生後の対応でも有効な手段の一つとなり得る。

● 実際の災害対応時には、タイムラインの内容どおりに事態が進行するとは限らず、想定している状況とは異なる新たな事態が発生する可能性が

ある。このような事態を減らすためにも、最悪の状況を含む災害も想定して検討することが望ましい。しかし、現時点ではそのような災害を対象とした検討やハザードマップ等の作成が行われている場合は限られている。そのため、当面は、対象とする災害種別の設定にあたっては、現在有しているハザードマップが対象とする災害等を基本に、他地域において被害が甚大であった事例等を参考としてタイムラインを検討していくことが有効である。

タイムラインを使うかどうかは別として、災害危機対策の観点からは、予測可能災害について、本書で提唱している事前回避・被害低減のプロセスがいかに有効か、ご認識いただけるものと思う。

5. 第 2 フェーズ　事業継続マネジメント～予防的措置

次は、第 2 フェーズの「事業継続マネジメント～予防的措置」です。これは予測可能災害の場合に、事前の被害回避・低減のための措置を行うものです。

大型の台風の直撃が見込まれるとき、JR 等が早めに計画運休を発表し、直撃の際に電車が線路上で立ち往生する事態を防ぐというような例が、この事前の被害回避・低減のための措置にあたります。

なお、本年においては、新型コロナウイルス感染症が大きなリスクとなりましたので、それを踏まえて改めて解説すれば、第 1 章で、物的損害型 BCP と人的損害型 BCP の違いを紹介しましたが、人的損害型にあたる「感染症」の場合は、少なくとも BCP を発動するような状況になる場合は、かなりの程度、「予測可能」になりますので、この事前の被害回避・低減のための措置をとることが重要になります。本年年初から一気に感染が拡大し、WHO（世界保健機構）がパンデミックを宣言した新型コロナウイルス感染症に関して、政府からは大型イベントの自粛や時差出勤、在宅勤務、外出自粛が要請され、インフルエンザ特別措置法に基づく緊急事態宣言を発出して、感染の爆発的拡大の回避・低減策を実施しました。この「事前の被害回

避・低減のための措置」は人命を守る上でも、非常に重要なリスク対策であるということです。

あらためて、ここでの実施事項を整理すると、図表 3 -11のとおりです。

台風であれば 1 ～ 2 日間の事業縮小・停止で済むことが多いですが、パンデミックが宣言されるような感染症の場合は、発生から収束まで長期化しますので、先手必勝で、早めに業務移管や代替継続体制、例えば外注や在宅に切り替える等の対応で、事前に被害・被災を低減する措置を実施することが重要になります。先に紹介したタイムラインの考え方は、感染症の場合にもあてはまります。

なお、この第 2 フェーズの対応は、自然災害の場合は、通常は数日以内の限定的なものである場合が多いとはいえ、例えば、台風等で甚大な被害が出たとか、台風影響で河川が氾濫して事務所等が被災したとか、大雪の影響で、しばらくの間、移動や通常業務が難しくなった等の場合には、そのままBCPモードに移行していく必要があります。

原因事象型BCPの考え方では、BCP発動は、この第 2 フェーズの時点で行います。 2 日後に台風の直撃が予想されているということであれば、その時点で（そのインシデントの発生をシグナルとして）、自動的にBCPが立ち上がります。

その上で、情報収集に努め、直撃等が確実視される状況になれば、BCP対策本部の方で、「事業継続マネジメント～予防的措置」の早期実施と、従業員への避難徹底を指示することになります。

図表 3-11　第 2 フェーズ「事業継続マネジメント～予防的措置」の内容

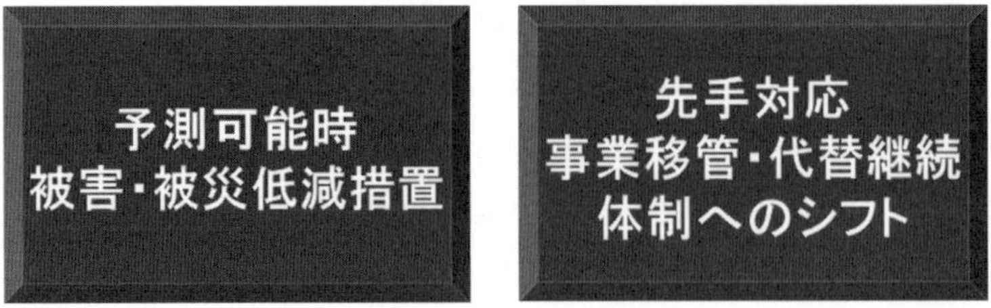

予測可能時
被害・被災低減措置

先手対応
事業移管・代替継続
体制へのシフト

（出典：㈱エス・ピー・ネットワーク）

なお、大雨の場合の避難については、

●相当な大雨が予想される場合は、夜間の避難は危険であるから、明るいうちに早めに避難する。

●大雨の場合の避難は、特に「早め早め」が鉄則。大雨警報や洪水警報が発令されている場合、または1時間降水量が80ミリ（できれば50ミリ）を超える予報が出たときは、基本的に避難前提で考える。

●流水の中を避難するのは危険性が高い。年齢によるが、脛の辺りまで水が来ている場合は、特に坂道の歩行は難しく、汚水で足元も見えず、木の枝なども流されてくるため、足を負傷するリスクもある。

図表 3-12　参考：5分間の歩行距離

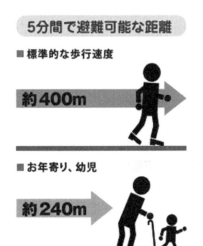

（筆者注）
　このように、お年寄りや幼児の避難速度は、標準的な歩行速度の約半分であることを知っておくとよいでしょう。
　施設内の方や従業員とその家族、近隣の方を避難させるときには、お年寄りや幼児の視点で早めに動くことが大切です。

（出典：「茅ヶ崎市津波ハンドブック〜津波から身を守るために〜」）

●車も流水の中では、比較的浮いてしまいやすい。一度浮いてしまうと、流されて危険。

※参考

　水深が床面を超えたら、もう危険！－自動車が冠水した道路を走行する場合に発生する不具合について－（国土交通省）

　（https://www.mlit.go.jp/report/press/jidosha08_hh_003565.

html)

ということは押さえておくべきです。

　どのような予防的措置をとるかについては、各社の業種・業態で異なりますが、店舗や事務所、工場の一時的な閉鎖、重要機器や在庫品等の移動なども必要です。運輸系では、運休（欠航）ないし運行本数の削減等が考えられます。これらは、予測できる災害により、お客様のみならず、従業員が被災することも避けるための措置ですので、安全第一で早めに決断していくことが重要です。

　身の危険すらある災害の中、出勤しなければならないとなると、従業員も「会社は、私の命をどう考えているのか」と思ってしまいます。現実に、当社が運営している内部通報第三者窓口には、過去の台風や大雪の際や、今回の新型コロナウイルス感染症蔓延による緊急事態宣言発出後も出社を強いられている従業員からは、同趣旨の内容の「こんな状況で出勤させる」という会社の判断・姿勢に対する、不満・疑問の声が、従業員やその両親、家族から内部通報として寄せられているのです。

6. 第3フェーズ　事業継続マネジメント〜事業復旧マネジメント

　さて、ここからは、いよいよBCPが真価を問われる災害後の対応について解説していきたいと思います。

　予測の難しい災害、特に地震については、5．で説明した事前回避行動がとれないため、「事業継続マネジメント〜事業復旧マネジメント」のフェーズが重要になります。

　このフェーズは、「初動対応」「対応準備」「事業継続マネジメント」の3つからなっています。そして、「事業継続マネジメント」の中には、「クライシス対応」と「事業復旧対応」が含まれます。

　あらためてその内容を掲載すると、図表3-13のとおりです。

図表 3-13　第 3 フェーズ「事業継続マネジメント〜事業復旧マネジメント」の全体像

（出典：㈱エス・ピー・ネットワーク）

（1）BCP整備の重要事項〜対策本部の設置について

　予測可能災害については、第 2 フェーズからBCPを発動することはすでに説明したとおりですが、予測不可能な地震のような場合は、この第 3 フェーズからのBCP発動となります。

　いずれのフェーズからBCPが発動されるにしろ、

●特定インシデントの発生により、BCPが自動的に起動（発動）される

●それに伴いBCP対策本部（災害対策本部、事業復旧対策本部等、名称は各社で決めれば良い。）も自動的に立ち上がるという流れで動いていきます。

　BCPをベースにして、実際にBCMを行っていく上では、この「対策本部」による組織対応が軸になります。

　対策本部による対応は、クライシス対応全般に共通する基本的な対応要領です。そこで、まずは対策本部の基本的なスキームについて、解説しておきたいと思います。

①対策本部の設置基準

　　対策本部については、BCPが発動されるインシデント（事象）に合わせて、自動的に立ち上がる仕組みにしておくべきです。一刻を争う事態でもあり、特に地震や大型台風の後は、通信機能障害が出たり、停電になったりする可能性もあることから、一定の基準を満たせば、対策本

部メンバーが、各自、対策本部設置場所に集まるというルールが一番合理的です。

　また、その他、一定の基準を満たさない場合などは、本部長の招集で、対策本部を設置できるような補完ルールを作っておくと良いでしょう。この補完ルールは、予防的措置をとるために、BCPを発動させる場合や、例えばBCP発動基準は震度6弱であるが、震度5強の地震が発生し、念のため、被害状況確認等を行いたいとうような場合に、対策本部を立ち上げられるようにしておくためのものです。

　したがって実際には、対策本部の立ち上げと連動する危機レベル3段階ぐらいで設定し、それと対策本部メンバーの招集やその他の従業員の行動基準（参集基準）と紐づけをしておくことで、すべての役員やスタッフの行動基準が明確になり、組織的な対応体制が早期に構築できます。

　以下、一例をご紹介します。

図表 3-14　「BCP 発動基準と対策本部設置要領」

BCP：原因事象型で作成
・対象事象＝大規模地震
①事業エリア（都道府県）で震度6弱の地震（⇒自動起動）
②事業エリア（都道府県）で震度5強の地震で、相応の被害が出たと思料される場合（⇒関係者招集）

危機レベル	危機の状況
レベルA	①震度6弱以上の地震が発生したとき ②震度5強以下の地震により発生した被害に、全社を挙げて対応する必要があると対策本部長が判断したとき
レベルB	その他の災害であっても、レベルAに準じた被害が発生したとき その後の状況変化により、全社を挙げて対応する必要があると対策本部長が判断したとき
レベルC	震度5強以下の地震が発生したとき

	一般社員		対策本部要員 （課長以上の管理職含む）	
	就業時	休日夜間	就業時	休日夜間
レベルA	1．応急対応行動 2．業務停止 3．対策本部指示受け	1．応急対応行動 2．安否報告 3．自宅待機	1．応急対応行動 2．業務停止 3．緊急参集・本部設置	1．応急対応行動 2．安否報告 3．緊急参集・本部設置
レベルB	1．安全確認行動 2．業務停止 3．対策本部指示受け	1．安全確認行動 2．自宅待機	1．安全確認行動 2．業務停止 3．緊急参集・本部設置	1．安全確認行動 2．緊急参集・本部設置
レベルC	1．応急対応行動 2．業務継続 3．会社指示受け	1．応急対応行動 2．安否報告 3．自宅待機	1．応急対応行動 2．業務継続 3．会社指示受け	1．応急対応行動 2．安否報告 3．自宅待機

■対策本部設置場所：東京本社 3 階大会議室
　⇒本社が使えない場合や本部設置場所が変更になる場合は、連絡（メールにて）
■参集できない場合は、安否報告にて連絡する
■レベルA①基準の充足を認知したときは、本社からの連絡を待たず、○○に臨時対策本部を設置し、本社対策本部が機能するまで、各種情報取集にあたる

　以上のように、「BCP発動基準の充足→危機レベルの判定→対策本部メンバーの緊急参集・本部設置」が一連のプロセスで流れていきます。同時に、危機レベルの判定を途中に加えることで、対策本部メンバーやその他の一般社員の行動要領をあらかじめ指定・明示しておくことが可能となります。

　首都直下地震を想定したBCPを作成する場合、東京本社が甚大な被害を受けたり、機能を果たせないときに備えて、BCP発動基準を満たしたときは、例えば大阪拠点で臨時対策本部も自動的に立ち上がる仕組みにして、本社対策本部が機能するまで、一時的に対策全般（特に安否確認・被害情報の収集・集約等の情報収集と最低限必要な顧客・従業員等へ対応）を行う形で、早期に組織的な対応ができるように体制を整備しています。

　そして、役員には災害用業務用無線機（携帯電話サイズ）の携行を義務づけ、いざとなったら、安否確認ができた役員が、大阪の対策本部と連携することも可能な体制等を構築していきます。

さらに、行動基準については、「就業時」と「休日夜間」を分けて、それぞれ記載してあるところもポイントの1つです。休日夜間の行動も明示・記載しておくことで、地震で連絡のとりにくい中、指示を仰いだり、指示をしなくても良いようにしてあります。可能であれば、さらに「出勤時・退勤時の移動中」を加えれば、より充実した内容になります。

　例えば、予測可能災害である巨大台風の場合は、BCP発動基準を満たしませんので、BCPは自動的に立ち上がりませんが、予測可能な災害であることに鑑み、直撃数日前に、危機レベルがレベルBと判断すれば、対策本部長判断で対策本部を設置し、関係者を招集し、社内にBCP発動を宣言することができます。社内で危機レベルB相当としてBCPを発動した旨が宣言されれば、従業員は危機レベルBの際の行動基準に従って、行動することができます。

　この企業は、当社がBCP作成を支援しましたので、このように自動起動をベースに役員、社員の行動基準まで連動させていますが、初めから、このレベルを求めているわけではありません。まずは、BCPの発動基準（原則：自動起動）を決めて、それと連動させる形で、その他の災害やそこまでいかない災害の場合でも例外的に対策本部を設置できるように危機レベルを設定してください。中小企業の場合は、大企業よりも社内メンバーの連携性や機動性が高いので、レベルAとレベルBの2段階で、発動基準を低めに設定して、とりあえず対策本部ないし会社に集まるという行動基準と紐づけても良いと思います。一般社員はとりあえず集まらなくても大丈夫なので、移動中に被災するリスクを回避すべく、自宅待機という指示・明示でももちろん構いません。

　まずは、このような形で、「BCP発動基準の設定→危機レベルの判定→対策本部メンバーの緊急参集・本部設置、行動要領の明示」を目指してください。

②対策本部の設置
　対策本部については、通常は「危機管理規程」等にて要領が規定されてい

れば、それを活用する形で構いません。BCPの場合は、若干の応用が必要ですが、基本的には今ある制度や仕組みを活用するのが効率的です。

「危機管理規程」等で、対策本部等の立ち上げが規定されていない企業は、自衛消防隊の組織をベースにして、必要なチームを付加する形で進めていきます。自衛消防隊は基本的には火災を前提とした組織編制で構成されていますが、有事対応で必要なのは、形や名目ではなく、必要な機能を備えた対策本部です。自衛消防隊の組織であっても、有事に使えそうなものがあるなら、基本的にはそれを生かす方向で考えていきましょう。

対策本部の形は、さまざまな考え方がありますが、必要な機能を押さえていただくことが重要です。

●総指揮をとる本部長や副本部長を含む統括・指揮部門
●全体の調整や情報収集・集約・管理を行う事務局・情報収集機能
●社内の諸々の調整・対応や避難誘導等を行う総務・人事機能
●取引先や顧客への対応を行う営業・渉外機能
●システムや設備のメンテナンス、各種の資材の調達を行うロジスティクス機能
●資金調達や支払いを維持する財務・経理機能
●統括部門と連携し対外的な情報開示を担う広報機能
●国・行政・関係団体の調整を行う行政対応機能
●災害対応の現場対応を担う復旧・実務対応機能
●状況により、被災地の最前線で対応を指揮する現地本部機能
●その他諸々の対応をサポートする遊撃機能

すべて部署を分けなければいけないということではありません。5～6のチームを作り、そこに役割を付与する形で、タスクフォースを組んでいってください。

対策本部を作る意味は、通常の職制では調整等に時間がかかる場合があったり、部門最適な動きが出てくることから、それを克服して、迅速な意思決定・対応を組織で行っていくためです。したがって、既存の組織の職務分掌

における専門性を尊重・活用しつつ、部署横断的なチームとして、メンバーを配置し、各チームの役割を優先的に担ってもらう必要があります。

対策本部の一例を示すと（図表3-15）のようになります。

これは経済産業省が公表している事業継続に関するガイドライン「企業における情報セキュリティガバナンスのあり方に関する研究会報告書　参考資料　事業計画策定ガイドライン」の中に掲載されている対策本部組織図の例です。先ほど挙げたような機能が各チームに振り分けられ、それれ担当部門が担うとともに、それをまとめる組織として、対策本部（統括・指揮）があるという構図になっています。

このように統括・指揮者の下に、各部門がぶら下がるというのが、一般的な日本の企業の危機管理組織（対策本部形態）かと思います。

図表3-15　対策本部の組織図の一例

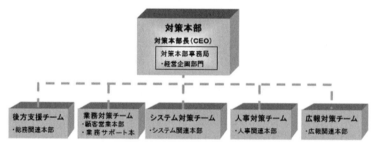

（出典：企業における情報セキュリティガバナンスのあり方に関する研究会報告書　参考資料　事業計画策定ガイドライン）

そして、それぞれのチームにそれぞれの役割（任務）が、例えば以下のように割り振られることになります（図表3-16）。

このように、BCPには、対策本部の組織図とともに、それぞれのチームの役割を掲載しておき、あらかじめ、企業としての対応体制を明確にしておきます。

対策本部の組織図には、担当部署名や担当者名（部門幹部）の名前も、あらかじめ明記しておく必要があります。なぜ、担当部署名・担当者名を入れるかというと、先に説明したように、すぐにメンバーが参集するためです。

図表 3-16　対策本部の各チームの役割例

チーム	統括部門	機能
後方支援チーム	総務関連本部	施設の復旧・保全、物資調達、物流
業務対策チーム	顧客営業本部 業務サポート本部	顧客対応、業務継続（対顧客）
システム対策チーム	システム関連本部	システム復旧・保全、業務継続（システム）
人事対策チーム	人事関連本部	安否確認、要員配置、労務
広報対応チーム	広報関連本部	社外広報・IR[14]、社内広報

（出典：企業における情報セキュリティガバナンスのあり方に関する研究会報告書　参考資料　事業計画策定ガイドライン）

　災害等の特定のインシデントが発生すれば、自動的にBCPが発動され、対策本部が立ち上がり、メンバーが参集してくる、このシステマティックな起動・立ち上げが初動対応の重要な要素の１つです。

　メンバーについては、対策本部長を含めて、代行者を定めておいてください。なぜなら、災害時は、対策本部メンバーも被災している可能性があり、安否不明の事態や入院等で参集できない事態が起こるからです。メンバーはまず各自参集し、対策本部長や副本部長、代行者等がそろっていないときは、集まったメンバーの中で、その中での最上位役職者や在社歴の長い人など、誰が臨時本部長代行を務めるかを決めて対応していくことが肝要です。

　なお、対策本部の組織体制については、日本型の対策本部の形態はすべての部門が本部長下にぶら下がるため、本部長のところで対応が滞留したり、各チーム内での指揮命令系統が曖昧になりがちであることが指摘されました。一極集中しすぎると、かえってそれが迅速な対応の障害、混乱を生みかねないという指摘です。この指摘を踏まえて、最近では、アメリカで開発された危機対応モデルであるICS（Incident Command System）の導入が提唱されています。ICSとは次のようなものです。

　香川県・香川大学で作成した「香川版市町BCP運用指針」では、

　○ICSは、米国の危機管理機関が採用する一元的な危機管理システムであり、現在、米国では、連邦政府における予防、対応準備、応急対応、復

図表 3-17　ICS（Incident Command System）

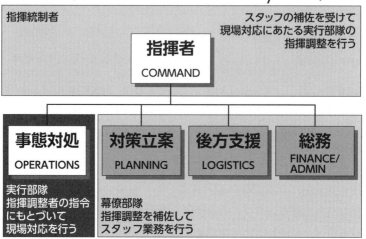

(出典：中央防災会議 防災対策実行会議 第5回 災害対策標準化推進ワーキンググループ
(配布資料) 資料3「効果的な対応計画の策定・指揮命令の手法」(http://www.bousai.
go.jp/kaigirep/wg/saigaitaisaku/dai5kai.html))

旧の各活動を、全ての規律、全ての外力に適応できる標準的な仕組みと
して、米国危機管理体制（NIMS）を確立し、全ての連邦政府、州政府、
地方政府に義務付けている。
○また、ICSは、刑事事件や危険物事故、地震、台風、津波、テロ災害まで、
あらゆる種類のハザード（オールハザード）に適応できることから、米
国においては、ICSが全ての現場で適応されており、また、一般市民団
体による自主防災組織（通称ＣＥＲＴ）を始め、医療施設、事業所、指
定公共機関なども採用していることから、ICSは、自助・共助・公助の
全てのレベルにおいて、広く普及しているシステムであるといえる。
○ICSの大きな特徴は、ハザードの規模や種類に関係なく、関係する全て
の組織が、標準的な危機対応体制を共有していることと、危機対応に必
要となる活動を（以下に示す）５つの機能の集合体として捉えている
ことである。

図表 3-18　ICS が有する 5 つの機能

5 つの機能の内容

機能	任務
Command 指揮者	・対応目的、戦略、優先順位を決定する。 ・対応に関する全責任を負う。
Operations 事態対処	・目的達成のための戦術と必要となる資源を決定する。 ・現場での戦術を指揮する。
Planning 対策立案	・情報の収集と分析を行う。 ・資源をトラッキングする。 ・文書を管理する。
Logistics 後方支援	・必要となる資源とサービスを提供する。
Finance/ Administration 総務	・経理、契約、補償業務を行う。 ・必要となる資源を調達する。

（出典：中央防災会議 防災対策実行会議 第 5 回 災害対策標準化推進ワーキンググループ（配布資料）資料 3「効果的な対応計画の策定・指揮命令の手法」(http://www.bousai.go.jp/kaigirep/wg/saigaitaisaku/dai5kai.html)）

図表 3-19　ICS の特徴

ICSが優れている危機対応の10のポイント

1) 危機対応に必要となる5つの機能の設定(Five Functions)
2) 状況に応じた柔軟な組織規模の設定（A Modular Organization）
3) 標準化された概念・呼称の共通使用(Common Terminology）
4) 空間利用の仕方の標準化（Designated Incident Facilities）
5) 複数組織が関与する場合の統合指揮(Unified Command Structure)
　→ 組織のあり方：機能を組織に割り振るのではなく、組織を機能にあてはめる
6) 一元的な指揮命令系統の確立（Unity of command）
7) 直接指揮人数の制限（Span of Control)
8) 責任担当期間の設定（Operational Period）
9) 活動ログ作成の義務化（Unit Log)
10) 当面の業務計画策定(Consolidated Incident Action Plan)
　→ 組織の運営：指揮命令系統の確立、職員交代を考慮した業務遂行、文書主義の徹底

（出典：中央防災会議 防災対策実行会議 第 5 回 災害対策標準化推進ワーキンググループ（配布資料）資料 3「効果的な対応計画の策定・指揮命令の手法」(http://www.bousai.go.jp/kaigirep/wg/saigaitaisaku/dai5kai.html)）

と、その沿革・特徴を説明した上で、次のように解説されています。

○ICSでは、災害対応に関する命令や報告などの情報が錯綜し、責任の所在が不明確にならないように、「報告する上司は1人だけ」、「業務の命令・割り当てを受けるのも1人の上司からだけ」と定められている。

○1人の監督者が効果的に監督できる部下の数は5人±2人（3人〜7人）とされ、これを「監督限界」という。

○災害時の組織体制においても、1つの機能をもつ組織（グループ）の人数は「監督限界」以内とし、それを超える場合は、さらに下部の班（グループ）を組織し、細分化させる必要がある。

○ICSでは、職員の交替を前提として通常12時間に設定する責任担当期間ごとに、予測される状況に対して「災害対応戦略計画」を策定し、この計画に基づいて行動する「目標管理型」の災害対応が提唱されている。

　このICSの考え方は、示唆に富む内容です。危機対応の現場から生まれた考え方である由縁といえます。しかし、一方で、アメリカの危機管理機関が一元的に採用するとあるように、警察・消防・医療チーム、自衛隊（軍隊）などが連携して活動することや、アメリカの合衆国という国家形態を前提とした考え方になっています。言い換えると、それぞれの組織で、価値観や組織編制、オペレーション、組織構造、使用する用語も異なるため、統一的に運用する仕組みが必要であるという背景がこの考え方の根底にあります。また、多くの人員を必要とする危機対応ノウハウです。

　アメリカ型のICSが良く、日本型の危機管理対策本部が悪いという構図で語られる場合も少なくありませんが、形の問題ではなく、運用の仕方の問題といえます。企業内での危機対応に関しては、基本的に価値観や仕様・用語はそもそもある程度標準化されており、工夫次第で従来の形でも回せます。また、ICSが想定するような大量の人員投入は厳しいという現実があります。

　特に、中小企業においては、人員は限られていますので、大量の人員

投入を前提とする仕組みを採用することは得策ではありませんし、ICSのマネジメントのベースとなる管理限界（１人の監督者が効果的に監督できる部下の数は５人±２人（３人〜７人というもの）も、中小企業においては、対策本部の各班のメンバーが大人数になるということも考えられませんので、あまり問題にはなりません。

　そもそも中小企業においては、社長や数名の役員・幹部での少数精鋭での組織運営を強いられ、兼務兼任の中で、決めたことを、部門を越えて、柔軟に対応していくというのが実態ですので、従来型の日本的な対策本部の方がなじみやすいと思います。もちろん、運用しやすい方で構いませんが、大切なのは、組織一丸で対応できる体制を整備すること、求めれる機能とどのようなことが必要かを理解しておくことですので、その点を念頭に置いていただければと思います。

③**対策本部でやるべきことと、各チームの役割例**

　大切なのは、組織一丸で対応できる体制を整備すること、求めれる機能とどのようなことが必要かを理解しておくことと書きましたので、対策本部の役割やチームごとの役割の例を説明しておきます。

●対策本部でやるべきことの概要

　災害後は、対策本部にて、会社としての災害対応を統括していかなければなりません。

　対策本部としてやるべきことを、思い切って10項目にまとめると、図表３-20のようになります。

図表 3-20　対策本部としてやるべきこと概要～柱となる 10 項目

対策本部としてやるべきこと10項目

1．従業員の安全・安心に関する事項

　①本部要員・在館従業員等の安全確保

　→ヘルメット着用等の徹底

　②安否確認の実施

　→在館者は点呼も有効。リスト化・一覧化・時間経過に対応

　③従業員のケア・帰宅困難者対策

　→備蓄物資提供・必ず休ませる・無理させない

2．本部の安定運用に関する事項

　①関係者の招集・臨時人員招集・応援要請

　→稼動可能な人材を確認・確保する

3．情報の収集・集約

　①災害、社会情勢に関する情報収集

　→状況把握・情報収集なくして判断なし

　②安否状況の確認・集約、自社施設等の確認・集約

　→情報の収集・集約可視化

　③情報の集約・一元化・一覧化・共有

　→記録・共有のルール化と随時の情報更新

4．方針決定

　①初動対応に関する方針決定

　→初動対応方針・優先順位・実施順序・体制等の判断

　②事業継続に関する事項の決定

　→事業継続戦略策定・実行計画・他との連携判断等

5．取引先・顧客対応

　①情報開示と問い合わせ対応

　→ステークホルダーへの開示と理解の促進策

簡単にポイントを解説していきます。

まずはしっかりと足もとを固める意味で、「１．従業員の安全・安心に関する事項」と「２．本部の安定運用に関する事項」が重要です。

「１．従業員の安全・安心に関する事項」については、特に地震の場合は、余震も続きますので、必ずしも建物内が安心とは言い切れません。災害対応の全体を統括する対策本部が機能しなければ、そもそも事業継続はおぼつきませんので、対策本部要員の安全確保も極めて重要な事項です。本部要員のヘルメット着用は忘れないようにしてください。

また、従業員の安全確認については、図表 3 -21 の「３．安全確認等」の部分にもどのようなことをやるべきか、例示をしておきました。帰宅困難者対策として健康管理・衛生管理の視点も忘れないようにしてください。特に、家が倒壊したりして、避難所での避難生活を余儀なくされている従業員は、避難所での慣れない集団生活やストレスから、体調を崩しやすくなりますので、中小企業は、従業員もそんなに多くはない企業も少なくないと思いますので、十分な状況把握とケアに注力してください。

図表 3-21　対策本部で対処・検討すべき事項例

1．本部設置	関係者招集／臨時メンバー招集／社内への本部の設置告知／指揮者の決定／運営ルールの策定／役割分担・チーム編成／各種備品・インフラの整備・調達／本部の設置場所の検討　　　　　　　　　　　　　　　　　　　　　　　　など
2．基本方針確認	最優先は、「従業員等の安全確保」その他は、順不同で、「会社資産の維持」、「地域社会への貢献」「事業継続」、「取引先の応援」　　　　　　　　　　　　　　　　　　　　　　　など
3．安全確認等	従業員の安否確認の継続／避難・避難誘導・避難指示／本部要員や従業員の安全確保指示／防災物資の配布／帰宅可否の判断（帰宅困難者対策）／負傷従業員への対応／従業員等の救出・救助／メンタルケア／衛生管理・体調管理指導　　　　など
4．情報収集	災害・気象情報の収集／社会情勢（交通状況、避難所状況、政府の動き、救助関連情報等）の収集／自社の被災・被害状況の収集・集約／従業員の安否情報の集約／各種情報の整理・集約／情報記録・共有ルールの策定　　　　　　　　　　など
5．取引先対応	取引先の被害・被災情報の収集・集約／お客様からの問い合わせへの対応（コールセンターや営業部門等）／ホームページ等での情報の告知／重要取引先への連絡・応援要員の派遣　　　　　　　　　　　　　　　　　　　　　　　など
6．その他	グループ間での連携・調整／災害協定への対応／事業継続の判断／関連団体や政府、地方自治体への対応／病院等の情報収集／避難者の受け入れおよびその対応　　　　　　　　　　　　　　　　　　　　　　　　　　　　　　など

（出典：㈱エス・ピー・ネットワーク）

図表3-22　対策本部での対処・検討事項の運用にあたっての留意事項

1. 本部設置	● 応援要員や遊撃要員の確保も重要。適宜チーム編成を考えつつ対応する。 ● 常に最高官幹部がいるとは限らないことから、指揮者とルールと組織・役割を明確にする。 ● 設置場所も熟慮する（エレベーター使えない） ● 災害対応後は、従業員全員が、何とか早く事態を打開しようと無理をしがち。必ず休ませる。 ● 通常のオペレーションでは回せないことを常に意識する。 ● 担当・経験外業務も余儀なくされること視野に入れる。
2. 基本方針確認	● 社会情勢と自社の現状を踏まえ、状況（リスク）判断。自社完結と応援要請を使い分ける ● 当初のBCPや計画のとおりに進まないこともあることを絶えず念頭におく ● 優先順位を明確にする。安全確保を最優先に。 ● 人間心理：余震だからと安心しがち、揺れになれて警戒が薄まり、疲労等で感覚や判断力が鈍る。
3. 安全確認等	● 重要なメンバーこそ安全確保が不可欠。自分の身を守る（これをなかなかやらない）。 ● 食事時前後の大地震や冬場の大地震では火災発生リスクが大きく、避難や移動を一層困難にする。 ● 夏場は熱中症や感染症にも注意が必要。また、被災者や応援者のメンタルケアの視点を忘れない。 ● 警察、消防、病院職員等も被災・負傷するため、社会としても、種々の事態への対応にも限界がでる。 ● 救命措置等も社内で対応する必要があることを視野に入れる（救急車はなかなか来られない）。
4. 情報収集	● 被災地での全体像の把握は困難。混乱状況下では情報も錯綜。他エリアでテレビ等で情報収集したほうが全体像の把握は容易。どのように共有するかは、日ごろから検討・準備・対策する（プラットホームに共有・活用等）。 ● 情報システムの利用やPCの利用は電気が使える前提。但しその保障はなく、被災地では紙に集約するケースも少なくない。アナログなやり方での情報整理の等のルール化（色分け等）、訓練をしておく。
5. 取引先対応	● 情報開示によりステークホルダーも安心する。開示する情報を絞り込み過ぎない。開示の体制や内容は、日ごろから準備・対策することが成否を分ける（代替実施体制含めて）。 ● 通信、道路閉塞、停電、断水等の状態が当面続く。関係者洗い出し、業務インフラ把握が成否を分ける。 ● BCPを前提に、相互の協力・連携も重要。被害状況は伝えにくい。自動的に応援できる仕組みも有用。
6. その他	● 余震や液状化などにより、事業拠点の早期の機能回復にも相応の期間を要する。 ● 災害支援物資の搬送や道路啓開、復旧・復興支援のための優先通行や、車両進入規制等が行われる。 ● ガソリン等の燃料不足や天候不良の想定も不可欠。想定どおりにはなかなか進まない。

（出典：㈱エス・ピー・ネットワーク）

　なお、実際の運用にあたっては、図表3-22の「3．安全確認等」の留意事項にも注意してください。停電の場合は、冷暖房が使えなくなりますので、夏場であれば熱中症にも注意が必要です。

　図表3-20の「2．本部の安定運用に関する事項」についても、図表3-21の「1．本部設置」に記載した対応事項例も参考にしてください。その中の「運営ルールの策定」が重要です。震災後はライフラインが使えないなど、種々の不便もありますので、できるだけ、規律を守りながら本部運営をしていけるようなルール化が重要となります。このルール化の中には、文書発信ルールや休憩ルールなども含まれます。特に、休憩ルールは前述のように、非常に重要です。災害後は、できるだけ早く復旧しようと、特に幹部は頑張ってしまいます。しかし、休まないと適切な判断もできません。

　図表3-20の「3．情報の収集・集約」について、①〜③はいずれも重要です。安否確認については、担当者を決めて情報を集約してくださ

い。必ずしも携帯電話での安否確認ができるとは限りません。安否不明の場合は、従業員の自宅の最寄りの避難所や災害拠点病院を訪れてみるのも一手です。

　また、情報収集・集約の仕方のルール化も重要です。良く対策本部の備品一覧が紹介されますが、中小企業では、その資機材を準備しておくというのは厳しいかもしれません。したがって、可能な限り、事務所で使うコピー用紙（Ａ４、Ａ３）、ペン（黒、赤、青）、付せん（１色ではなく多色）、ガムテープなどを日ごろから少し多めに買って、ローリングストック（使っては補充することを繰り返すこと）をしておくことをお勧めします。

　災害後は、停電で電気が使えない場合があり、復旧までに数日を要することを考えると、PCでの情報集約は得策ではありません。結局手書きに頼らざるを得なくなりますので、初めから紙にまとめていくことをお勧めします。

　例えば、テーマごとにＡ３用紙に進捗等を記録していき、事実、要確認事項、要対処事項、指示、実施日、進捗状況、担当者等を整理していきます。３色のペンと、３色の付せんをうまく使い、ルール化して整理していきます。各事項には、かならず、記入した時間を明記し、動きがあれば、新しい付せんに書き入れて更新していきます。それを定期的に時間を決めて、いったんまとめていき、最新の状況として社員の共有していくことで、本部と現場の認識を一致させていくことが重要です。

　図表３-21の「２．基本方針確認」については、もともとBCPの基本方針として明確化はしていますが、「従業員の安全確保・人命尊重」以外は、順位が変わるかもしれません。あらためて、社長から、基本方針を従業員に伝えることが重要です。

　図表３-20の「４．方針決定」について重要なのは、何を重要業務として、どのような戦略でBCMを進めていくかです。一般的には事業継続戦略（BCS：Business Continuity Strategy）と呼ばれます。

　東京商工会議所の「東京商工会議所版 BCP策定ガイド」では、二重化、

災害時の相互協力協定の締結やあらかじめアウトソーシングしておく方法、経営統合など、代表的なものが紹介されていますが、費用等も勘案すると、中小企業の場合は、災害時の相互協力協定の締結が有効です。災害時の相互協力協定を締結する場合は、当該提携先との連携を意識した対策や訓練・協議も必要になります。詳細は、後ほど説明します。

図表3-20の「5.取引先・顧客対応」については、自社の状況をホームページ等で公表することで、自社の動きや事業開始の目途、現状における課題を伝えることができます。数日して、電話がつながるようになれば、現地はもちろん、非被災地からもサービスや事業再開の見通しなどの問い合わせが寄せられます。したがって、そのような問い合わせを受ける体制も必要です。ただ、自社ですべてに対応していると、その電話対応や取引先・顧客対応に追われ、ただでさえ、人員が足りない中で、事業復旧に向けた準備が進められないリスクもあります。したがって、直接対応する顧客を重要取引先等に絞り、後はコールセンター等に1次対応を依頼するなどの事業継続戦略も重要になります。一時的に自社の事情をある程度把握しているOB等に協力をいただく方法も有効です。

情報開示等の観点からは、広報業務は極めて重要です。ホームページの作成や更新を他社に委託している場合は、当該委託先とも日ごろから、BCP発動時のホームページ更新のフロー等について協議しておいてください。

●対策本部の各チーム役割例

班割は企業によって違いますが、参考までに代表的な班割の役割例を紹介します。(図表3-23)

中小企業ではここまではできないというものもあるかもしれませんが、役割例を参考に、業界特有の内容があれば加えていただき、自社における対策本部各班の役割表を作成してください。

なお、「震災応急現地対応チーム」も重要な機能です。本社等の設置

された対策本部が最前線の現地の状況をこまかく把握できるわけでもなく、本社対策本部と現地対策本部でやり取りをしている間も、現場の事態・状況は刻々と変化します。諸々の状況に対応するためには、現地対応チームによる柔軟かつ機動的な対応を自律的に行っていかなければいけないのが現実です。

　現場では使命感を持ったスタッフが現場対応チームとして組織的に行動し、本社では対策本部が現場が動きやすいように後方支援を行うような組織的な連携が、東日本大震災の際も評価されました。

図表 3-23　対策本部の各チーム役割例

チーム名	役　　割
対策本部長	【責任者】代表取締役社長 ・BCP発令 ・危機レベルの決定と、それに基づく災害対応指示の発令 ・対策本部および対応チームの設置と参集の指示 ・事態対応に関する方針決定と指示 ・対策本部スタッフの指揮 ・報道機関向けスポークスマンの決定 ・避難および社屋の状況確認実施の判断・指示等
本部長代行	【責任者】管理担当役員 ・対策本部長の補佐 ・本部長不在時の本部長代行
総括チーム	【責任者】総務部長 【代行者】総務課長 ・対策本部の要員参集の連絡 ・対策本部の設営指示と実務 ・対策本部の設営実務（資機材の調達・管理、通信回線の確保等） ・対策本部の庶務、経理、補給 ・会議の運営、議事の記録、文書の管理、作成 ・各チーム及び各部署からの情報の集約整理、情報管理 ・各チームへの情報伝達、指示伝達 ・他チーム業務への事務的または庶務的支援 ・被災情報収集、周辺建物の被害、交通機関、ライフライン等の情報収集 ・役職員・家族の安否情報収集

	・収集した情報の記録、整理 ・顧客、株主への被災状況説明 ・対策本部全活動の記録作成 ・その他対策本部長が命ずる事項
震災応急現地 対応チーム	【責任者】営業部長 【代行者】営業課長 ・被災地拠点の応急対応業務 ・応急対応業務の進捗状況および問題点の対策本部長への報告 ・その他対策本部長が命ずる事項 ・応援要員の調整その他営業再開に必要な事項 ・お客様からの問い合わせ等への対応 ・営業の再開に向けた各種視点と営業面から意見具申 ・対応要領整備と対応統括
システム障害 対応チーム	【責任者】情報システム担当 ・社内LANシステム・社内イントラなどの復旧 ・経理・給与システム、就業システムなどのバックアップと復旧 ・ホームページアップ体制の復旧 ・その他対策本部長が命ずる事項
本社復旧 チーム	【責任者】経理部長 【代行者】経理課長 ・本社被害発生状況調査 ・復旧計画の作成・実行 ・復旧進捗状況および問題点の確認とフォローアップ ・本社社屋内の瓦礫や資機材等の撤去・修理・安全確保
社内対応 チーム	【責任者】人事部長 【代行者】人事課長 ・帰宅役職員、残留役職員への対応 ・被災役職員に対する支援 ・帰宅困難者対策 ・必要に応じて被災地に応援職員の派遣 ・家族からの問い合わせに対する対応
行政対応 チーム	【責任者】法務部長 【代行者】法務課長 ・消防ほか、行政からの問い合わせへの対応 ・行政への被害状況の報告・連絡、罹災証明の取得 ・関係行政機関の上層部への報告連絡
報道対応 チーム	【責任者】広報部長 【代行者】広報課長 ・広報対応方針に基づく広報文書・コメント・想定問答集作成

	・個別取材対応（スポークスマンに一本化） ・マスコミ動向や被災地域状況に関する情報の収集、分析 ・必要に応じ記者会見の開催 ・ホームページへの適時情報の掲載
法務 チーム	【責任者】法務部長 【代行者】法務課長 ・他チームに対する法務的側面からの支援 ・弁護士相談、訴訟対応 ・その他対策本部長が命ずる事項

（2）災害対応マネジメントの実際

　それでは、ここからは、実際に災害対応の現場では、どのようなマネジメントがされているか、災害時の対応にあたった人たちによる手記等から、災害対応マネジメントの実際について、整理しておきましょう。

①阪神・淡路大震災で災害対応にあたった海上自衛隊指揮官の手記

　（仲摩徹彌著『危機突破リーダー』（草思社刊、2013年）からの引用・要約〈斜字体部分〉）

●*危機対応の特徴：非常時は、必ず情報が錯綜し、状況を把握するまでに時間がかかる。指揮官が全てを知ってから判断しようと思っていると、対応が遅れて、その間に被害がどんどん広がってしまう。*

　事態が深刻であればあるほど、現地から「情報」が入ってきません。しかし、情報がくるまで待とうとすると、その間に現場ではより深刻な事態に陥ってしまいます。

　そもそも過酷な状況下では、連絡（通信）手段が絶たれていたり、負傷等により連絡できる状態ではないことが多いのです。BCMを行う上では、「危機対応の特徴」を知っておくことが重要です。

●*できることは早くやる：「兵は拙速を尊ぶ」とは、非常時では少しぐらい雑でもいいから早く収めてしまったほうが、結果的に時間をかけて上手くやろうとするよりも被害が少なくて済むことが多々あるという意味。*

　早期に着手して事態の鎮静化に向けた手立てを繰り返していかないと、事態はどんどん悪化します。小さな火事も、小さいうちに食い止め

なければ、建物全体の火が回り、危険な状態に陥るのと同様です。迅速に対応し、できることを着実に行う必要があります。迅速性と着実性は、危機対応の重要な要素です。

●リーダーの緊急事態時の役割＝決断：平時は法律や規則で縛られているから、考える余地は無く、決められたことをやっていればたいていの日常業務は進む。平時のリーダーは、決められたことを決められた通りにやれているかを監視していればよい。決断は何か想定外のことが起こったり、うまくいっていないときにするもの。したがって、非常時にしっかりと決断できるかどうか、これこそが、リーダーの仕事。

　危機事態になれば、トップだけではなく、少なくとも各現場のリーダーの役割は極めて重要です。

　前例がほとんどないから「危機」事態なのであり、重要なのは、腹をくくって、王道の対応を行えるかどうかです。

●使命感とそれを実現するための決断・権限委譲：私は、陸上自衛隊のことは良くわからないから、部下の副隊長を連絡士官として、救援で来ていた陸上自衛隊司令部に行かせた。そこで、海上自衛隊がやるべきだと思ったことは全てやっていい、それでもし何かがあったら私が責任を取る、だから何でもやれると思ったことは「YES」と答えて、自分の判断で救援活動を陸上自衛隊と協力して実施するように指示した。震災当初は本当に現場の司がそれぞれ「今自分がやるべきこと」を判断しながら対応しているような状態だった。

　現場指揮官の役割は、まさに「司」として、組織のミッションを踏まえた判断が行えるかどうかにあります。「今、自分がやるべきことは何か」を意識して、考えて、行動する習慣をつけてください。

●人命最優先：災害派遣出動などの救命活動では、助けに行っても、天候・地形・飛行機の性能などの制約から助けられないこともある。だから私は部下にいつも、「自然には絶対逆らうな」と言ってきた。自然条件によっては、どうにでもできない状況の方が多く、そこで無理をすれば、助けに行った方が命を落とすことになりかねない。

　助けに行った人が災害に巻き込まれて亡くなってしまうことが、往々にして起きてしまいます。要救助者を救おうと、救助者は無理をしがちですが、無理をしてしまうと、救助者まで命を落としかねないことに注意が必要です。

●現場への権限委譲とサポート：非常時には現場のスタッフに任せるのが一番。全て現場に丸投げすればいいわけではなく、現場に任せるべきことと、現場ではできないことがあるから、いろいろ情報が上がってくる中で、現場のために何を補完すればいいのかを考えていくのがリーダーの仕事。部隊の特性・装備に応じて、その部隊の指揮官が決定すべきものは何か、それぞれの権限の中で考えるべき。

　ここには、危機対応は現場対応に任せつつ、丸投げではなくリーダーがサポートしていくという対応要領がはっきりと書かれています。現場の自律的なチームとサポートする対策本部の構図は理解しておいてください。

●非常時のジレンマと平素からの信頼関係の構築：非常時はいくら想定しても、法律や規則で定められていないことばかり。定められていないことについては、一応、上の人に報告してから動くのが原則。しかし、実際には、いちいち報告している暇はないし、現場としては報告している間も事態は変化するので、その対応に追われる。上層部では何か助けてやりたいけど、現場の状況が何も見えず、何をしていいのか分からない。結局、三すくみの状態になってしまう。非常時ではこのようなジレンマが必ず起こる。そうならないために、普段からある程度の権限を現場の人間に与えておく必要がある。何より、部下との信頼関係が非常時には重要になる。

　「三すくみの状態とは」、本部としては、「現場は何をしているんだ」と現場から報告がないことへの不満を漏らし、現場は「本部は今ごろ何を言っているんだ」、「本部は何を言っているんだ。現場の状況が全然わかっていない」ということです。

　最終的には、現場への権限移譲、信頼できる現場の人材を育成してお

くことが重要です。

●日ごろからの危機管理（事態想定とその対策）の重要性：危機に対する
認識次第で結果は大きく変わる。準備不足などは明らかに、危機に対す
る認識が甘すぎる。

　　この記述も人間の心理を突いています。リスクセンスを養い、想定の
幅を広げ、できる準備をすることが重要なのです。

　　危機管理で重要なのは、「予測・予防・対応」です。対応を成功させ
るためにも、予測に基づく予防ができていないと、うまくいかないわけ
です。

●マニュアルはあくまで指針：危機というのは大概初めてのこと。初めて
であり、処理する時間もない。それでも直ぐに何かをやらなければいけ
ない。これを危機という。時間的に余裕があってゆっくり考え、マニュ
アル通りにやれば収まるのであれば、それは危機ではない。本当の危機
では、ほとんど「お手上げ状態」になる。マニュアル通りにやって人が
死ぬより、マニュアルには書いていないけど命を救った方が良いに決
まっている。

　　この記述も非常に重要な示唆を含んでいます。「時間的に余裕があっ
てゆっくり考え、マニュアル通りにやれば収まるのであれば、それは危
機ではない。本当の危機では、ほとんど『お手上げ状態』になる」とい
うことは忘れないでください。

　　BCPも例外ではありません。事前にすべてを想定し、段取りするの
は不可能です。マニュアルは指針、参考情報として、柔軟に対応してい
く必要性があるからこそ、演習を通じた応用力の強化、人材育成が重要
なのです。

②東日本大震災の際に、医療現場で対応にあたった医師の教訓
　（小松秀樹「病院の災害対応－病院ごとの事前マニュアル作成のすすめ」
　「復興と希望の経済学～東日本大震災が問いかけるもの」（日本評論社、
　2011年）からの引用・要約〈斜字体部分〉）

●法令より常識と想像力　臨時組織より既存組織　完璧は危うい

・緊急対応の決めごとは単純に。法令より常識と想像力をよりどころにする。

・既存組織を優先。臨時組織にできるのは、簡素な機械的対応と心得る。

・完璧を期すと、意味のない連絡や作業が増え、結果を悪くする。

・詳細情報は時間と労力を奪う。詳細情報そのものが、迅速な行動の阻害要因になる。

・緊急時には、やりとりに食い違いが生じるものだと覚悟しておく

　「緊急対応の決め事は単純に」も非常に重要な視点です。これは２つの意味があります。１つ目は、シンプルな決めごと以外は臨機応変に対応すべきこと、２つ目は、決め事以外は各現場に権限移譲されることです。BCPの整備でもそうですが、細かいことまで決めようとするとかえって動きがとれなくなる場合がありますので、原理原則を定め、臨機応援に柔軟に対応することの重要性をあらためて確認してください。

　「完璧を期すと、意味のない連絡や作業が増え、結果を悪くする」、「詳細情報は時間と労力を奪う。詳細情報そのものが、迅速な行動の阻害要因になる」という示唆も非常に重要な内容です。特に被害状況がわからないときは、どうしても詳細報告を求めがちです。

　しかし、報告のための報告は時間を消耗しますし、報告の間に状況も変わります。だからこそ、「詳細情報は迅速な行動の阻害要因になる」のです。

●指揮官

・集まれる幹部で当面の指揮官を決定し、適切な場所に災害本部を立ち上げる。

・指揮官は、災害本部の設置を院内に周知する。

・指揮官の任務は、全体像を把握し、組織としての行動をきめること。

・指揮官は、手に入る情報でとりあえず状況を判断する。必要に応じて適宜修正する。

・指揮官の横には、参謀、観察者、情報係、装備係、遊撃などを適宜置

く。

　この項目で重要なのは、まず１つ目は「集まれる幹部で当面の指揮官を決定する」ということです。災害発生直後に、社長（対策本部長）が必ず社内にいるとも限りません。その時は、集まれるメンバーで集まり、とりあえず、対策本部を立ち上げることが重要です。

　そしてもう１つ重要なのは、「指揮官は、手に入る情報でとりあえず状況を判断する」という部分で、この辺りは、前記の海上自衛隊指揮官の手記と共通性があります。

　上司を見極める部分は真似しにくいと思いますが、「自分の生命が危ういと感じたら逃げる」については、前記の海上自衛隊指揮官の手記と共通性があります。危機対応の１つのノウハウといえるでしょう。

✓ 災害本部からの放送と指示

　・状況判断と大方針を院内に伝える。

　・NHK第１放送を院内放送で流し続ける。

　・簡潔な指示を適切な部署に伝える。細かい対応は現場の裁量に任せる。

　テレビの視聴が可能なのであれば、NHKの放送を流し続けるのは、非常に有用です。災害時の災害そのものや社会の被害確認は、テレビで行うことが効果的です。

　ワンセグ放送がみられる携帯電話であれば、TVの電波が拾えれば、TVでの情報収集も可能です（ただし、携帯電話の充電は結構消耗します）。ワンセグ放送のみられる携帯電話による情報収集も視野に入れてください。

③対策本部でも留意すべき情報マネジメント

　BCMやクライシス対応を進めていく上で更に留意しておくべきなのは、対策本部に集まってきた情報の見極めです。すでに、混迷かつ不確実性の高い状況下で本部に集まってきた情報は、すべてが正確ではありませんし、断片的な兆候に関する情報であったりします。

　対策本部において判断を下す上で、一番難しいのも、どの情報に基づき、どのような判断を下すかという情報マネジメント、そして状況判断

なのです。

　災害時に情報マネジメントや状況判断を難しくさせるのは、「情報そのものが圧倒的に足りず、全体像が把握しにくい」、しかも「情報そのものが不確実性が高い」からです。

　情報マネジメントについても、過去の災害対応の経験者からの示唆を紹介しておきます。

● 災害医療に携わる医師からの示唆
（リスク対策. Com　vol39　巻頭Interview「互いが信じあえる危機対応システムの構築」～災害現場からの提言～　秋冨慎司氏からの引用・要約〈斜字体部分〉）

➢ *「情報を制するものは災害を制する」と言われていますが、発災当初は８割以上の情報が誤報です。けれども、その中に本当に対応しなくてはいけないものが隠されています。そして、情報がないことが重要な情報だったりもするのです。日本では、正しい情報が常に入ってくることを前提に災害対応を考えますが、実は「情報マネジメント」の必要性を理解していない。*

　日本では、正しい情報が常に入ってくることを前提に災害対応を考えますが、発災当初は８割以上の情報が誤報という指摘は非常に重要な示唆です。まさに、日本の企業のBCPはなぜかうまく情報が集まる前提、電気が使える前提、対策本部メンバーが生き残り本部にいる前提で組み立てられることが多いといえますが、実際はそんなことは多くありませんので、いざという対応の場面でつまずいてしまうのです。情報にしても、日ごろの経営では、スピードを重視して現場に権限移譲をしている一方で、災害時は対策本部が主導になります。組織の重みが違うため、情報は入りにくいですし、現場はどうしても、木を見て、森を見ずになってしまいます。

➢ *災害対応では、活動の目的を決めたとき、それを行うために、どのような情報が必要になるのか、情報を収集する前に具体的な項目を決め*

ておき、それに基づき、情報を収集します。しかし、多くは誤報だっ
たり、同じ内容が別々のところから入ってきたりする。そこで重要に
なるのが情報の集約化と分析です。

　僕はこれを情報のトリアージと呼んでいますが、信頼度が低くても
人命にかかわるような重要なことに対しては対応度をあげないといけ
ない。逆に、信頼度が高くても優先度が低ければ後回しにしなくては
いけない。〜（中略）最も状況を把握している現地からの声を優先的
に聞き入れるべき。

「情報のトリアージ」という言葉が出てきました。このトリアージと
いう言葉は、災害医療で使われる言葉で、限られた医療資源（医師・看
護師、使える医療器材・資材、薬）で、できるだけ多くの人命を救うこ
とを目的とした発想です。

　横須賀市医師会（ホームページ　https://www.yokosukashi-med.
or.jp/disaster/2-3）によると、「トリアージの意義」として、「災害時
等において、現存する限られた医療資源（医療スタッフ、医薬品等）を
最大限に活用して、救助可能な傷病者を確実に救い、可能な限り多数の
傷病者の治療を行うためには、傷病者の傷病の緊急性や重症度に応じ
て、治療の優先順位を決定し、この優先順位に従って患者搬送、病院選
定、治療の実施を行うことが大切である。

　多数の傷病者が一度に発生する特殊な状況下において、現存する限ら
れた医療資源の中で、まず助かる可能性のある傷病者を救命し、社会復
帰へと結びつけることに、トリアージの意義がある。トリアージとは、
負傷者を重症度、緊急度などによって分類し、治療や搬送の優先順位を
決めることであ（る)」と解説されています。

　優先順位を明確にして、必要なところに必要な人材と物資を投入する
災害対応マネジメントです。

　このトリアージの考え方は実は、BCPの中にも組み込まれています。
それは重要業務の絞込みの考え方です。ただ、すでに説明したように、
重要業務の絞込みは事前のプロセスで行われますが、トリアージは災害

発生後に行われる違いはあります。

　災害発生後に対応すべきことはたくさんあります。発災当日や翌日は被害状況の把握、情報収集、救助活動が中心になりますが、被災後に、一度情報を集約・整理の上で、状況を踏まえて、対処すべき優先順位、優先業務、優先対応事項を、トリアージの考え方を参考にして分類・明示し、それを踏まえて社員が一丸となって対応していくことで、やるべきことを組織全体でやりながら、段階的に事業継続に結びつけていくことが可能となります。

　防災対策とBCPの共通点は、いずれも「命」を守るための取組みです。トリアージも命を守るための方法論です。したがって、トリアージの考え方はBCPにも通用する素地があっても当然なのです。

●岩手県災害対策本部に関わった元自衛官の示唆
（リスク対策．Com　vol39　「『次の巨大災害に教訓を生かせ』〜岩手県災害対策本部の闘い〜」越野修三氏、小山雄士氏の発言からの引用・要約〈斜字体部分〉）

➢ *「あのような大災害の突発事案というのは、最初から情報が入るはずがないのです。」*

➢ *「災害対応は、マニュアルに書かれていることなど、ある前提条件の中だけで考えると、必ず行き詰まります。市町村が機能していない中で、自分たちがどう行動すべきか難題に直面する中で、いかに臨機応変に動くことが大切か我々は学びました。」*

　「大災害の突発事案では最初から情報が入らない」ことは、特に大規模災害、大地震のとは、良くあることです。

　しかし、日本のBCPや災害対応マニュアルは、なぜか災害直後も通常通り情報が入ってくる前提になっています。現実の姿を無視した対策論は意味がありません。災害後は、特に現場では生命の危機にさらされる場合もあり、情報を上げる余裕もありません。その意味では、空振りでも良いので、最悪の状況になっている想定でやるべきことを決めてい

くことが重要なのです。情報がないと動けないでは、どんどん手遅れになる可能性が高まります。

（3）クライシス対応・事業復旧（継続）マネジメントで行うこと

対策本部の内容や災害対応マネジメントについて解説してきましたが、ここからは、この第3フェーズの「クライシス対応・事業復旧（継続）マネジメント」でやるべきことは何か、について整理していきましょう。

この第3フェーズで行うことは、大きく3つあります。1つ目は、「初動対応」です。2つ目は、「対応準備BCM」です。3つ目は、「BCM」です。

対応準備BCMは、事業継続に向けた種々の準備です。事前に計画したはずのBCPがありますが、災害の状況を踏まえて修正が必要な場合もありますし、状況によっては業務の優先順位を変えなければいけない可能性もあります。また、自社で活用できる資源（マンパワーも含めて）の状況により、対応の仕方も変わります。したがって、いきなりBCMに入る前に、その準備をして足元を固めておく必要があるため、必要になるプロセスです。最後は、「BCM」です。

それでは、それぞれ検討・実施すべき項目を当社ガイドラインから紹介した上で、そのポイントを解説していきます。

①初動対応

```
初動対応

①被害等の状況把握・情報収集
→被災地と非被災地の役割分担・情報精査・見極め
②自社の被災状況把握・分析
→安全確保・施設等の診断(検査)・チェックリスト活用
③安全確保・安否確認
→受傷防止・安全確保(避難)・天候変化対応・備蓄物資提供
④被害拡大防止措置・現場対応
→消火作業・機械類停止・立入禁止区域設定等
```

⑤対応体制・応援体制整備

→対策本部・後方支援本部・メンバー選定・ルール整備

⑥全社的な情報収集・集約

→情報の整理と一元化・情報共有・進捗確認と情報更新

⑦情報伝達・共有インフラ整備

→共有伝達手段の確保・運用体制・ルールの確立

⑧現場での今後の対応を見越した支援

→応援要員派遣・物資送付・メンタルケア

　初動対応では、この8項目のアクションが重要です。内容的には先に紹介した「対策本部で実施すべき10項目」と内容的にはほぼ同様です。

　いくつか補足説明をすると、「②自社の被災状況把握・分析」については、例示の中で、施設等の診断（検査）・チェックリストの活用を記載しておきましたが、危険箇所や事業活動に不可欠な機材等があるのであれば、どこをどのようにチェックするのかあらかじめ明確にしておくことです。

　日々の点検を行っている企業は基本的なチェックリスト、マニュアル的なものはあると思いますので、それを活用してください。ただ、地震等の災害時は、配管関係についてもしっかりとチェックする必要があり、外形的なチェック＋αの安全確認が求められてきます。したがって、重要な機器類がある場合は、単に業者の連絡先を準備しておくというだけではなく、避難訓練や安全点検等の際に業者に来てもらい、実際の異常時にどのような状況になるのかを含めて、解説してもらい、異常な状態がどのような状態で、その異常はどの程度深刻なのかを把握し、最低限のチェック、対応は、自社でもできるように準備しておくことも、BCPの観点からは非常に重要です。

②対応準備BCM

●危機対応の標準的な流れ

　対応準備BCMに入る前に、危機対応の基本的な流れについて解説します。

　危機対応を行う際には、一定の流れがあり、その流れは、クライシス

対応準備BCM

1．対応力分析
①自社での対応力分析(施設面)
→活用可能資源の抽出と復旧見通し算段・戦略策定
②自社での対応力分析（人員面）
→稼動可能要因の算出・スキル専門性検証等
③取引先・提携先の状況
→被災状況・サプライチェーンへの影響算段・戦略検討
④自社対応に係る課題抽出
→自社対応の場合の復旧見通し・期間短縮方策検討
⑤代替実施体制(受入れ)の検討
→代替の体制で実施する場合のオペレーション整備
⑥自社対応の場合の復旧見通し
→事業回復の見込みの検討・回復目処算段・広報
⑦外注も含めた継続手段検討
→外注先の状況確認・外注先の選定・継続戦略策定
⑧従業員やその自宅等の被害・被災状況確認
→従業員ケアによる早期戦力回復指向
2．対応戦略・計画策定(修正)
①被災状況を踏まえた事業継続戦略・体制の検討
→対応可能な方策の検討・協議
②事業継続上の課題への対応
→対応可能な方策を実行に移すための課題抽出・整理
③対応計画の策定・修正
→上記を踏まえ、当初のBCPを修正・対応戦略策定
④事業継続に向けた環境整備
→修正BCPや対応戦略を実現するための組織体制整備
⑤外注対応の場合の環境整備
→外注利用の場合の社内体制整備・品質成果確認体制
⑥資金的手当て・算段・予算計上
→事業継続に向けた資金の確保・保険等の活用
⑦被災従業員・関係先への対応・支援策検討
→実働部隊の早期回復のための手当て
⑧情報システム等の早期復旧対応・対策
→情報伝達・共有の基盤の早期回復
⑨取引先等への支援・応援
→サプライチェーン等の重要な取引先への支援
⑩近隣や地域社会への貢献に関する検討
→社会的責任としての社会貢献も一手段

図表 3-24　ISO22301 と ISO22320 の関係性

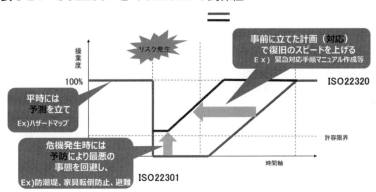

（出典：㈱エス・ピー・ネットワーク）

マネジメントにおいても、BCPにおいても基本的に当てはまります。

　BCPに関しては、ISO22301という国際規格（ISO）がありますが、実は、危機対応・緊急事態対応に関してもISO22320「社会セキュリティ－緊急事態管理－危機対応に関する要求事項」という国際規格があります。

　ISO22301とISO22320との関係は図表3-24のとおりです。危機対応の計画自体はBCPの中に盛り込まれますが、実際の危機対応の局面ではISO22320の考え方が採用されます。

　本書では、ISOの解説はしませんが、このISO22320の考え方は、実際の危機対応の流れ等を理解する上で、参考になりますので、簡単に紹介しておきたいと思います。

　JIS Q 22320（ISO22320はJIS規格化され、JIS Q 22320として制定されている）では、「4.2.5　指揮・統制プロセス」として、「観察」「情報の収集、処理及び共有」「予測を含めた状況の評価」「計画策定」「意思決定及び決定事項の伝達」「決定事項の実施」等の要素を挙げています。直接的な引用ができませんの、その内容も含めて、危機対応全般に関する対応プロセスを筆者にて整理したのが、図表3-25です。

　まずは、事態の把握と情報収集を行い、事態全般のリスク評価をしま

図表 3-25　JIS Q 22320 の指揮・統制に関する事項も含む危機対応の大きな流れ

```
事態の把握⇒情報収集・共有
⇒状況（リスク）の評価

危機計画策定⇒（対応策の）意思決定
⇒決定事項の伝達

決定事項（危機対応策）の実施
⇒効果測定⇒統制策の修正・変更・推進
```

（出典：㈱エス・ピー・ネットワーク）

す。これにより優先順位も決めることができます。そして、事態全般のリスク評価に基づき、優先順位づけを行い、事態の収束に向けた危機管理対応計画を策定し、実施に向けた意思決定→対応方針・計画等の伝達→実行と移っていき、実際の危機対応に着手します。その後、危機対応の結果を踏まえて、効果測定を行い、問題なければそのまま危機対応策を実行・継続し、効果がない場合や当初と状況が変わっている場合は、対応策を修正し、あらためて伝達、実行に移していくという流れになります。

●対応準備BCM実施における留意点

　それでは、危機対応の流れを踏まえて、対応準備BCM実施における留意点を説明していきます。

　まずやらなければならないのは、「（被害）状況の把握」です。それが当社ガイドラインの「１．対応力分析」の内容です。被害状況はもちろん、自社の活用可能な資源や、稼働可能なスタッフ、連携を見据えた場合の取引先の状況、社会機能の状況・復旧見通しなどについて、情報収集の上で、現状を明確化して、どのような対応をするかの検討をしていく、という流れになります。

　そして、「２．対応戦略・計画策定（修正）」のプロセスでは、把握した「現状」を踏まえて、どのような形でどの事業を継続していくかを

あらためて検討し、事前に策定していたBCPを適宜、修正・補足していきます。それが、「①被災状況を踏まえた事業継続戦略・体制の検討」「②事業継続上の課題への対応」「③対応計画の策定・修正」の項目です。

その後は、④以降の事項を順次検討・準備していくことになります。従業員や取引先、地域社会等のステークホルダーへの対応を視野に入れながら、やるべきこと、できること、そのやり方を検討していきます。

この各検討項目の中では、中小企業のBCPでは特に重要な「⑥資金的手当て・算段・予算計上」について掘り下げておきたいと思います。

どのくらい事業停止に耐えられるかを検討する上では、財務的余裕が最も重要な要素になってきます。当たり前のことですが、運転資金がなければ会社経営ができませんので、最優先に近い対処事項になってきます。資金的手当てについて、検討・対処すべき事項を当社のガイドラインから紹介すると、下記のとおりとなります。

資金的手当てに関する検討・対処事項

1．事業継続上重要な資金調達策の検討

①現預貯金の状況の確認と確保

→有事対応は現預貯金が重要。現預貯金がなければ動けない

②追加の資金調達策の検討

→メインバンクとの協議・調整、特約等の締結

③対応に伴う一時金等の確保

→保険商品の選定、保険会社等との協議、契約等締結

④即時売却等可能な金融資産等の確保

→短期に現金化可能な資産の確認・確保

⑤対応・復旧等に伴う費用（予算）の確保

→一定枠での予算化による手当て

⑥政府による各種税制等の優遇措置の利用

→罹災時の緊急施策の活用、税理士確保

---

⑦資金調達権限の正当化と権限委譲

→社内での共有・コンセンサス確保、権限委譲

⑧各拠点等の環境整備

→ルール化、担当者選任、小口現金準備、現金輸送方法検討

⑨従業員の生活支援 1

→事業資金以外の生活支援資金捻出方法検討、各種情報収集

⑩従業員の生活支援 2
→住宅ローン他被災時の生活資金関連の情報提供・周知

　資金繰りについては、経営者は日ごろから検討されていると思いますが、可及的速やかに、「②追加の資金調達策の検討」「③対応に伴う一時金等の確保」「④即時売却等可能な金融資産等の確保」等の対応を行い、運転資金の確保に努めます。

　もちろん、「⑥政府による各種税制等の優遇措置の利用」も重要です。被災した自治体や業界団体、商工会議所等とのコンタクトを可能な限り密に行い、融資や税制優遇等に関する情報を集めて、まずは可能な範囲で利用していくことも重要な対策となります。

　なお、大企業の場合はCATボンドなどの仕組みを利用したリスクファイナンスの対策もとられている企業もありますが、中堅・中小企業においては地震保険への加入率もまだまだ高くはありません。

　震災等の発生後は、被災地では、すぐに事業再開も難しいことから、中小企業においても、可能な限り、各種の保険等の活用も含めたリスクファイナンスの対策（経済産業省発出の「Ⅰ　リスクファイナンスの発展に向けて」等　https://www.meti.go.jp/report/downloadfiles/g60630a02j.pdf　を参照願いたい）を検討されることをお勧めします。一度、保険会社等に相談してみるのも一手です。

③BCM

　それでは、いよいよ最後のプロセスである「BCM」について解説します。ここで実施すべきことは、「クライシス対応」と「事業復旧対応」

になります。この「クライシス対応」と「事業復旧対応」については、実際に災害で受けた被害の状況により、同時並行で進む場合もあれば、別々に行っていかなければいけない場合もあります。

　企業としては、この「クライシス対応」や「事業復旧対応」のプロセスを経て、通常モード(定常状態)への復旧(事業回復)や新規事業の立ち上げ・業態変更等による事業継続を図っていくことになります。もちろん、通常モードに戻したとしても、自然災害での被災の教訓が必ず込められたビジネスプロセスの復旧になるのが普通ですので、災害発生前の状態からみれば、リスク対策が強化され、発展した形になっていることはいうまでもありません。

●クライシス対応

　「クライシス対応」として、実施していく項目は、p.240のとおりです。

　内容的にはこれまでにも断片的に解説してきましたし、例示も入れていますので、どのようなことをするかイメージはつくのではないでしょうか。特にクライシス対応の局面においては、何をしたら良いのだろう、抜け漏れはないか等不安になるケースが少なくありませんので、チェックリスト的に活用して、段階的に、あるいは必要に応じて対応してください。

　さて、ここでは「⑥重要ステークホルダー対応」と、「⑩従業員対応・健康管理・重傷者対応」について補足しておきたいと思います。この内容は、この後説明する「事業復旧対応」でも同様の視点・対応が必要になってきますが、ここでまとめて説明します。

　まず、「⑥重要ステークホルダー対応」で重要なのは、「支払停止回避」です。自然災害後は、停電等が発生し、通常の経理・支払い手続きが行えないリスクがありますが、企業としては、支払い停止の事態を回避すべく最善の努力をすべきであり、「経理・支払い業務」は、BCPにおける欠かすことのできない「重要業務」であることに間違いありません。

　支払い停止の事態を回避するために、検討・準備すべき事項や災害後に対処すべき事項について整理すると、p.242のとおりです。

1．クライシス対応　※順不同

①対応要因の確保

→稼動可能なスタッフ・応援要員・外注先等の集約・受入れ

②対応組織の編成・明確化

→スタッフの役割分担・指揮命令系統・チーム分け

③対応手順・基準の明確化

→対応手順や基準・運営要領等の統一・標準化・共有

④対応状況の記録・共有に関するルール化

→組織的連携のための情報共有体制整備

⑤対応内容・状況の記録・共有

→情報担当者編成・対応時の記録・共有の徹底

⑥重要ステークホルダー対応

→リリース・広報等を通じた状況の伝達・協力依頼、支払停止回避

⑦ユーザー(消費者)対応

→苦情・問い合わせ対応・キャンセル対応増加・情報開示

⑧後片付け・整理・整頓・修理

→事業基盤や現場の機能回復に向けた対応

⑨対応状況等の開示・課題明示

→対応・進捗状況の確認と社内外関係者への共有

⑩従業員対応・健康管理・重傷者対応

→心肺蘇生措置・休息ルール化・感染予防策、給与支払

⑪状況変化等の確認・把握

→被害拡大等の有無確認・計画進捗：現場状況確認

⑫対応方針・戦略・計画の修正

→状況推移や自社従業員等の状況に応じた軌道修正

⑬対外的な情報開示・リリース

→計画・進捗・見通等の対外的公表・広報体制整備

⑭追加対応措置の検討・実施

→状況に応じた追加施策の実施検討・環境整備・実施

⑮追加対応や状況変化に応じた対応資金・財源の確保

→臨時支出対応・各種手当

⑯対応の進捗管理・関係者への開示・共有

→進捗・現場状況・課題等の整理・集約

⑰自治体その他の関係機関との連携

→自治体・業界団体その他社会的連携関係強化

　支払い停止を回避するためには被災地以外の別拠点で対応するという方策がとれるのであれば、そのための準備をしておくことが最も合理的です。しかし、中小企業では、そもそも他拠点はない、他拠点はあっても、経理・支払い業務は無理という企業が多いと思います。

　そこでとりうる手段は、アナログ方式での対応ということになります。実際の業務面でも、社員が手作業で伝票処理をし、社員が銀行に行ってということも少なくないはずですので、それを災害後も続けていくことが重要です。支払いのための伝票が散乱したり、なくなったりしないように、日々、ファイリングして、台帳とともに管理し、台帳は念のためコピーをとり、何箇所かに分けて保管しておくことも検討しておくべきです。

　支払い記録をデータ管理しているところは、データの維持・確保・復旧が重要です。ただ、データの復旧には時間もかかりますし、電気が使えない中では、復旧もままなりません。

　なお、支払い額の記録については、毎月定額で払うものと、毎月変動するものに分けておくと便利です。定額であれば、担当者はだいたい金額等を把握しているはずですし、前月・前々月のデータを活用して、そのまま処理をすることができます。金額が違っても、定額＋従量であれば、定額分のみをいったん支払いをして、従量分はいったん待ってもらうことも取引先との関係性いかんでは可能でしょう。日ごろからその辺りの協議をしておくと良いでしょう。変動のものは記録を残しておくしかありません。その辺りの日ごろの整理、仕分けを行っておくと便利です。

　これに関連して、「クライシス対応として実施・検討すべき項目」の「⑩従業員対応・健康管理・重傷者対応」についても触れておきます。従業員対応に関して最重要なのは、給与の支払いです。被災後は、さまざまな不便を強いられますので、給与の支払いが欠かせません。東日本大震災の事例をみても、被災した地元の中小企業でも、社長自ら雇用の確保

支払い停止回避のために検討・準備・対処すべき事項

１．支払い停止等の回避

①被災地における支払い停止回避措置検討

→各拠点での経理ルール、状況の確認

②他拠点での代替可能性の検証

→被災地から非被災地への経理機能の移管可否検討

③他拠点での代替の環境整備１

→代替可能時ルール化、研修、権限付与・要員配置

④他拠点での代替の環境整備２

→金融機関等との調整、システム面改修・補強検討

⑤他拠点での代替不可の場合の対応策協議

→金融機関との協議、実施可能方策検討

⑥代替不可時の対応策の明確化

→ルール化、勉強会・研修、環境整備、契約等手当

⑦現地決済分の支払方法の確認等

→被災時の対応力・対応方法の確認・検討

⑧現地決済分の支払いの実施体制確保

→拠点等の従業員への周知、訓練、ルール化

⑨支払い関連データの確保１

→データ入力～バックアップの状況確認・ルール化

⑩支払い関連データの確保２

→未入力分のデータ等の存否確認、入力プロセス確認

⑪支払い関連データの確保３

→データバックアップ等の実施による補完

⑫システム面の補強

→経理システム停止回避、停止時の復旧・対応要領確認・整備

⑬システム停止時の対応要領整備１

→窓口対応等のシステム停止時の対応要領整備

⑭システム停止時の対応要領整備２

→システム停止時の対応要領の社内共有・周知

⑮システム停止・支払い遅延リスク発生時の速報体制整備

→確認ルール、連絡体制

を宣言し、社員に給与を手渡す等の対応をして、従業員の雇用不安を解消し、事業復旧に向けて結束を固めた事例もあります。

　従業員の給与の支払いについても、月額の給与は決まっていますので、まずは、残業代等は後から払うにしても、いったんは固定の月額給与を払うという対応をおすすめします。

●事業復旧対応

　次は事業復旧対応です。BCPでは、この事業復旧対応が何よりも重要です。事業復旧対応は、クライシス対応と共通の部分もありますが、ダメージコントロールだけではなく、事業の復旧に向けた活動を行っていくのが1つの特徴です。

　事業復旧対応で検討・実施すべき項目は、p.244のとおりです。

　事業復旧対応については、「⑤事業継続戦略の実行」が重要であることは間違いありません。どのように事業を継続するかをさまざまな要素を検討して決めていくことになります。

　例示では在庫戦略も載せてあります。在庫については、平時は無駄防止の観点からあまり持たないようにしている企業もあるかもしれません。しかし、災害後は、在庫があることでキャッシュ確保につながる場合もありますし、取引先への販売等で事業継続への時間を一時的に凌ぐこともできます。BCPの観点からは、在庫を持つことに一定の合理性もあるのです。

　東日本大震災の時も、倉庫の在庫の保管方法を変えていたため、地震の揺れでも在庫が倒壊せず、その在庫を生かして事業の継続を図った酒蔵の事例がありました。

　なお、在庫戦略をとる場合の留意点はp.246のとおりです。

　在庫戦略をとる場合、「在庫状況の確認」「流通方法の検討」「配送スタッフ、現場対応スタッフへの配慮」の3つに留意しなければなりません。

　まず、「1. 在庫状況の確認」については、「①余剰在庫の有無」や「②被災地における在庫の仕分け」はわかると思いますが、「③在庫以外の

2．事業復旧対応　※順不同
①事業復旧戦略の検討・協議
→方針・計画・工程・組織体制・役割分担等を考慮
②対応手順・基準の策定・明確化
→事業復旧継続戦略を具体化するための準備
③対応・応援体制の検討・整備
→事業復旧に向けた実働部隊の確保・実施体制整備
④応援要員の派遣・取引先等との連携
→応援協力体制の構築による事業継続策促進
⑤事業継続戦略の実行
→代替実施か現地復旧か事業縮小か一時的中止か在庫戦略か
⑥事業移管(代替実施)の場合の実施ルールの策定
→受入側との協議・調整・ルール化
⑦法的問題への対応
→契約・事業関連法規・監督官庁対応等、法的対応体制整備
⑧現場における進捗状況の記録・集約
→各チーム、各現場における対応状況一元化
⑨本部における進捗状況の整理・共有
→各現場・社会情勢・関係者等の情報の集約
⑩ユーザー(消費者)対応
→苦情・問い合わせ対応・キャンセル対応増加・情報開示
⑪追加対応措置の検討・実施
→応援要員増強・外注利用等状況に応じて追加策実行
⑫事業復旧に向けた資金・財源の検討・確保
→資金需要大・現金先払等への対応
⑬従業員対応・ケア
→被災従業員や稼働スタッフの心身のケア・生活支援も必要
⑭取引先支援・地域社会への貢献
→重要取引先へ応援要員・物資送付・資金援助等
⑮事業復旧継続方針・戦略・計画の修正・見直し
→進捗状況や社会情勢に応じ修正
⑯事業移管の場合の差戻判断
→代替先から本来の実施地の戻す時期・基準等の判断
⑰取引先等への復旧状況の報告
→監督官庁や重要関係先へ進捗・見通し報告、ホームページの活用
⑱事業の復旧状況・見通しの開示・公表
→ユーザーや利害関係者への情報開示
⑲事業計画・業績等の見直し・株主(総会)対応
→経営への影響判断・経営方針検討

代替品仕入れ、製造可否」「④代替品等の製造戦略の検討・確認」も考えられるところです。企業として、代替品であっても供給義務が果たせるのであれば、自社製品は無理でも、他社製品や社会的に必要な物品を確保・供給することも企業の供給責任を果たすことになります。

　あるいは、原料はあっても工場が被災して生産できない企業が、工場は稼働しているが原料がない企業があった場合に、双方が共同することで、社会的には製造等ができることになります。業界団体等が連携して、情報を交換することで、このような連携もできるようになります。

　在庫戦略を考える場合は、「２．流通方法の検討」も不可欠です。「③流通戦略の策定」の例示にあるプル型、プッシュ型について説明します。プル型は、「PULL」すなわち、「引く」という英語から来ていますので、被災地側から、支援側に依頼して引き寄せるものです。逆にプッシュ型は、「PUSH」、すなわち「押す」という英語から来ていますので、支援側から被災地側に「押し」出す（依頼がなくても送る）ものです。

　最初のうちは被災地の状況がわからず、通信障害で連絡もままなりませんので、プッシュ型支援が有効です。被災後しばらくした後は被災地も少し落ち着き物資の需要も定まってきます。通信機能も回復し連絡もとれるようになりますので、被災地側が必要に応じて依頼できるプル型が有効です。この辺りの取決めも、あらかじめ決めていくと良いでしょう。

　なお、このプル型とプッシュ型は、在庫だけではなく避難物資の送付の場合も同じ考え方ができますし、応援要員の派遣の場合にも当てはまります。当初はネコの手も借りたい状況ですし、被災地の社員は自身や家族・親族の怪我、安否確認、自宅の清掃・瓦礫除去等で必ずしも出社できるわけではないため、応援要員の派遣を受けられると非常に助かります。仕事がなくても、炊き出しや清掃のお手伝い等、やれることはたくさんあります。

　ただし、物資（在庫含む）の運搬や応援要員の派遣に際して注意しなければいけないのは、「３．配送スタッフ、現場対応スタッフへの配慮」

在庫戦略をとる場合の留意点

1．在庫状況の確認

①余剰在庫の有無

→在庫での耐用日数、各地への点在状況、補充状況（期間・個数）

②被災地における在庫の仕分け

→流通可否の判断、仕分所用期間、流通可能な数

③在庫以外の代替品仕入れ、製造可否

→契約先との調整、代替品仕入れルート確保

④代替品等の製造戦略の検討・確認

→代替品・変更品の製造可否・製造能力・期間

⑤仕入先・製造元等の状況確認

→仕入先・製造元の被災状況確認、原材料仕入可否

2．流通方法の検討

①流通方法の検討

→ルート、手段、対応に伴う費用・期間・課題の抽出・検討

②提携先・取引先等の稼動可否判断

→被災状況、対応可否、稼動に伴う課題の確認

③流通戦略の策定

→流通戦略（プル型・プッシュ型）、戦略の対応可否・戦術検討

④課題に対する手当て

→資金・人員・資機材・契約、特別チーム、業界連携等

3．配送スタッフ、現場対応スタッフへの配慮

①被災リスク

→余震や二次被害の発生等による配送・現場対応中の被災リスク

②種々の事態への対応不安

→地理に不慣れ、近隣の状況把握困難、停電等

③通常と異なるオペレーション等による限界

→長時間待機、大渋滞、疲労・過労

④現地調達の限界：物資やエネルギーの不足、現地での確保困難

⑤配送途中等での盗難・強奪等のリスク

→被災地は警察力も低下し、治安悪化

です。現地ではまだ二次被害が発生する可能性もありますし、過酷な環境での勤務が待っています。治安も一時的に悪化しています。物資を運んだり、現場対応スタッフを現地に送り込む際は、その辺りの事情に最大限留意しなければなりません。

「①被災リスク」の部分ですが、応援で行かせる場合や自社の社員で物資の運搬を行う場合は、

- できるだけ現地の地理に明るい人を行かせる（ただし必ずしも被災地が地元の人が良いとは限りません。生まれ故郷の変わり果てた姿や知人・友人の死などの情報に接して、かえって悪影響が出てしまう可能性もあるからです）
- 複数人で行かせる
- 無理な行程での移動等を命じない（渋滞等で時間が読めないので、焦るだけ。移動だけで 1 日〜 1 日半ぐらいをみるイメージ）
- 行動基準を明示する
- 受入れ側の世話役をきちんと決める
- 種々の判断ができる幹部ないしそれに準じる人を行かせる
- 小口の現金・テレホンカードを持たせる（電気が使えないと、電子マネーもカードも端末が使えないため、使えません）
- 食料・水や携帯用充電器（車の場合は、シガーソケットから充電できるタイプのものが望ましい）、トイレ、毛布など数日分の物資を持たせる（その後は、現地に物資を送ってあげる）
- 長期にわたる場合は、 2 週間を目途に交代させ、その後は 3 日間ぐらい休ませる
- 通信手段

等に配慮することが重要です。

重要なのは絶対に無理をさせないことです。大渋滞や種々のストレス、現地での復旧作業により疲労もストレスもかなり蓄積します。車で長距離移動をする場合がほとんどですので、移動中も運転する担当者は休めません。運転や各種作業を交代することで休むこともできますし、

さまざまな状況の中で相談・判断できることも本人たちの負担を軽減できます。（労務管理上（どこまでが勤務時間なのか等）の問題も生じてくる）

　同じことは、在庫や物資を運搬する配送会社のドライバーにも当てはまります。備蓄物資などは災害優先車両の扱いで優先的に運搬できる場合が多いですが、通常の物品や在庫の類は交通規制の中ではすぐには運搬できるとは限りませんので、渋滞等でかなり時間がかかることも含めて、少し時間の余裕を持っておく必要があります。

　「行動基準の明示」については、報告ルールも決めておくべきです。出発時、到着時、移動中は3時間を目途に1回ぐらいの頻度で、現在地、交通の状況、移動中の課題・問題点、次の予定などについて、メール等で報告をしてもらうことを明確にしておく必要があります。また、合わせて、天候不良時や被災地内および近隣で何らかの危険性がある場合にどうするかも決めておく（必ず、相談するという形でも良い）ことも重要です。

　さて、それではBCMに戻りましょう。

　まず、「事業復旧対応」（p.244）の「⑥事業移管(代替実施)の場合の実施ルールの策定」や「⑯事業移管の場合の差戻判断」については、本章冒頭で解説したとおり、自社の他拠点を使う場合や他社とさまざまな形で連携する場合（施設の間借り等も含む）は、業務移管が生じるため、移管に伴う種々の検討・取決めが必要であることをあらためて確認してください。

　次に、「⑩ユーザー(消費者)対応」や「⑰取引先等への復旧状況の報告」「⑱事業の復旧状況・見通しの開示・公表」については、ホームページや書面を使っての告知・情報開示が重要になることです。災害発生後は、どうしても自社の施設の復旧や事業の継続、従業員への対応、資金繰り等、自社の経営の方に目が行きがちです。しかし、お客様や取引先は、被災した関係先がどのような状況なのか、通常通りのサービスや業務の

　提供を受けられるのか、通常通りでないならどういう形になるのか、サービスや事業を停止するならいつから、いつまでなのか等に非常に関心がありますので、情報開示によって、その辺りの不安・関心に応えていくことが重要です。

　密接な取引先にはこのようにBCPの発動基準とBCPの概要を共有しておくことが効果的ですが、すべての取引先に行うのはマンパワーの問題であり、厳しいといえます。その時は、情報開示によって、状況や動きを伝えていく必要があります。

　情報開示についても、「発災直後」、その後は「1日1回」、「復旧・再開の見通しが立った場合は、それがわかった段階」の3つぐらいの発信のタイミングに関するルールを作り、確実に実行していくことをお勧めします。

（4）他社と連携して対応するBCPとする場合の留意点

　最後に、他社と連携して対応する事業継続戦略をBCPに盛り込む場合に、日ごろから準備・対処しておくべき事項を含めて、検討・対応が必要な事項について、紹介しておきます。

　全体の流れとして、「1．大前提」「2．相互の連携体制の確立」「3．連携訓練」は、災害発生前に「事業継続のためのリスクマネジメント」として、検討・協議・実施しておくべき項目です。「4．相互の被災状況等の確認」「5．連携のための環境整備」「6．連携後の対応、検討事項」が災害発生後に「BCM」としてして実施すべき項目です。「7．対応経緯の記録、教訓抽出・整理等」は、災害後しばらくしてから総括および次に生かすために実施すべき項目です。

　まずは、「1．大前提：トップ同士の意識が重要」についてです。これは相互の会社の設備や建物を借りて事業継続を図る戦略である以上、トップ同士の人間関係が非常に重要なポイントとなります。中小企業が本業での事業継続を図るのであれば、設備や業務フロー等がある程度共有する同業他社と

提携先との提携を目的とした対策

1．大前提：トップ同士の意識が重要
　　⇒面談を通じた課題や認識の共有・共感
2．相互の連携体制の確立
　①事業継続上の課題の抽出
　→継続戦略（自社対応か外注か）、それぞれの場合の課題
　②提携可能先候補の選定
　→特殊性、地理的要因、日ごろの関係性、関連性・共通性
　③提携・連携先企業の確定
　→事前申入れ・協議、相互での現場実査、現場での協議
　④提携・連携関係の確立
　→災害時協定等の契約（条件、資源配分、支援・協定内容）
　⑤相互理解の促進
　→役割分担等の協議、連携時のルール策定、連携訓練、相互理解
　⑥連携関係の明確化・書面化
　→条件・内容等の明確化・書面化、従業員への周知等
　⑦連携を実現するための環境整備
　→宿泊先や移動手段の選定・確保、備蓄物資確保
　⑧従業員が動けるための環境整備
　→災害時の行動基準明確化、家族の理解促進
　⑨取引先等の理解
　→主要取引先等へのBCP（連携体制）説明、流通ルート等調整
3．連携訓練
　①連携訓練の目的の確認・共有と連携内容説明
　→目的、条件、役割分担等の共有
　②メンバーの顔合わせとコミュニケーション
　→挨拶・自己紹介、人間関係構築
　③勉強会の実施
　→BCPの内容や災害対応時の課題等の関する認識共有、知識統一
　④連携訓練の実施 1
　→シナリオベースの実行・実践、判断・優先順位の訓練も包含
　⑤連携訓練の実施 2
　→共同作業、非常時オペレーションの経験、移動等も含む訓練

提携先との提携を目的とした対策（続き）

⑥連携訓練の実施 3

→施設特性や周辺の地理等の把握・共有、連絡・調整訓練

⑦連携訓練の振り返り

→訓練時の課題の抽出と検討・確認、書面化による共有

⑧連携訓練を踏まえた総括 1

→抽出された課題への対応策の協議・調整、環境整備

⑨連携訓練を踏まえた総括 2

→従業員間での周知・討論、ルール・マニュアル整備

⑩連携オペレーション整備

→ルール・用語の統一、コミュニケーション等の確認

⑪定期的な交流・訓練の実施

→定期的な情報共有、変化事項の確認・共有、交流

4．相互の被災状況等の確認

①従業員の安否確認の実施

→安否確認の実施、稼動可能・応援可能社員の確認

②自社および提携・連携先の被災状況の確認

→連携可否の判断・範囲、支援必要可否

③自社および連携先の活用可能資源の確認・精査

→共用資源・活用可能資源確認

④自社および連携先での協働可能性検討

→ニーズ把握、支援可能か、課題、ノウハウ

⑤連携のための役割分担

→自社および連携先での役割分担、内容明確化・共有・契約

⑥被災状況を踏まえた連携戦略の確認

→現状と課題の共有、連携戦略の協議・確認

⑦被災状況を踏まえた仕様等の変更

→上記協議等を踏まえたルール・使用等の確認

5．連携のための環境整備

①連携のための環境整備 1

→共通仕様等の検討、各種の資源配分・資金負担調整

②連携のための環境整備 2

→人員配分（連携先へ派遣・復旧チーム、近隣等対応他）

③連携のための環境整備 3

→住居・食材・衣類等の調達・配布、生活サポート

④連携のための環境整備 4

→健康状態確認・ケア、メンタルケア、派遣期間配慮等

⑤連携のための環境整備 5

→資産貸与、資源付与、資金サポート、手当て等の整備

6．連携後の対応、検討事項

①連携後の対応 1

→連携状況の把握、課題の抽出と対処すべき事項の明確化

②連携後の対応 2

→自社および連携先の復旧状況・環境変化把握、新たな課題の確認

③連携後の対応 3

→相互支援内容・役割分担等の見直しと資源・資金配分等の調整

④連携後の対応 4

→第二陣や人員復帰後の課題の調整、コミュニケーション促進

⑤連携後の対応 5

→従業員の健康状態・メンタル状況の把握、執務・生活環境改善

⑥連携後の対応 6：事業復旧・連携解消に向けた戦略策定・調整等

7．対応経緯の記録、教訓抽出・整理等

①連携後のトップ会談

→トップ会談による総括、認識の共有、今後の方針等の協議

②連携対応時の経緯等の記録

→状況・情報収集・整理（双方関係者の聞き取り等）

③連携対応時の経緯を踏まえた課題の明確化

→課題抽出・明確化、相互間での共有

④課題を踏まえた改善

→課題を踏まえた改善策の協議、改善策実現に向けた調整

⑤改善策の実施

→連携時のルールや仕様等の変更・修正、変更・修正内容の共有

⑥改善策を踏まえた勉強会・訓練の実施

→相互間の認識共通、訓練による内容確認

⑦改善内容や今後の方向性に関するトップへの報告・共有

→さらなる調整・協議等

の協定が最も合理的です。同業他社であるだけに、営業秘密やシェアの問題もあり、かえって利害だけでは協定が難しい場合もあることから、トップ同士の信頼関係や親交が決め手になるのです。業界団体の会合などを通じて、日ごろからの関係づくりに努めてください。生産設備等や特殊機材が特段必要ではない場合は、地元や近隣の同級生等の交友関係を頼る方法もあります。

　次にするのは、「2．相互の連携体制の確立」で、特に重要なのは、「⑤相互理解の促進」と「⑥連携関係の明確化・書面化」です。災害時の「相互」協定ですから、持ちつ持たれつになります。だからこそ、役割分担等の協議、連携時のルール策定、連携訓練、相互理解、条件・内容等の明確化・書面化、従業員への周知等が重要になるのです。これに関連して詰めておく必要のある事項が、その具体的内容にあたる、「⑦連携を実現するための環境整備」「⑧従業員が動けるための環境整備」の項目です。

　そして、実際に決めたとおりの連携が可能かどうかを確認するのが、「3．連携訓練」です。「連携訓練」については、「②メンバーの顔合わせとコミュニケーション」「⑤連携訓練の実施2」「⑥連携訓練の実施3」「⑦連携訓練の振り返り」「⑧連携訓練を踏まえた総括1」「⑨連携訓練を踏まえた総括2」「⑩連携オペレーション整備」が重要です。

　まずは、連携する会社同士の顔合わせから始めて、連携に向けた基盤を作ります。災害に連携する場合、施設や設備を共有することになりますし、平常時とは業務オペレーションも変更せざるを得ないため、どうしても相互にストレスや不便が生じます。このような状況で人間関係ができていないと、余計にギクシャクして、業務継続に大きな支障となりかねません。人間関係の構築から始めて、一緒に働く場合があることの意識づけから地道に始めてください。人間関係の構築は、急がば回れの発想で、丁寧にやっていくことが重要です。

　その上で実際に訓練を行います。共同作業、非常時オペレーションの経験、移動等も含む訓練、周辺の地理等の把握・共有、連絡・調整訓練などを双方の社員の合同チームで行い、実際の流れを確認していきます。これは、平時の前提ではなく、災害後の制限条件下のオペレーションを前提として実施す

るものですので、実際にやってみると、うまくいかない、うまくできない、動線が悪い等、さまざまな問題が出てきます。危険箇所も含めて、実態を把握しておくことが重要です。

　そして、連携によるBCPの実効性を確保するためには、「⑦連携訓練の振り返り」「⑧連携訓練を踏まえた総括１」「⑨連携訓練を踏まえた総括２」「⑩連携オペレーション整備」も忘れてはいけません。日ごろ連携のない従業員同士が連携するわけですから、振り返りや総括により、あらためて実際に連携していく上での方法論を双方の意見等を入れながら、議論していく必要があります。そして、それを踏まえて事業継続戦略（連携の規模や期間等）の見直し、ルールの修正や整備、その他の手順書作成等を行い、連携のためのオペレーションやルールを確定していきます。まさに、訓練を通じて簡単なPDCAを回すことで、実行に耐えうる内容にしていくのです。

　なお、各社でそれぞれ施設・設備の状況が違いますので、それぞれの施設を使った訓練をすることをお勧めします。

　これらを踏まえ、災害発生後は「４．相互の被災状況等の確認」以降で、両者の被害状況等を把握しながら、BCMを回していくことになります。大きな流れは、自社単体のBCMを進める場合と大きな違いはありませんが、災害後の方針やルールの見直し修正は、他社が絡むだけに、調整等に時間がかかることに注意が必要です。

第**4**章

災害危機対策を
作りっぱなしにしないために

〜想定演習とレビューの実践方法

1 訓練と演習の違い

　首都直下や南海トラフ地震に備えたBCPですが、BCPは「作ること」がゴールではありません。いざというときに使えるように仕上げていくには、演習によって実効性の検証を行い、改善点を抽出していくことが重要です。ちなみに、本章では訓練と演習は明確に分けて記載しています。訓練（Drill）は、例えていうなら野球のキャッチボールです。既定のマニュアルについて、その動きを反復練習することによって従業員の体に覚えさせることを目的としています。それに対して演習（Exercise）は、例えてみれば練習試合です。模擬の実践を通じて、マニュアルやBCPそのものをブラッシュアップすることが目的となるのです。ぜひ、BCP担当者は「訓練」だけでなく「演習」を通じて自社のBCPを点検し、ブラッシュアップを図ってほしいと思います。

図 4-1　BCP の PDCA サイクル

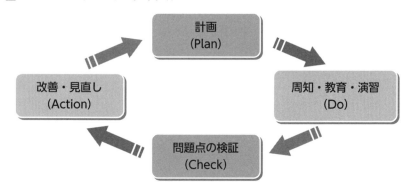

2 机上型演習の作り方

しかし、実際に演習をしようと思っても、何から手を付けてよいかわからないという企業の担当者も多いでしょう。そこで本章では、演習の中でも「机上型演習（Desktop Exercise）」の代表的なものの作り方について解説していきます。もちろん、机上型演習の在り方は1つだけではなく、皆さんのアイデア次第でいろいろなものができるはずです。本書を手掛かりに、さまざまな机上型演習づくりに取り組んでください。

「机上型演習」はシミュレーション訓練の1つということができます。災害が発生したときの想定シナリオを作成し、経緯に沿って状況を継続的に付与することによって、主に災害対策本部ではその状況下で何をしなければいけないかを検討し、それを自社のBCPに当てはめることによってBCPの実効性を確認するものです。そのために、以下のステップで演習を企画してみましょう。

STEP1、演習の目的を明確化する
STEP2、演習の推進体制を確立する
STEP3、演習の基本事項を設定する
STEP4、被災状況を設定する
STEP5、災害時業務フローを設定する
STEP6、シナリオを作成する
STEP7、回答例や解説を作成する

1. STEP 1　演習の目的を明確化する

　演習を実施する際には、想定するリスクや災害対応のフェーズ、対象者と検証項目等の観点に対してどのような演習を行いたいのか、経営層ともよく相談の上、目的を明確にしておくことが必要です。

（1）想定するリスクを決める

　地震・津波、水害、新型インフルエンザ、火山噴火など、まずは想定するリスクを決定します。ここで注意が必要なのは、第6章で解説しているように自社のハザードを良く分析し、自社のリスクを明確化しておくことです。日本人は直前の災害に全体の防災計画が引きずられてしまう傾向にあります。後に述べますが、茨城県常総市は、東日本大震災後の2014年に耐震化や液状化対策を十分施した庁舎を完成させましたが、災害対策が地震に偏重しすぎていたためか、2015年の常総市水害では本庁舎に浸水して自家発電機が使用できなくなるなど、水害に対する脆弱性を露呈させてしまいました。

　地震大国である日本で事業を営むためには、地震対策に最も力を入れることはもちろん重要です。しかし、地球温暖化によって昨今毎年のように深刻な水害が発生していることから、水害にも十分な注意が必要です。しっかりと自社の水害ハザードマップを確認してほしいと思います。今後、ハザードマップ以上の「想定外」の事態も起こりうる可能性はありますが、まずは最低限として、ハザードマップに記載されているものをベースに対策を施すことが必要です。

　また、現在、新型コロナウイルスの影響で、日本経済は大打撃を被っています。しかし、今後いかに新しいウイルスが蔓延したとしても、企業としての対策は今回とあまり変わらないものとなるでしょう。しっかり今回のウイルス対策について記録をとり、マニュアル化しておくことが望ましいといえます。

　ともあれ、災害対策は、まずリスクを想定することから始まります。自社

の地理的条件や社会的条件を鑑み、リスクを想定してみましょう。

（2）災害のフェーズを決める

　リスクを想定したら、次は災害対応のフェーズについて検討してみましょう。本書を手にとっている読者がまだBCPの初心者であるなら、まずは「初動フェーズ」についての机上演習をお勧めします。災害は、一般的に時系列によって「平時」「初動期（災害発生前／災害発生後）」「応急期（災害発生からおよそ1週間）」「復旧期（1週間〜数カ月）」に分けられます。もちろんすべてのフェーズで対応しなければいけませんが、一番難しいのは「初動期」です。初動が遅れたために、後の応急・復旧が立ち遅れるケースは枚挙にいとまがありません。逆に、初動をうまく乗り切り、従業員とその家族の命と安全を守ることができれば、その後の復旧は迅速なものになるでしょう。ちなみに、「初動期（災害発生前／災害発生後）」と「災害発生前」をあえて記載しているのは、例えば水害であれば「タイムライン」という考え方があり、台風や大雨などが予測できたところから行動を開始できるものもあります。わずかではありますが、地震のときも緊急地震速報などで地震発生を数秒間早く予測できることもあります。「災害発生前」からの行動を決めておくことが重要となるのです。

（3）対象者と検討項目を決める

　対象者は、大きく分けて「災害対策本部メンバー」と「一般従業員」に分けられます。初めての机上訓練であれば、まずは災害対策本部メンバーのみで開催するのがいいでしょう。災害対策本部メンバーがマニュアルや計画を熟知する必要がありますし、選ばれたメンバーで開催するのであれば「できていないところ」も議論しやすいと思います。

　最後に重要なのが「訓練の目的」です。毎年、「訓練の目的」を変えながら演習をすることで実効性は高まるはずです。まず、初めての演習であれば「災害対策本部の立ち上げ」訓練を行うと良いでしょう。地震が発生した後、いつ災害対策本部を立ち上げるのか、対策本部には誰が集まってこれるの

か、まずどのような情報を収集しなければいけないのか、災害対策本部を立ち上げてからやらなければいけないことを明確化することは非常に重要なことといえます。それらが自分たちの作成した計画の中で本当に達成することができるのか、常に「我がこと」として捉えられるかがカギとなります。

　慣れてきたら、例えば「情報共有手段」に絞った訓練をしてみるのも良いでしょう。災害が発生した後は、携帯電話・固定電話の輻輳（ふくそう）や、停電によるインターネットの遮断などさまざまな状況が考えられます。そのような時に、どのような通信手段を確保しておくべきなのか、BCPにとって非常に重要な部分です。

　その他にも、帰宅困難者対策に的を絞ったものや非常時の発電をクローズアップしたもの、変わったところでは、帰宅困難者の「トイレ」に焦点を当てた訓練も実施しているのを筆者は見学させてもらったことがあります。もちろんリスクそのものを変えて、新型インフルエンザ対策や火山噴火対策に切り替えても良いでしょう。計画を作成して何年も経過していれば、新しいテクノロジーを活用した方が良い場合もあります。差し迫ったリスクに対してイマジネーションを駆使すれば、演習内容の可能性は無限大です。

2. STEP 2　演習の推進体制を確立する

　目的を決定した後は、演習の推進体制を確立してみましょう。もちろん初めての場合であれば災害対策本部内で完結できる演習もありますが、訓練が高度化するにつれてリアリティのあるシナリオを作成するためには、営業部門や生産部門、物流部門など現場で仕事をしている事業部門との連携が欠かせなくなります。その場合は、各事業部のマネージャーと相談して1～2人のメンバーを選出してもらい、「訓練準備委員会」を設置すると良いでしょう。筆者のこれまでの経験からすると、約6カ月前から訓練を企画開始し、メンバーを選出し、3カ月程度前には「訓練準備委員会」を発足して訓練の準備にあたる企業が多いようです。例えば9月の防災月間に訓練を行おうと考えれば、遅くとも4月には訓練の準備を開始した方が良いでしょう。

訓練準備委員会のメンバーは訓練当日、できるだけ訓練に参加せず、観察者となった方が改善点を把握しやすいと思います。「訓練はできるだけ普段災害対応しない人を中心に実施するのが望ましい」ということも覚えておきましょう。

　以下に、演習準備の例についてまとめてみたので確認してください。

第1回　訓練準備会議（演習企画開始）（約6カ月前）
　①対策本部メンバーの確認
　②昨年の災害やリスクなどの総括
　③次回の訓練への課題の洗い出し
　④訓練の目的についての議論

第2～3回　訓練準備会議（約5～4カ月前）
　①訓練の目的の決定
　②訓練基本事項の検討（※STEP 3を参照）
　③訓練に必要なメンバーの洗い出しと打診
　④シナリオイメージの確認

第4回　訓練準備委員会発足（約3カ月前）
　①訓練の目的の確認
　②訓練基本事項の決定（※STEP 3を参照）
　③災害時の業務フローとシナリオイメージの検討

第5回　訓練準備委員会（約2カ月前）
　①シナリオ案の提示と検討
　②シナリオに応じて状況付与案、課題設問案の検討

第6回　訓練準備委員会（約1カ月前）

①シナリオ案の決定

②状況付与案、課題設問案の決定

③当日必要な資料、資機材と場所の確認と確保

④メンバーの当日の役割と進行の確認

第7回　訓練準備委員会（約1週間前）

①シナリオ案の確認

②状況付与案、課題設問案の確認

③メンバーの当日の役割と進行の確認

④資料、資機材と場所の確認

＜訓練当日＞

3. STEP 3　演習の基本事項を設定する

　訓練の目的や推進体制が決まったら、「想定する災害」「演習の対象部門」「訓練の日時」「訓練の場所」「実施方法」「会場レイアウト」などの基本事項を決定していきましょう。コツは、実際の自治体などが作成しているハザードマップを活用し、できるだけリアルな想定を行うこと、そして「最悪の事態」を想定することです。ただし、ここで注意が必要なのは「本当に最悪の事態」を想定してしまうと、訓練自体が行き詰まる可能性が高くなることです。そのために、国は津波被害について数十年から100年に1度の津波高を想定したレベル1と、東日本大震災クラスの1000年に1度の災害を想定したレベル2を用意しています。まずはレベル1から取り組むのがいいでしょう。もちろん、毎年レベルを上げていくことが重要です。

　今回は、初めての演習を想定して、同じ考え方で南海トラフ地震（M8）ではなく、「都区部直下の地震」（M7.3）でシナリオを作ってみました。発生頻度としては「今後30年間に約70％〜80％」の確率で発生するといわれています。想定津波では、東京湾内は1m以下です。ちなみに、最大クラス

といわれる相模トラフ沿いの大規模地震は2000年〜3000年間隔で発生するといわれており、こちらは前回の発生から約300年が経過しています。地震の規模はM8で、東京湾内では3m以下、神奈川県、千葉県の東京湾外では10mを超す津波が発生する可能性があります。初めての方には少しハードルが高いでしょう。

　以下に初めての演習の場合を想定して例を挙げてみました。参考にしてください。

（1）「想定する災害」…都心南部直下地震　M7.3

図表 4-2　首都直下で想定される事象

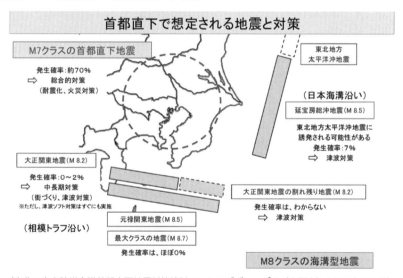

（出典：中央防災会議首都直下地震対策検討ワーキンググループ2（内閣府）2014年11月）

（2）「演習の対象部門」

…まずは、「災害対策本部の立ち上げ」を目指し、災害対策本部メンバーを構成するスタッフ部門（総務、人事、施設・設備、システム、広報、経理財務）を対象とします。事業継続を考えた場合は、そのほかの事業部門も巻き込んでいく必要があります。

（3）訓練の日時

…訓練の実施日は、最低1〜2カ月程度の準備期間をみて

おきましょう。STEP 2 でみたように、半年前から準備できればベスト
です。

（4）**訓練の実施場所**…通常、実際に災害対策本部を設置する予定の場所で
訓練することが望ましいといえます。LANケーブルやプリンターの準備
も忘れずに。

（5）**会場レイアウト**…以下、災害対策本部のレイアウト例です。

（6）**当日のタイムスケジュール**…訓練はあまり長時間にわたって行うと、
社員への負担が大きくなります。当初は長くても 3 時間程度で終わるよ
うに設計しましょう。今回は 2 時間で設計してみます。

13：00−　 5 分　本部長挨拶

13：05−　15 分　事務局より説明（目的や訓練の進め方など）

13：20−　 3 分　訓練開始（緊急地震速報＋シェイクアウトなど自分の身

　　　　　　　　　を守る行動）

13：23－　　7分　状況付与

13：30－　 30分　状況整理と決定、災害対策本部の立ち上げ

14：00－　 15分　第1回災害対策本部会議

14：15－　 15分　 2回目の状況付与

14：30－　 20分　状況整理と第2回災害対策本部会議への報告事項作成

14：50－　 10分　第2回災害対策本部会議

図表 4-3　地震動の検討の対象とした地震

	① 都区部直下	相模トラフ沿いの大規模地震	
		② 大正関東地震タイプの地震	③ 最大クラスの地震
地震の規模	M7クラス	M8クラス	
発生頻度	今後30年間に約70%	200～400年間隔 前回の発生から 約100年が経過	2000～3000年間隔 前回の発生から 約300年が経過
震度分布	震源域から一定の範囲 被害最大の地震を想定	首都地域の広域にわたり大きな揺れが発生	
津波	東京湾内は1m以下	東京湾内は2m程度以下 湾外の神奈川県、千葉県 6～8m	東京湾内は3m程度以下 湾外の神奈川県、千葉県 10mを超す場合がある

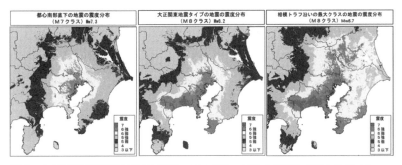

（出典：中央防災会議首都直下地震対策ワーキンググループ2（内閣府）2014年11月）

①都区部直下地震の被害想定（※数は首都圏（1都6県）の合計値）

　被害想定（最大値、未対策（現状）の場合）

　冬、夕方、風速8m／sのケース　（※要救助者の最大値は冬、深夜のケース）

　都心南部直下地震　M7.3

　津波（1m以下）

　全壊・焼失家屋：最大約61万棟

　死者：最大約2万3000人

　要救助者：最大7万2000人

　被害額：約95兆円

②被害の様相

　建物：木造住宅を中心に多くの建物が損壊する。

　火災：火災が同時に多発し、延焼が2日程度続く。

　電力：5割の地域で停電が発生し、最悪の場合、1週間以上回復しない。

　電話：携帯電話を含め不通の状態が1日程度続き、停電が長期化すると
　　　　携帯電話の使用も不安定となる。

　道路：主要道路の開通には少なくとも1日〜2日を要する。一般道は瓦
　　　　礫による不通区間が大量に発生、復旧には1カ月以上を要する。

　鉄道：運転再開には地下鉄で1週間、JRや私鉄では1カ月程度を要する。

③人的被害の詳細

項目		冬・深夜	夏・昼	冬・夕
建物倒壊による死者		約1万1000人	約4400人	約6400人
急斜面崩壊による死者		約100人	約30人	約60人
地震火災による死者	風速3m／s	約2100人〜約3800人	約500人〜約900人	約5700人〜約1万人
	風速8m／s	約3800人〜約7000人	約900人〜約1700人	約8900人〜約1万6000人

項目		冬・深夜	夏・昼	冬・夕
ブロック塀・自動販売機の転倒、屋外落下物による死者		約10人	約200人	約500人
死者数合計	風速 3 m／s	約 1 万3000人〜約 1 万5000人	約5000人〜約5400人	約 1 万3000人〜約 1 万7000人
	風速 8 m／s	約 1 万5000人〜約 1 万8000人	約5500人〜約6200人	約 1 万6000人〜 2 万3000人
負傷者数		約10万9000人〜約11万3000人	約 8 万7000人〜約 9 万人	約11万2000人〜約12万3000人
揺れによる建物被害に伴う要救助者（自力脱出困難者）		約 7 万2000人	約 5 万4000人	約 5 万8000人

④ライフラインの状況

（ⅰ）上水道

　被災直後は最大で約1440万人（全体の約 3 割）が断水。ほとんどの断水が解消されるのは約 1 カ月後。

【断水人口・断水率】

	断水人口	断水率
被災直後	約14,440,000人	31%
被災 1 日後	約13,545,000人	29%
被災 1 週間後	約8,516,000人	18%
被災 1 カ月後	約1,402,000人	3 %
給水人口（人）	約46,562,000	

（ⅱ）下水道

　被災直後は最大約150万人（全体の数％程度）が利用困難になると想定されますが、 1 カ月後にはほとんどの地域で利用支障が解消されます。

【機能支障人口・機能支障率】

	機能支障人口	機能支障率
被災直後	約1,499,000人	4％
被災1日後	約1,499,000人	4％
被災1週間後	約1,199,000人	3％
被災1カ月後	約50,000人	―％
給水人口（人）	約3,858,000	

（ⅲ）電力

　被災直後は最大約1220万件（全体の約5割）が停電すると予想されます。供給側設備の被災に起因して、広域的に停電が発生します。主因となる供給側設備の復旧には1カ月程度を要します。

【供給能力と夏場のピーク電力需要に対する割合】

	供給能力	ピーク電力需要に対する割合
被災直後	約2700万kw	51％
被災1週間後	約2800万kw	52％
被災1カ月後	約5000万kw	94％

※ピーク電力需要に対する割合＝供給能力÷夏場のピーク電力需要

（ⅳ）電話・通信

　被災直後は、最大で470万回線（全体の5割）での通話支障が想定されます。携帯電話は、基地局の非常用電源による電力供給が停止する1日後に停波基地局率が最大となります。被災直後は輻輳（ふくそう）により大部分の通話が困難となります。インターネットへの接続は、固定電話回線の被災や基地局の停波の影響により利用できないエリアが発生します。固定電話は、発災直後に需要家側の理由から広域的に通話ができなくなります。停電の解消に約1カ月を要するので、固定電話の復旧にも約1カ月程度を要します。携帯電話については、基地局の停電の影響を受け、復旧に約1カ月程度を要します。

【固定電話（不通回線数・不通回線率）】

	不通回線数	不通回線率
被災直後	約4,687,000回線	48%
被災1日後	約4,653,000回線	48%
被災1カ月後	約919,000回線	9%
給水人口（人）	約3,858,000	

【携帯電話（停波基地局率・不通ランク）】

	停波基地局率	不通ランク
被災直後	4%	—
被災1日後	46%	B
被災1カ月後	9%	—

＜携帯電話の不通ランク＞

ランクA：停電による停波基地局率と固定電話不通回線率の少なくとも一方が50%を超える

ランクB：停電による停波基地局率と固定電話不通回線率の少なくとも一方が40%を超える

ランクC：停電による停波基地局率と固定電話不通回線率の少なくとも一方が30%を超える

（ⅴ）ガス（都市ガス）

　都心部は、ガスは比較的強いといえます。被災直後の供給停止は最大で約159万戸。安全措置のために停止したエリアの安全点検やガス導管などの復旧により徐々に回復し、供給停止が多い地域においても約6週間で供給が再開できます。

	供給停止戸数	支障率
被災直後	約1,587,000戸	17%

	供給停止戸数	支障率
被災1日後	約1,505,000戸	16%
被災1週間後	約1,257,000戸	13%
被災1カ月後	約485,000戸	5％
対象需要家数（戸）	約9,390,000	

※全需要家数から前回・焼失・半壊家屋を抜いた戸数

（vi）交通施設被害

・道路…橋梁・高架橋の落橋・倒壊などの機能支障に至る大被害は首都圏地域内でおよそ50箇所程度発生します。しかし、首都圏内の高速道路については阪神・淡路大震災以降、耐震補強が進んでいることや、新潟県中越地震・東日本大震災においても耐震補強後の橋梁の修復に長期を要する被害を受けた事例がないことから、大被害の発生は予想していません。

・鉄道…機能支障に至る鉄道構造物の中小被害（機能支障に至らない程度の被害）が首都地域内の鉄道（JR・私鉄・地下鉄計）で、約840箇所発生します。

・空港…羽田空港、成田空港のターミナルビルは十分に耐震化されており、発券業務などの障害による機能支障の可能性は小さい。東京管制部は十分な耐震性とバックアップ体制を整えており、管制業務停止による機能支障の発生する可能性は小さい。一方、羽田空港については、液状化による４本中２本の滑走路の一部について使用不可能となる可能性があります。また、両空港ともアクセス交通の寸断により、空港が孤立する可能性があります。

⑤生活への被害

（ⅰ）避難者

　避難者は断水・停電の影響を受けて発災2週間後に最大で720万人発生すると想定されます。その後、徐々に回復しますが1カ月後にもまだ400万人の避難者がいると予想されています。

【避難者数】

		避難者数	避難所	避難所外
1 日後	合計	300万人	180万人	120万人
	うち都区部	150万人	91万人	60万人
2 週間後	合計	720万人	290万人	430万人
	うち都区部	330万人	130万人	200万人
1 カ月後	合計	400万人	120万人	280万人
	うち都区部	180万人	54万人	130万人

（ⅱ）帰宅困難者

　平日の12時に地震が発生し、公共交通機関が全面的に停止した場合、一時的にでも外出先に滞留することになる人（自宅のあるゾーン外への外出者）は東京都市圏（1都4県）で1700万人。うち東京都で940万人に上ると予想されます。地震後、しばらくして混乱などが治まり、帰宅が可能となる状況になった場合において、遠距離などの理由により徒歩などの手段によっても当日中に帰宅が困難となる人（帰宅困難者）は、東京都市圏で約640万人〜約800万人。うち東京都で約390万人〜約490万人に上ると想定されています。ただし、ここには外国人観光客（約3万8000人）や国内の観光客・出張者数（約37万人）は含んでいません。

（ⅲ）エレベーター閉じ込め

　住宅やオフィスの被災と停電により、エレベーター内における閉じ込め事故が多数発生。最大で1万7000人が閉じ込められると想定されています。

【エレベーター閉じ込め者数（人）】

事務所			住宅			合計		
8 時	12時	18時	8 時	12時	18時	8 時	12時	18時
約4700	約1万7300	約9700	約2100	約100	約1400	約6800	約1万7400	約1万1100

⑥自分たちの被害を詳しく想定してみよう

　①〜②は政府が予想している災害の全体像です。ただ、これだけではまだシナリオを作成するのは難しいといえます。政府や自治体は、さらに細かく地震の揺れに関してハザードマップを作成しています。以下は、都心南部直下地震（M7.3）が発生したときの関東震度分布です。

図表 4-4　震度分布（都心南部直　　図表 4-5　250m メッシュ別の全
　　　　　下地震）　　　　　　　　　　　　　壊・消失棟数

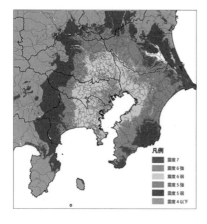

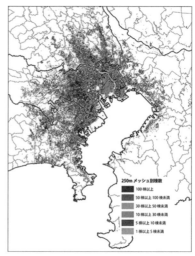

（出典：「特集　首都直下地震の被害想定と対策について（最終報告）」- 内閣府防災情報のページ）

http://www.bousai.go.jp/kohou/kouhoubousai/h25/74/special_01.html

　さらに詳細な情報を得ようとしたら、自治体が出しているハザードマップなどを確認してみましょう。現在では独立行政法人防災科学研究所（以下、防災科研）から地震ハザードステーション（J-SHIS）などのホームページで住所を打ち込むと、自分の会社のハザードマップを確認することができます。同様に、水害などは国土交通省の「重ねるハザードマップ」などで確認することが可能です。津波情報なども確認できますので、こちらも合わせて確認してください。

■ J-SHIS 地震ハザードステーション（防災科学技術研究所）
http://www.j-shis.bosai.go.jp/

■ハザードマップポータルサイト〜身のまわりの災害リスクを調べる〜（国
土交通省）
https://disaportal.gsi.go.jp/
※「重ねるハザードマップ」「わがまちハザードマップ」を見ることができる。

＜自助・共助・公助について＞

図表 4-6　阪神・淡路大震災における生き埋めや閉じ込められた
　　　　　際の救助主体等

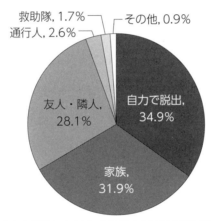

救助隊, 1.7%
通行人, 2.6%
その他, 0.9%
友人・隣人, 28.1%
自力で脱出, 34.9%
家族, 31.9%

標本調査：（社）日本火災学会（1996）「1995 年兵庫県南部地震における火災に関
　　　　する調査報告書
（出典：平成 26 年版 防災白書｜図表 2）

　1995年の阪神・淡路大震災後、日本火災学会が人命を救出する主体につ
いて調査を実施しました。同震災では家屋がつぶれたことによる生き埋めが
多数発生しましたが、そこから自力で脱出（自助）と答えた人が34.9%、
家族や友人・隣人（共助）と答えた人の合計が60%、警察や自衛隊などの
救助隊（公助）と回答した人は、およそ1.7%にすぎませんでした。これら
のことから、災害時にはまず自分で自分の命を守る「自助」、そして周辺の

人と助け合う「共助」が特に重要であることがわかります。次に起こるであろう首都直下地震や南海トラフ地震でも、同じ様なことが起こることは容易に想像ができます。災害時にはまず、自分が生き残ることを最優先に行動することを心がけましょう。

4. STEP 4　被災状況を設定する

　これらの状況を踏まえながら、いよいよシナリオを作成してみましょう。まずは、訓練に関係する本社や事業所の被災・復旧状況を大まかに設定していきます。今回は便宜上、あなたの会社の事業内容は以下と仮定して作ってみました。

【あなたの会社「X」の概要】
　本社は東京都千代田区大手町に位置する東証１部上場の自動車部品を作るメーカー。大阪本社と２本社制をとっている。全国30箇所に営業所があり、静岡市のメイン工場のほか、仙台市、つくば市、北九州市に工場を持ち、千葉市内に物流倉庫がある。社員数は1800人。

■発生した災害の概要
　◎月○日13時●●分、首都南部でM7.3の直下地震が発生。東京都沿岸部と川崎市で震度７。そのほか千代田区、中央区、港区、新宿区、文京区、台東区、墨田区、江東区、品川区、目黒区、大田区、世田谷区、渋谷区、北区、荒川区、板橋区、足立区、葛飾区、江戸川区の広い範囲で震度６強、中野区、杉並区、豊島区、練馬区で震度６弱を観測。東京都沿岸部では１mの津波が30分後に到達予定。液状化により、都内の多くの道路が通行できなくなっている。江東区、墨田区、杉並区の木造密集地帯では火災が発生し、死傷者および救助が必要なけが人が多数発生。江東区、墨田区、渋谷区、新宿区、杉並区などで古いビルに倒壊が発生。新宿区、渋谷区などで古くなった看板が落ち、人にあたるなど被害が発生している。

■ライフラインの状況

　災害発生直後から停電が発生。エレベーターなどで閉じ込め事故が多数発生している。停電により断水が発生、トイレも使えない場所多数。携帯電話・固定電話で輻輳（ふくそう）が発生し、つながりにくい状況。停電によりテレビは見ることができないが、ワンセグテレビ、ラジオは使える。インターネット、メールは使える状況だが、事務所のパソコンのバッテリーは長くて 3 時間程度しかもたない予想。ただし、パソコンが落下して使えないものも出ている。

被災状況の設定（例）

項目	経過日数	東京本社	神奈川営業所	さいたま営業所	大阪本店
	震度	6 強	6 弱	6 強	2
電気	1 日目	停電	停電	停電	通常
	3 日目	一部停電	停電	停電	通常
	7 日目	一部停電	一部停電	停電	通常
	1 カ月目	停電解消	停電解消	一部停電	通常
水道（上水道）（下水道）	1 日目	断水	断水	断水	通常
		使用不可	使用不可	使用不可	通常
	3 日目	断水	断水	断水	通常
		使用不可	使用不可	使用不可	通常
	7 日目	断水	一部断水	断水	通常
		使用不可	使用不可	使用不可	通常
	1 カ月目	使用可	一部断水	断水	通常
		使用可	使用可	使用不可	通常
鉄道	1 日目	運休	運休	運休	通常
	3 日目	一部運航	運休	運休	通常
	7 日目	一部運航	一部運航	一部運航	通常
	1 カ月目	通常	通常	通常	通常

5. STEP 5　災害時業務フローを設定する

　リアリティのあるシナリオを作成するためには、災害時の業務フローを作成し、訓練対象部門が時系列でどのような業務を行うか整理しておく必要があります。図表4-7のように、災害時の業務フローを作成した上で、さらに状況付与を作成していきましょう。

6. STEP 6　シナリオを作成する

　さて、このような状況の中、自社にどのような被害が想定できるでしょうか。シナリオと想定した被害を状況付与シートに落としていきましょう。今回は発災初日のみですが、発災3日目、1週間後、1カ月後のシナリオを用意しておくと、より事業継続に必要な事項が整理できます。

■シナリオの例
＜1日目◎月〇日＞
13時00分　緊急地震速報の10秒後、首都南部でM7.3の直下地震が発生。
13時01分　【館内放送】大きな地震が発生しました。最大限、身の安全を確保する行動をとってください。繰り返します。大きな地震が発生しました。最大限、身の安全を確保する行動をとってください。
13時03分　停電発生。事務所の電気が消える。
13時05分　【ラジオ】東京都沿岸部と川崎市で震度7。そのほか千代田区、中央区、港区、新宿区、文京区、台東区、墨田区、江東区、品川区、目黒区、大田区、世田谷区、渋谷区、北区、荒川区、板橋区、足立区、葛飾区、江戸川区の広い範囲で震度6強、中野区、杉並区、豊島区、練馬区で震度6弱を観測しました。東京都沿岸部では1mの津波が30分後に到達する可能性があります。
13時10分　固定電話、携帯電話とも輻輳（ふくそう）がかかり、電話がしにくくなる。停電が発生しているが、パソコンの電源はあと3時間程度はもつ状況。

図表 4-7 災害時業務フロー図 （例）

| | 災害対策本部 | | | | | | | | |
	事務局	人事	広報	システム	財務・経理	営業	製造	購買	物流
初動	災害対策本部の立ち上げ	安否確認	事務局とともに情報収集	ITシステムの被災状況確認	避難行動／安全確保 資金ニーズの確認	顧客の被災状況の確認	工場の被災状況確認	仕入先の被災状況確認	物流拠点の被災状況確認・製品／部品の在庫確認
	社会インフラの被災状況確認	帰宅困難者発生のための準備	必要に応じて状況を社内広報	バックアップや代替設備への切り替え		顧客のニーズ確認	消火など緊急対応	社内外の材料関係の在庫確認	操業再開の判断 ①倉庫内で操業 ②倉庫内での部分操業 ③通常操業 ④創業負荷
		負傷者への病院手配	会社の対応についての社内広報				二次災害防止策		物流ルート（陸・空）の確認
			必要に応じてHPなどで情報開示			受注情報確認	操業再開の判断 ①部分操業 ②通常操業 ③創業負荷		
							工場復旧の見込みと需要家への対応が可能か判断		
	（被災状況の確認 →優先すべき顧客、生産、調達、コミュニケーションの確認）								
	第1回災害対策本部会議開催					優先事項を顧客へ伝達			
事業継続	情報収集と第2災害対策本部設置への準備	操業再開に向けた人員配置	決定事項を必要に応じてHPなどで情報開示	ソフト・ハード復旧活動	現金の調達・取引銀行への協力依頼	顧客ニーズの確認と調査	被災したなかでの生産・生産体制の確立	必要な資材・部品の調達（代替仕入先の確保）	代替ルートの確保
		被災現場における防犯の確認	必要に応じてHPなど復旧状況を開示	バックアップ・替設備からのシステム復旧	取引先への代金支払い		新しい生産計画の策定	代替調達先の確保	
		給与支払い・見舞金の支払い			被災損害額の見積もり		優先すべき製品の製造		
					保険請求		他工場への移管（人・モノなど）		
	通常営業へ								

（出典：（株）エス・ピー・ネットワーク）

インターネットは遅いながらもつながっている。

13時15分　本社で天井が崩落していることが判明。負傷者が出た模様。

13時20分　【ラジオ】エレベーターで多数の閉じ込めが発生しています。液状化により、都内の多くの道路が通行できなくなっています。江東区、墨田区、杉並区の木造密集地帯では火災が発生し、死傷者および救助が必要なけが人が多数発生しています。江東区、墨田区、渋谷区、新宿区、杉並区などで古いビルに倒壊が発生。新宿区、渋谷区などで古くなった看板が落ち、人にあたるなど被害が発生しています。

　　　　　⋮

14時00分　第1回災害対策本部開催。

＜3日目◎月○日＞

　都心部を中心に一部停電解除。会社にも電気が通じる。ただし断水はまだ続き、トイレは使えない状況。

9時00分　第○回災害対策本部再開。取引先や工場の復旧状況が徐々に判明してくる中、再開へ向けた会議が始まる。

　　　　　⋮

7. STEP 7　回答例や解説を作成する

（1）グループ討議、もしくは第1回災害対策本部の開催

　初回であれば状況付与された事項を整理し、まず何をしなければいけないかをグループで討議して発表してみる形式でもいいでしょう。どのように整理するかが腕の見せどころですが、まずはホワイトボードに被災状況を書き出し、整理してみましょう。そのうち、来ている情報だけでなく「足りない情報」もわかってくるようになります。状況を「聞きにいく」こともとても重要な作業です。

　できれば、対策本部会議で何を報告するかあらかじめまとめておいた方が良いですが、まずは「何を取りまとめなければいけないか」を皆で話し合っ

■状況付与の例（イマジネーションを膨らませ、100程度の状況を用意してみよう）

災害時業務	訓練シナリオ上の状況付与の例	
	発信源	状況付与
被災状況確認	総務	東京本社が入居するビルでは震度６強を観測。一部吊り天井が落ちている。けが人が数名発生している状況
顧客対応	重要顧客	何日間で部品Aを供給できるか問い合わせあり
顧客対応	重要顧客	30日以内に納品するためのスケジュールと在庫リストの提出するように求められた
被災状況確認	総務	突っ張り棒など事前の備えによりロッカー類はほとんど倒れていないが、コピー機やパーテーションはかなり移動している
被災状況確認	ラジオ	都内で深刻な津波被害はないとのこと
被災状況確認	総務	大阪本社は被害なし。名古屋営業所は一部キャビネットが移動しているが、けが人などはなし
被災状況確認	総務	東京本社ではデスクトップパソコンは固定していなかったため多数落ちているものもある。ノートパソコンも多数落ちてしまい、すべては使えない状況
被災状況確認	人事	東京本社ビルでつり天井が落ちたことによる負傷者は６人。重傷者はなし
被災状況確認	人事	安否確認システムに登録しているのは発災15分後で１割程度（約180人）。うち28人が外出中で帰宅困難者となっている模様
被災状況確認	物流	千葉の物流倉庫では天井が崩落。停電によりシャッターも閉まらなくなった。およそ半分の在庫に被害あり
被災状況確認	システム部門	クラウドサーバは無事だが、一部東京本社のローカルに保存してあった過去１週間分の顧客管理台帳に記載してあった事項は現在見れない状態
取引先状況	調達部門	取引先の茨城県所在のB社でも天井が崩落。被害状況について確認している
防犯対策	さいたま営業所	外回りに出ている社員８人以外は全員無事を確認。しかし停電によりビルのシャッターが閉まらなくなったとの連絡が防災センターより入電。夜の施錠ができなくなるため、防犯対策が急務とのこと
被災状況確認	システム部門	取引先とつないでいるシステムで先方のシステムがダウンしたためこちらもダウン。いつつながるかは不明
被災状況確認	神奈川営業所	近隣で津波高１mの津波警報が発令されている。外回りしている12人とまだ連絡がとれず。社内にいる従業員は全員無事
経営陣	総務	８人いる役員のうち、２人が携帯電話の輻輳などから連絡が取れていない

てみるのも良いでしょう。その時に考えなければいけないのは、詳細ではなく全体像を把握し、経営判断に役立てるための報告書づくりです。慣れてきたら、模擬の第1回災害対策本部立ち上げ訓練として役員などに出てもらい、実際に報告書を確認してもらうと、より臨場感が出るでしょう。

<対策本部での報告事項例>
　・社内の被害
　・業務継続の有無
　・取引先の状況確認
　・物流の状況確認
　・顧客からの要望
　・対外的な発表

（2）BCPの見直し

　実際に演習を行ってみると、策定したBCPがどのように活用できるか、また何が足りないかがわかってくると思います。例えば、災害対策本部の立ち上げ基準について、BCPに記載しているでしょうか。初めて対策本部を立ち上げる場合、誰が誰に進言して立ち上げるのか、いつ立ち上げればいいのか、判断に迷う場面も多いと思います。例えば、「拠点のある地域で震度6弱以上の地震が発生したときには自動的に立ち上がる」としておけば、判断に迷うことはありません。改善点については、下記のように「実務レベルで対応できるもの」「経営判断が必要なもの」（費用が必要なもの）に分け、整理していくことで優先順位をつけて対応していきます。一度にすべてを修正することは難しいですが、じっくり粘り強く計画をより良いものに近づけていきましょう。

　実務レベルで対応できるもの…自部門で解決できるものは、自分で担当者と実施時期を決めて課題への対応を実施します。対応後、内容に応じてBCPの該当箇所を変更していきます。他部門へ依頼する場合は、依頼する

他部門と協議を行い、担当者と実施時期を決めて対応します。こちらも内容に応じてBCPの該当箇所を変更します。

　経営判断が必要なもの…次年度の予算獲得に向け、社内ルールに則り、企画書を起案します。必要性、投資金額、実施後のメリットなどを明確にしましょう。起案承認後は、担当者と実施時期を決めて対応していきます。

　　＜企業の訓練事例＞
【ティッシュ箱一つで「くじ引き訓練」？！】
　ユニークな訓練を取り入れている企業を紹介します。精密加工装置、加工ツールの部品を作る世界的な製造メーカーのD社では、全部門で「くじ引き訓練」を導入しています。
　まず、社員が毎月１回部署単位で集まり、「今会社で起こってほしくない事象」を小さな紙に１つずつ書いていきます。対象は「富士山が噴火した」「ミサイルが飛んできた」などなんでも良いのです。この場合は、「結果事象」（「パソコンが全部盗まれた」「本社に立ち入れなくなった」など）でも構いません。それを「くじ引き」としてティッシュ箱の中に入れ、代表者がくじを引きます。選んだ事象について、次は部署全員で立ったままでホワイトボードにやるべきことをどんどん書き出していくのです。例えば、「富士山が噴火しました。何をしなければいけないか」としたら、「火山灰が入らないように窓を閉める」「電車が運休した場合に備え、従業員用のホテルを用意する」など、思いついたことはなんでも良く、とにかくどんどん書き出していくことが重要です。考える時間は15分ほど。「くじ引き訓練」の手順を書き出すと以下のようになります。

①「今起こってほしくない事象」を１人１枚ずつ小さな紙に書いて、ティッシュ箱に入れる。

②代表者がくじを引く。

③全員が立ち上がり、ホワイトボードに思い浮かんだことを、優先
順位に関係なく、とにかく書き出す（全員で書くというのも重要
な要素です。座っていて誰か代表者が書くと、「他人事」になっ
てしまいます）。

④書き出したものについて、優先順位や、誰がやるのか、より具体
的な対応策を考える。例えば、従業員への安全確保の呼びかけ、
支社などの停電状況の確認、降灰状況の確認、火山灰を館内に入
れないための対策など。

⑤わからないこと、曖昧なことは、チェックして後から調べる。本
当に必要かどうかも確認する。

⑥対応策ができたら、④で考えた順番に従って再度対応をしてみ
て、優先順位や対応の内容を確かめる。

⑦完成したものを手順書とし、部署のフォルダに保存する。

⑧これらの作業を、毎月繰り返す。

　これを全部署で繰り返すことで、自然にBCPの手順書ができ上
がるとともに、従業員一人ひとりが当事者となって危機が発生した
ときに考える「思考力」を養えるというものです。ぜひ一度、まず
は災害対策本部メンバーでチャレンジしてみてください。

第 **5** 章

法令・判例からみた BCP の留意点

1 企業に求められる帰宅困難者対策と法的な問題点

1. 企業に求められる帰宅困難者対策のポイントと、法的な問題点

　東日本大震災では、首都圏において鉄道の多くが運行を休止。道路でも大規模な渋滞が発生し、バスやタクシーなどの運行にも支障が生じました。また、午後2時46分という都内に多くの通勤者や通学者がいる平日の時間帯だったことにより、内閣府の推計では首都圏（1都7県）全体で515万人、都内で352万人に及ぶ帰宅困難者が発生したことは記憶に新しいと思います。東京都が2012年に公表した「首都直下地震等における東京の被害想定」では、首都直下地震発生時には最大で死者約9700人、負傷者約14万7600人、建物被害30万4300棟、そして帰宅困難者は東京都内で約517万人と予想されています。このような多数の死者、負傷者が想定される中、膨大な数の帰宅困難者へ対応するには、行政だけでは限界があるといえるでしょう。

2.「黄金の72時間」を人命救助に当てるために

　「災害時、帰宅できる人は、徒歩でも帰ってもらった方が会社側としても社員としてもいいのではないか？　社員としても家族のために一刻も早く帰りたいのでは」と思う担当者もいるかもしれません。しかしそれは大きな間違いです。災害発生時に多くの帰宅困難者が一斉に家に帰ろうとすると、道路や歩道が多くの人で埋まってしまいます。その結果、警察・消防・自衛隊の車両が現場に到着するのが遅れてしまうことが考えられるのです。人命を救うには、「黄金の72時間」と呼ばれる時間帯があります。これは一般的に、人が飲まず食わずで生きられるのは3日間（72時間）が限度であることに

由来しています。阪神・淡路大震災のときには瓦礫の下敷きになった人の生存者の割合が、72時間を境に急激に減っているという事実もありました。また、徒歩帰宅中に余震などで二次災害に遭う可能性もあり、災害発生後すぐに帰宅することは大変危険なことといえます。東京都では、首都直下などの大災害が発生した後は企業に対して一斉帰宅抑制を条例で努力義務としています。事業所における帰宅困難者対策のポイントは以下となります。

1、　一斉帰宅の抑制（従業員はむやみに移動を開始しない）
2、　施設内待機のための備蓄の確保
3、　備蓄の10％ルール（共助の観点から、来客者や取引先の帰宅困難者などのために10％程度余分に備蓄しておくこと）
4、　とどまる施設の安全確保
5、　安否確認・情報収集手段の確保
6、　混乱収拾後の帰宅ルールの策定
7、　上記等に関する事業所防災計画等の作成と訓練による検証

(東京都作成「東京都帰宅困難者対策ハンドブック」（平成 29 年 10 月）より)

3. 帰宅を希望する社員に対して

　帰宅を希望する社員に対して、事業者は何ができるのでしょうか。まずは、事前の社員教育です。なぜ、このような条例があるのかを丁寧に説明し、平時から理解を求めることが必要です。また、災害対策基本法 7 条の「住民等の責務」について説明することも有用でしょう。

『災害対策基本法　第 7 条（住民等の責務）』

地方公共団体の区域内の公共的団体、防災上重要な施設の管理者その他法令の規定による防災に関する責務を有する者は、基本理念にのっとり、法令又は地域防災計画の定めるところにより、誠実にその責務を

果たさなければならない。

2　災害応急対策又は災害復旧に必要な物資若しくは資材又は役務の供給又は提供を業とする者は、基本理念にのつとり、災害時においてもこれらの事業活動を継続的に実施するとともに、当該事業活動に関し、国又は地方公共団体が実施する防災に関する施策に協力するように努めなければならない。

3　前二項に規定するもののほか、地方公共団体の住民は、基本理念にのつとり、食品、飲料水その他の生活必需物資の備蓄その他の自ら災害に備えるための手段を講ずるとともに、防災訓練その他の自発的な防災活動への参加、過去の災害から得られた教訓の伝承その他の取組により防災に寄与するように努めなければならない。

　さらに、社員について社屋にとどまることを指示できるかについては、原則として事業者と社員とは「就業に関する権利義務」の関係ですので、「就業時間外については指示ができない」といわれています。しかし、現実の就業規則などでは、例えば就業時間外のアルバイト、つまり二重就業などについて規制をしている例もあります。厚生労働省の提示するモデル就業規則でも兼業について、一定の場合については兼業を禁止することができるという規定を紹介しています。そうであれば、本件において会社は就業規則で社員が帰宅することが、当該事業者の業務に重大な影響を与えるような事情がある場合には、帰宅を禁止することを定めることも可能であると考えられます。

4. 事業所における備蓄の目安

　事業所内における備蓄は、「3日分の水・食料等」が努力義務となっています。これは先に述べた「黄金の72時間」を要救助者の救助に当てるためです。できれば震災の長期化に備え、1週間分を備蓄しておくことが望ましいといえますが、まずは最低でも3日分は用意するようにしておきましょう。目安は以下です。

（1）対象となる従業員

　雇用の形態を問わず、事務所内で勤務する全従業員、外部からの取引先などの訪問者（全体の 1 割程度と推定します）。

（2）3 日分の備蓄の目安

　①水については、1 人当たり 1 日 3 リットルで計 9 リットル

　②主食については 1 人当たり 1 日 3 食、計 9 食

　　※アレルギーがある社員もいるので、あらかじめアンケート等をとっておくことも有効

　③毛布は 1 人 1 枚

　④簡易トイレ（地震後は停電・断水などでトイレが使えなくなることが予想される）

　⑤その他の品目は、物資ごとに必要量を算定する。

（3）備蓄品目の例示

　①水：ペットボトル入り飲料水。（1 ℓペットボトルだと使い勝手が悪いので、できれば500㎖で揃えることが望ましい）

　②主食：アルファ化米、クラッカー、乾パン、カップ麺

　　※水や食料の選択にあたっては、賞味期限に留意する必要がある。

　③その他の物資（特に必要性が高いもの）

　　毛布やそれに類する保温シート、簡易トイレ、衛生用品（トイレットペーパー含む）、敷物（ビニールシート等）、携帯ラジオ、LED電灯、救急医療医薬品

（4）さらにBCP上、上記に加えるのが望ましいもの

　　例　非常用発電機、燃料（危険物関係法令等により消防署への許可申請などが必要なことから、保管場所・数量に配慮が必要）、工具類、調理器具（携帯用ガスコンロ、鍋等）、缶詰等の副食、ヘルメット、軍手、自転車、地図

（5）企業だけでなく、従業員自らの自宅にも備蓄を促す（災害対策基本法 第７条にも合致する。）

　　例　非常用食品、飲料水、簡易トイレ、常備薬、携帯電話のモバイルバッテリー等

企業も個人も、簡易トイレの備蓄が必須！

　災害時のトイレを詳しく調べている「日本トイレ研究所」の調査結果によると、東日本大震災の時には初災後３時間以内にトイレに行きたくなった人は31％。人間は何も食べず、何も飲まずとも、トイレには行きたくなるのです。

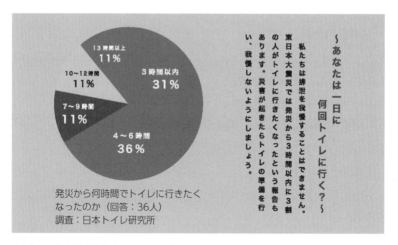

発災から何時間でトイレに行きたく
なったのか（回答：36人）
調査：日本トイレ研究所

13時間以上　11％
10〜12時間　11％
7〜9時間　11％
3時間以内　31％
4〜6時間　36％

〜あなたは一日に何回トイレに行く？〜
私たちは排泄を我慢することはできません。東日本大震災では発災から3時間以内に3割の人がトイレに行きたくなったという報告もあります。災害が起きたらトイレの準備を行い、我慢しないようにしましょう。

（出典：国土交通省災害時のトイレ、どうする？）

　また、避難所に仮設トイレは災害後、何日目くらいで設置されるのでしょうか。同じく「日本トイレ研究所」の調査によると、３日以内に設置されたのは34％。「１カ月以上かかった」避難所も14％に上りました。

　令和元年10月の台風19号では、東京でも人気の高い神奈川県川崎市中原区の武蔵小杉駅近くの高層マンションで地下の電気設備が浸水し、長ら

くトイレが使えなかったことは記憶に新しいですね。しかし、首都直下地震等の大地震が発生した場合、おそらく多くのマンションやオフィスビルでトイレが使えなくなる可能性があることはご存知でしょうか。

よく、「地震の後にトイレの水を流すためにお風呂に水をためる」ということが、特に阪神・淡路大震災以降、世間で浸透しました。しかしこれは現在では多くの場面で否定されています。トイレにバケツ等で水を流し込んで汚物を流す方法は、トイレメーカーのホームページにもあるように「停電・断水時」には有効な方法です。しかしこれは「大地震が発生した場合」のトイレの使用方法ではありません。これはマンションでもオフィスビルでも同様なのですが、大地震が発生したときには下水の排水管が外れている可能性があります。そのため、例え上層階でトイレを使用することができたとしても、排水管が外れていたところから汚物が流れ出し、下層階で汚物が溢れ出してしまう可能性があるのです。マンションや高層オフィスビルの場合、屋上に水をためるタンクがある場合が多いので地震発生の際に断水してもしばらくの間は水が供給される可能性があります。しかし前述のような理由から、あらかじめ住民の中で地震が発生したら「トイレは使わないようにする」という合意をしておく必要があるでしょう。

では震災時にはどのようにしたら良いのでしょうか。最もお勧めなのはトイレをすっぽりビニールで覆うタイプの簡易トイレを備蓄しておくことです。ビニールの中にはオムツの素材が入っているものや、猫砂のように水を吸い取る素材が入っているものもあり、水を使わなくても清潔に用を足すことができます。とある企業では、自社ビルで「防災キャンプ」を実施。10人ほどの社員が災害時に自社ビルにとどまったという設定で社屋に泊り込みました。

訓練に参加した危機管理担当者にこの簡易トイレを使用した感想を聞いたところ、「とても快適で、不自由はありませんでした。計測したところ、100回以上トイレが使われていました」と話しています。100回以上トイ

レが使われたということは、何不自由なくトイレが使用できたということになるでしょう。普段の訓練でも、ぜひ一度試してほしいと思います。ではもし、簡易トイレを備蓄していなかった場合はどうすればいいのでしょうか。トイレの基本は「防水」と「吸水」です。すなわち、「防水」したものの中に用を足し、「吸水」するもので汚物を吸収するものがあれば良いのです。前述の「日本トイレ研究所」のホームページでは「ダンボールトイレ」の作り方を公開していますが、これも原理は一緒で、ダンボールをトイレの形にし、ビニールをかぶせます。その中に吸水素材として、例えばオフィスであればシュレッダーした紙でも良いし、新聞紙をちぎったものでも良いので入れておけば、これだけで断水時でも清潔なトイレを手に入れることができるので、ぜひ知っておいてください。本書の監修者である丸の内総合法律事務所の中野明安弁護士は、「企業として簡易トイレを備蓄しないのは、安全配慮義務違反にあたる可能性もある」と指摘しています。大事なのは最悪の状況に陥っても、清潔な暮らしをあきらめないことです。

　災害時にトイレを流さないことの重要性については、国土交通省がわかりやすい漫画をホームページにアップしているので担当者の方はぜひ読んでください。

■国土交通省　災害時のトイレ、どうする？（PDF）
https://www.mlit.go.jp/common/001180224.pdf

5. 企業が帰宅困難者を受け入れるための法的諸問題

　本章の冒頭にも触れたように、災害時には莫大な数の帰宅困難者が発生します。行き場のない帰宅困難者の安全確保に向け、東京都はさまざまな取組みを施していますが、最も力を入れているものの1つが、民間事業者が保有する大規模な施設（オフィスビルも含む）を一時滞在施設とする受け入れ

施設の拡大です。現在は事業者が東京都と帰宅困難者受け入れの協定を結ぶことにより、施設の建設時において建蔽率を緩和するなど、さまざまな工夫を凝らしています。

しかし、東日本大震災後からの議論として、例えば「建物が被災している場合、そこに帰宅困難者を受け入れ、万が一さらなる倒壊により帰宅困難者が死傷した場合、責任は誰が負うのか」というものがあります。現時点での民法では、717条に、「土地の工作物の設置および構造に瑕疵があることにより他人に損害を与えた場合には、占有者が責任を負うこと」とされていることは事実です。しかし、差し迫る巨大地震に対応するため、事業者の帰宅困難者受け入れは不可欠といえます。どのような課題があり、何を解決していかなければいけないのか、現行の法の問題点はどのようなものか、考察していきます。

（1）事業者が一時滞在施設を提供するとはどういうことか

東京都帰宅困難者対策条例12条２項には、「知事は、一時滞在施設の確保に向け、都が所有し、又は管理する施設以外の公共施設又は民間施設に関し、国、区市町村及び事業者に協力を求め、帰宅困難者を受け入れる体制を整備しなければならない」としています。すなわち、一時滞在施設の確保は都知事の義務といえます。事業者は協力を求められる立場であり、提供は義務ではありません（もちろん、都と協定を締結している場合はこの限りではありません）。まずは、この位置づけを認識する必要があります。その上で、各種法令諸問題を検討していきます。

（2）災害時における施設提供と従業員への業務命令の可否

事業者が災害時に一時滞在施設として社屋を提供した場合、その社屋の中で作業を行うのは従業員となります。自治体の職員は住民向けの避難所の運営や非常時行政対応をしているので、事業者が提供した一時滞在施設の運営を手伝うことはありません。では、そもそも従業員に対して当該作業を命ずることができるのでしょうか。雇用契約などの範囲内の業務であるかどうか

の判断基準は、どうなっているのでしょうか。

　その範囲を考える1つの事例として、旧国鉄の鹿児島自動車営業所事件があります（鹿児島地方裁判所昭和63年6月27日判決）。同判決では自動車営業所内に降り積もった火山灰を除去する作業について以下のように言及してます。

　「使用者が労働者に対し労働契約に基づき命じ得る業務命令の内容には、労働契約上明記された本来的業務ばかりでなく、労働者の役務の提供が円滑かつ効果的に行われるために必要な付随的契約も含まれるところ、自動車営業所構内に降り積もった火山灰を撤去する作業は、業務上必要とされることから、労働契約上の付随的業務として、労働者は右作業に応ずべき義務がある」（鹿児島地方裁判所昭和63年6月27日判決）

　また、同事件の最高裁判決では、

　「降灰除去作業は、鹿児島営業所の職場環境を整備して、労務の円滑化、効率化を図るために必要な作業であり、また、その作業内容、作業方法等からしても、社会通念上相当な程度を超える過酷な業務に当たるものともいえず、これが被上告人の労働契約上の業務の範囲内に含まれるものであることは、原判決も判示するとおりである」（平成5年6月11日判決）

　としています。最高裁が示した判断基準は「業務の必要性」と「過度の重労働でないこと」というものでした。もちろんこの要件を満たさない場合は、通常の労働契約の範囲外の業務を求めることになるので、個別同意が必要です。いずれにせよ、上記のような火山灰の除去作業や、災害があった後の片付けというのは業務上必須であることは間違いないでしょう。

　では、「帰宅困難者対策における一時滞在施設の運営」という、自分たち

の顧客ではない第三者を受け入れ、3 日間滞在させることは「業務の必要性」「過度の重労働でないこと」の要件を満たすのでしょうか。集客事業者であれば「業務の必要性」を満たすといえる可能性もありますが、やはり一般の事業者においては同要件を満たすことは難しいかもしれません。その場合は、「一時滞在施設要員」「非常参集要員」の委嘱をするという形で個別同意を求め、業務に見合う賃金基準を用意するとともに、訓練などを行って対応すべきでしょう。

（3）一時滞在施設における提供義務～避難者の「わがまま」は聞かなければいけないのか？～

　一時滞在施設を提供した場合、事業者は具体的に何をしなければいけないのでしょうか。それについては民法697条おける「事務管理」が参考になります。帰宅困難者を事業者の社屋などに受け入れ、保護をするということは「義務なく他人のために事務の管理を始めた」ということになります。その場合、受け入れた事業者は「最も本人（＝避難者）の利益に適合する方法によって、その事務の管理をしなければならない」と明示されています。ただし、「最も本人の利益に適合する方法」とは善管注意義務を定めていると解されるため、「マットレスが硬いからもっとやわらかいものにしてくれ」とか、「空腹だから腹いっぱい食べさせてくれ」など、相手のいろいろな要求にすべて対応しなければいけないというものではありません。仮に意に反することが明らかであれば、事務管理を中断することもできます（民法700条ただし書）。

　現実的なのは、避難者との合意により「一時滞在施設を利用させることもできる」とすることです。事業者としては受け入れ条件をあらかじめ定めておき、その条件について了解したものを受け入れる「準委任契約」という形です。もちろん、受け入れた側には善管注意義務が発生します。この善管注意義務の具体的実践として何をどこまでやらなければいけないかという問題は残りますが、これも具体的に定められたものがあるわけではなく、事業者

側の裁量は広いと考えられます。例えば、過度の泥酔者や重症を負っている人は受け入れられないと、あらかじめ定めておくこともできます。ぜひ今の段階で、できれば地域連携、事業者連携の運営マニュアルを作るなどして標準形を作ることが重要だと考えられます。

　標準形として、帰宅困難者対策や一時滞在施設の提供内容をマニュアル化し、事前に示すことにより社会的な認知を受けることができ、さらには万一の場合における裁判所の判断に影響を与えられるものとなるでしょう。

（4）一時滞在施設における具体的作業～備蓄食糧で食中毒が出たらどうする？～

　一時滞在施設で提供した備蓄食料で避難者が食中毒になった場合、何が問題になるのでしょうか。民法551条では贈与物、つまり無償で財産を提供する場合については担保責任を負わないとしています。ただし、瑕疵があること、例えば腐敗していることを知りながらそれを告げずに提供した場合には責めを負います。ただし、例えば備蓄のうちの缶詰で賞味期限が切れているものがあったとしても、期限が切れていることを告げて滞在者自身に食べるかどうかを判断してもらえば、民法551条の問題はクリアできるでしょう。

　また、施設の定員を超える帰宅困難者が押し寄せてきた場合には、事業者はどのようにしたら良いのでしょうか。結果からいえば、定員を超えたことを理由に受け入れを拒否することは正当な行為です。たとえ拒否された人たちがパニックに陥り、けがをしたとしても保護者責任者遺棄罪などの刑法の構成要件には該当することはありません。また、定員を超える場合には毅然と受け入れを拒否することも正当な行為ですので、故意・過失を要件とする損害賠償請求を受ける可能性はありません。

（5）一時滞在施設自体の瑕疵について～滞在していた社屋が倒壊したらどうする？～

　最も悩ましい問題の1つは、地震により社屋がダメージを受けていたにもかかわらず、そのことに気がつかずに従業員を社屋にとどめる、もしくは

帰宅困難者を受け入れ、その後の余震などで社屋が倒壊し、死傷者が発生してしまったという場合の責任関係です。このケースを想定するばかりに、一時滞在施設の提供や帰宅困難者対策に積極的になれないという事業者は多いと思います。このような場合、法的にどのように考えることができるのでしょうか。ちなみに、アメリカやカナダでは「善きサマリア人の法」というものがあります。これは「災難に遭ったり急病になったりした人など（窮地の人）を救うために無償で善意の行動をとった場合、良識的かつ誠実にその人ができることをしたのなら、たとえ失敗してもその結果につき責任を問われない」という趣旨の法です。誤った対応をして訴えられたり、処罰を受けたりするおそれをなくして、その場に居合わせた人（バイスタンダー）による傷病者の救護を促進しようという意図があります。日本でも災害時のために立法化しようという動きはありますが、まだ実現できてはいません。

　まず建物の安全性については、安全配慮を尽くしていれば責任はないと思われがちです。しかし民法717条では、土地の工作物の設置および構造に瑕疵があることにより他人に損害を生じさせたときは、占有者が責任を負うこととされています。占有者が損害の発生を防止するのに必要な措置を講じなかった場合は、占有者が損害を賠償することになるのです。ここでいうのは、「過失があるか」という問題ではなく「瑕疵（＝通常の性能を欠く状況）」となっているかどうかです。安全配慮を尽くしただけでは、責任を免れるものではありません。

　悩ましいのは、本震の前まではメンテナンスもされており瑕疵もない建物が、本震によりダメージを受け、建物の通常の安全性能を欠いた状態になってしまった場合です。本震によりダメージを受けていたり、余震でさらに大きなダメージが発生してしまうことを知らずに当該施設に受け入れたりした場合は、民法717条の責任追及はありうるでしょう。本書の監修者である丸の内総合法律事務所の中野明安弁護士は、この事案について国や東京都に対し、事業者の責任を免除するよう、あるいは事業者の賠償義務を代わって負

担する補償制度等を創設するよう訴えておられます。本来的に、この帰宅困難者対策が東京都の公的な政策なのであり、前述のとおり帰宅困難者の受け入れ体制の整備は知事の義務なのですから、何らかの補償制度を東京都が設け、事業者が安心して帰宅困難者対策に協力できるような体制を構築することが適切なはずです。ただ、なかなか理解は得られず、残念ながらまだ道半ばという状況です。

　そのような状況下で、事業者はどのような対処を考える必要があるのでしょうか。まずはリスクを負わないよう、そもそも施設提供を断るという消極的な解決もあるでしょう。しかしこれは帰宅困難者対策の否定にもつながるものであり、良しとすべきではありません。もう1つは自治体と協定を締結し、事業者は故意・重過失がない限りにおいて責任は負わないと明言してもらうことです。複数の区ではすでにこの方式を実践しているところもあります。ただし、これは事業者と自治体の協定書であって効果はその二者にのみ及ぶため、被災した第三者には何ら影響を与えないのが原則です。

　現時点で現実的に有効なのは、受け入れる一時滞在者から「入館時にあらかじめ免責をもらっておく」という方法です。滞在者自身にリスクを負担してもらって施設に入ってもらうもので、民法717条の責任につき免責してもらうことを条件に、避難者を受け入れるというものです。具体的には一時滞在者を管理するためには、名簿の作成が必要となるため、その受付時に受け入れの条件として提示し、同意を得ることが考えられます。しかしこの手法も苦肉の策と言わざるを得ません。そもそも帰宅困難者対策の最大の目的は、帰宅困難者を「むやみに移動させない」ということにあります。避難者に対して「一時滞在するのもリスクがある」と言ってしまえば、「同じようにリスクがあるのであれば、帰宅を選択しよう」と考えてしまう可能性もあるからです。

　一時滞在施設は、災害救助法等にいう「避難所」です。避難所の運営に関

しては、本来国または自治体が、国家賠償法により当該リスクや賠償責任を
負担すべきと考えられます。事業者はぜひ、帰宅困難者対策を推進していた
だきたいと同時に、大規模災害対策が急務である国に対しては、ぜひとも一
時滞在施設における事業者の法的責任について、阻害要因を排斥していって
ほしいと思います。

2 東日本大震災の2つの裁判と安全配慮義務

1. 企業・組織が今すぐすべき最低限のBCP

(1) 東日本大震災の2つの判決を振り返る

　東日本大震災から早くも9年が経過しました。警察庁によると、2019年3月8日時点の死者は関連死を含め1万5895人、重軽傷者は6157人。警察に届出があった行方不明者は2533人。復興庁によると、いまだに約5万2000人が全国で避難生活を送っています。

　2011年3月11日金曜日の14時46分18秒、宮城県牡鹿半島の東南東沖およそ130kmを震源としたM9.0の地震は、発生時では日本周辺における観測史上最大規模のものでした。最大震度は宮城県栗原市で観測された震度7で、宮城・福島・茨城・栃木の4県36市町村で震度6強を観測しました。

　この地震により、最大遡上高40.1mに上る巨大な津波が発生。東北地方と関東地方の太平洋沿岸部に壊滅的な被害が発生しました。津波による死者はすべての犠牲者の9割に上る1万4308人。最新の研究ではヘドロや大量の土砂を巻き込んだ「黒い津波」は通常の水よりも強烈な破壊力を持ち、人体に入れば即座に命に関わる危険をはらんでいるといいます。

　もちろん、災害は過去の話だけではありません。政府の地震調査研究推進本部地震調査委員会によると、関東から九州までの広範囲で被害が予想される「南海トラフ巨大地震」が今後30年以内に発生する確率は70%～80%。今この瞬間に、これまで体験したことのないような大地震が日本中のどこで

発生しても、まったくおかしくない数字です。未曾有の災害に対し、企業は何をどのように備えるべきなのでしょうか。その大本となる考え方を、今回は東日本大震災に起因する 2 つの判決を基に考えていきたいと思います。

「備えていたことしか、役に立たなかった。備えていただけでは、十分ではなかった」（国土交通省 東北地方整備局著『東日本大震災の実体験に基づく災害初動期指揮心得』）。

東日本大震災後、多くのBCP担当者が教訓としたこの言葉も、時代とともに知る人が減ってきているといいます。私自身もう一度、本件を教訓としながら自らに問い直したいと考えています。

本章では、東日本大震災で被災し、多くの人命が失われた 2 つの訴訟の判決内容を検証します。多くの人命が失われたにもかかわらず、2 つの判決内容は大きく違うものとなってしまいました。何が判決の明暗を分けたのでしょうか。結果から言うと、「BCPを適切に策定し、それを守って管理職や従業員が適切に行動したかどうか」が裁判の行方を大きく左右するものとなっています。もちろん「だから絶対にマニュアル通りに動かなければいけない」「マニュアルさえ作れば良い」等というわけではありません。マニュアル自体の合理性も、常に問われなければいけないからです。

2 つの判決を見比べる前に、犠牲となられた方々のご冥福をもう一度お祈りするとともに、被災地の一日も早い復興・復旧を祈念致します。

2. 七十七銀行女川支店、日和幼稚園判決の概要

東日本大震災発生時、宮城県牡鹿郡女川町では女川漁港の消防庁舎で海抜14.8mの津波を記録。津波で 3 階建ての同町庁舎も冠水しましたが、町長以下職員は間一髪、屋上に避難して無事でした。女川原子力発電所は幸い高

台にあったため、こちらも辛うじて津波の直撃を逃れたものの、発電所を管理する防災対策センターなどは2階建ての建物だったため屋上まで冠水。職員の多くが行方不明となり、一時国や県に報告ができない状態に陥りました。さまざまなシチュエーションの中、同町のいたるところで、ほんの一瞬の判断で命が助かったり亡くなったりした状況だったといえます（蛇足ですが、福島原発と女川原発では、その建設された場所で大きく被害状況が変わりました。実は女川原発も当初は低地の建設を予定していたのですが、過去の津波被害を知る住民らが大反対し、海抜14.1mに主要施設を建設させたという経緯があったといいます。これも「伝承」の大切さを物語る重要なエピソードの1つです）。

東日本大震災の発生直後、女川湾からおよそ100mの場所に位置していた七十七銀行女川支店では、あらかじめ策定してあった防災計画どおり、従業員らは支店屋上に避難しました。当時の支店長や従業員らの行動はメールなどから明らかになっており、判決文においても詳細に事実認定されています。

支店長は発災時には取引先を訪問していました。地震を感じて支店に戻る途中で海が引き潮になっていることや大津波警報が発令されていることを知り、同支店に帰社。片付けは最小限にして屋上に逃げるように行員に指示するなど、非常に落ち着いた、かつ合理的な指示を発しています。それでも結果として、まさに想定外といえる20m程度の津波が同行を襲い、屋上に避難した行員13人のうち、12人が津波に飲み込まれて死亡・行方不明となる大惨事となってしまいました。翌年、従業員3人の遺族が同行に対し、安全配慮義務を怠ったとして2億円以上の損害賠償を求める訴訟を起こしています。

これに対して裁判所は「（同行が平成21年に作った）災害対応プランにおいて、本件屋上を避難場所のひとつとして追加したこと自体が安全配慮義務違反に当たるとはいえない」「屋上を超えるような約20m近くもの巨大津波が押し寄せてくることを被告災害対策本部において予見することは困難で

あったといえる」などとして、2014年2月、損害賠償を棄却する判断を下しました。遺族側は控訴しましたが控訴棄却され、最終的に2016年2月、最高裁が遺族側の上告を斥け、遺族側の敗訴が確定しています。判決の折に同行は、「(勝訴しても)多くの従業員を失った悲しみに変わりはない。防災への取り組みや意識をいっそう高めたい」とのコメントを発表しました。

(1) 震災当日の七十七銀行女川支店の対応

2011年3月11日　14：46　東日本大震災発生。

14：49　岩手県、宮城県、福島県に気象庁から大津波警報発令。「高いところで3m程度の津波が予想される」とのアナウンス。女川町は防災行政無線の屋外スピーカー等を使い、「大津波が出るので、高台に避難してください」という趣旨の放送を繰り返した。

14：50　「宮城県への到達予想時刻は午後3時。予想される津波高は6m。場所によってより高くなる可能性がある」に修正。

14：55　支店長が取引先から帰社。大津波警報が発令されていることを告げながら、行員らに対し片付けは最小限にして避難するようにと強い口調で指示。また支店の入り口の鍵を閉め、屋上の鍵を開けるように指示した。

　　また、女性派遣スタッフの1人が「自宅にいる子供が心配なので自宅に帰りたい」旨を申し出たところ、支店長は「行きたいというなら止めないけれど、潮が引いているので気をつけて帰るように」と注意喚起した。

15：05　同行災害対策本部に対し、内線電話によって大津波警報が出ているので、屋上へ避難する旨を報告。行員ら13人が支店屋上に避難。支店長は行員らに対し「海の様子を見ること」「ラジオを聴いていること」の2点を指示。

15：14　「宮城県に津波到達確認。予想される津波の高さは10m以上」に修正。

15：15　行員らは交代で防寒コートを1階・2階にとりに行き、ふた
　　　　たび屋上に戻る。

15：20　津波襲来。

15：21　亡くなった行員の1人が、夫に「大丈夫？　帰りたい」とメー
　　　　ル。その後まもなくして、行員13人が海抜20mほどの津波に流され
　　　　たと考えられる。行員1人は助かったものの、12人は死亡・行方不
　　　　明となった。

　一方で、同じ宮城県の東部に位置する石巻市門脇町の日和幼稚園では、東
日本大震災発生の直後、園長の判断で、園児を帰宅させるためにバスを2
台、園から出してしまいました。「園児を早く親元へ返してあげたかった」
と後に園長は述べていますが、結果として高台にあった幼稚園には津波が来
なかったにもかかわらず、沿岸部に向かったバスは津波で横転。園児4人
が車内で火災に巻き込まれて死亡しました。同園の災害対策マニュアルでは
「地震の震度が高く、災害が発生するおそれがある時は、全員を北側園庭に
誘導し、動揺しないように声掛けして、落ち着かせ園児を見守る。園児は保
護者のお迎えを待って引き渡すようにする」と定めていたにもかかわらず、
職員のほとんどがその内容も知らなかったなど園の対応が問題視され、13
年9月に園児1人当たり約2300万円の賠償請求判決が下されています。

（2）震災当日の日和幼稚園の対応

2011年3月11日　14：46　東日本大震災発生。

14：48　防災無線により大音量でサイレンが流され、注意喚起がなさ
　　　　れた後、「大地震発生、大地震発生。津波のおそれがありますので、
　　　　沿岸や河口付近から離れてください」等の放送があった。

14：52　テレビで大津波警報が出されたことを石巻職員が把握した後
　　　　には大津波警報発令の伝達に切り替えられ、「大津波警報、大津波警
　　　　報。宮城県沖に大津波警報が発表されました。沿岸・河口付近から

離れてください。至急高台へ避難してください」等のアナウンスが
約 2 分おきに繰り返された。

15：00過ぎ　園長は教諭らに対し、園児らを「バスで（家に）帰せ」
　　と指示。教諭らは指示に基づき、海側に向けて先に送迎される予定
　　のほかの園児 7 人とともに、次の便で送るはずだった園児 5 人も小
　　さいバスAに乗せ、15時 2 分ころバスを出発させた。一方、大きい
　　バスBにも20人の園児が乗車した。

15：10ころ？　バスAが出発してから数分後、バスBが出発した。バス
　　Bの運転手はラジオで大津波警報に関する放送を確認したことや、道
　　路の渋滞が始まっていたこと等から念のために高台に避難した方が
　　良いと判断し、本件幼稚園に引き返した。

　その後、バスAは園児M 1 の自宅に到着したが、保護者が出てこなかっ
たためしばらくバスを停車。そのうち別の園児M 2 の母親が車で同園
児を迎えに来たため、園児を引き渡した。そのときに園児の母親から「も
う避難して誰もいないので、近くのK小学校に向かった方が良い」と言
われた。

　しかしバスAの運転手はまだ自宅で園児を待っている保護者がいると
考え、通常のルートを走行した。園児M 3 、M 4 の自宅に順次到着し
たが、いずれも不在であったため園児を引き渡すことができなかった。
その後、別の家に「近くのK小学校に避難している」との貼り紙があっ
たため、K小学校へ向かった。K小学校で、親が引き取りにきた園児 3
人を降ろした。

　バスAがK小学校に停車していることを知った園長は、教諭 2 人を徒
歩でK小学校に派遣。「バスを上げろ」と、バスAを幼稚園に引き返す
ように指示した。バスAの運転手は「戻れる」と回答し、本件幼稚園に
引き返した。

（ここで、教諭らは「園児は徒歩でつれて帰れば良かったかもしれない」などと話しているが、「バスで戻ってくるので大丈夫だろう」と思ったとしている。その後、幼稚園に帰った教諭は園長にバスで戻ってくる旨を報告したが、園長からは何の疑問もなかったという。）

園児Ｍ１、Ｍ２の母らは園長からバスがＫ小学校から戻ってくる旨報告を受けるが、２人とも門脇地区が渋滞していることを知っていたため、不安を告げた。しかし園長は「大丈夫だからここで待っててください」と回答。不安に思った２人は子供を抱えているＭ１母を残し、Ｍ２母が娘らを引取りにＡバスを探しに行った。

15：45分ころ　Ｍ２母は渋滞に巻き込まれているＡバスを発見、園児Ｍ１、Ｍ２を降車させて幼稚園に避難していたところ石巻市南浜地区に津波が到達。「津波だ」という声が坂の上から聞こえた。Ｍ２母は無我夢中で娘２人の手を引いて坂を駆け上り、何とか津波に被災せずに助かった。

バスＡは渋滞に巻き込まれて停止していたところを津波に流されていた家屋に後ろから押され、バスの内部に一気に水が流れ込み、園児ら５人がバスに取り残された。運転手は割れた窓から社外に押し出され、一時気を失ったが、気がついたときには民家の屋根におり、九死に一生を得た。バスに取り残された４人の園児は死亡した。

3. 安全配慮義務と予見可能性

２つの判決を比較する前に、まず押さえておきたいポイントがあります。そもそも「安全配慮義務」とはどのようなものなのでしょうか。法律としては労働契約法５条に定められ、2008年から施行されています。

<労働契約法 5 条>
「使用者は、労働契約に伴い、労働者がその生命、身体等の安全を確保
しつつ労働することができるよう、必要な配慮をするものとする。」

すなわち、企業には「従業員が安全で健康に働けるように配慮する」義務
があるということが法律に明記されており、これを守らないと損害賠償が発
生する可能性があることがわかります。一方で、企業と利用者（顧客）との
間では以下に記載する民法415条により安全配慮義務があるとされていま
す。同条には「安全配慮」という言葉は直接的には表現されていません。同
条による義務は判例により認められてきた信義則上の義務であり、債務不履
行責任の「債務の本旨」の内容の１つです。

民法415条　債務者がその債務の本旨に従った履行をしないとき又は
債務の履行が不能であるときは、債権者は、これによって生じた損害
の賠償を請求することができる。ただし、その債務の不履行が契約そ
の他の債務の発生原因及び取引上の社会通念に照らして債務者の責め
に帰することができない事由によるものであるときは、この限りでな
い。

そしてこれら条文により何が安全配慮義務違反となるかの基準には、以下
の２つが挙げられています。

1　結果予見可能性…事業者に結果を予見できた可能性があったかどうか。
2　結果回避可能性…事業者が結果を回避できた可能性があったかどうか。

すなわち「安全配慮義務」の概念とは、事故など何らかの結果が発生した
場合、その結果に対する「結果予見可能性」があったか、なかったかで過失
かどうかが分かれることになります。「結果予見可能性」がなければ、企業

図 5-1　安全配慮義務違反＝過失の検討パターン

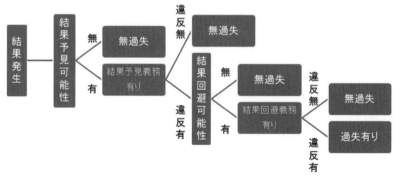

(資料提供：丸の内総合法律事務所／中野明安弁護士)

の過失はなかったとされますが、逆に「あった」場合は「結果予見義務」が発生します。予見可能性がある以上、従業員を守る組織として、そのような結果が発生することを企業は「予見する義務」を負っているものとされるのです。

　さらに、予見しうる結果に対して「結果回避可能性」があるかどうかを検討することになります。結果が回避できる可能性があった場合、「結果回避義務」が発生し、最終的にはその義務を果たしたかどうかで過失の有無が決まるのです。

　さて、では「結果予見可能性」が「ない場合」というのはあるのでしょうか？　阪神・淡路大震災で争われた裁判では、「阪神・淡路大震災クラスの大地震がどのくらい予見可能だったか」が争点となった事案があります。結果としてこの判決では、「思うに、我が国が地震多発国であることからすると、地震の発生それ自体は予見可能というべきであろうが、本件大震災規模の地震の発生を予見することも可能であったとすることは困難であるように解される」と、当時において阪神・淡路大震災クラスの地震が発生することの予見可能性を否定しています（東京地方裁判所平成11年6月22日判決）。

　そして現在ではもう 1 つ、企業が安全配慮義務を果たす上で「科学的知見」も大きな要素といわれています。「最高裁判所平成18年 3 月13日判決」では、「注意義務を尽くすには科学的な知見に基づく対策が必要である」ということが明確化しました。

　本判決の概要を解説すると、1996年 8 月13日午後 2 時55分ころ、大阪の高校でサッカーの試合中に豪雨が降り注ぎ、試合を中断しました。その後激しい雷なども発生したのですが、午後 4 時30分ころには雨がやみ、空の大部分は明るくなったため試合を再開しました。遠くの空では雷の音が聞こえていたのですが、それを聞いて教員は雷が遠ざかっているものと判断しました。午後 4 時35分、試合中に雷が生徒を襲い、生徒は重い後遺症を負うことになってしまいました。

　この事件でサッカー部の指導教員は「雷の音が小さくなっていったので、雷が遠ざかったと考えてクラブ活動を継続した」と主張しましたが、判決では「音が耳で聞こえる範囲は雷が落ちる範囲である」という科学的知見があったとしました。当該教員はサッカーを指導する立場でありながら、この科学的知見を知らなかったことが、本判決で安全注意義務違反と明確に認定されたのです。

4. 想定を超えた大災害発生時の「安全配慮義務」

　さて、では東日本大震災のような大災害発生時、企業の安全配慮義務は存在するのでしょうか。結果からいうと、 2 つの判決では明確にその義務の存在が肯定されました。七十七銀行仙台高等裁判所平成27年 4 月22日判決では前述の労働契約法 5 条を引きつつ、「その生命及び健康等が地震や津波などの自然災害の危険から保護されるよう配慮すべき義務を負っていたというべきである」と、判決文で明記されました。それまで大災害時の安全配慮義務が大きな争点となったことはなかったので、これは大きな意味を持つも

のです。

　同様に日和幼稚園仙台地方裁判所平成25年９月17日判決でも、「できる
限り園児の安全に係る自然災害等の情報を収集し、自然災害発生の危険性を
具体的に予見し、その予見に基づいて被害の発生を未然に防止し、危険を回
避する最善の措置を執り、在園中又は送迎中の園児を保護すべき注意義務を
負う」とされ、災害時の教職員らの在り方が示されています。

　では、予見可能性についてはどうだったのでしょうか。日和幼稚園裁判で
は、被告側（園長）は「東日本大震災は地震学者すら予見できなかったもの
であり、…（中略）…合理的平均人（ごく普通の一般人のこと）において予
見するのは困難であったから、被告ら職員には何らの注意義務違反はない」
と主張しました。それに対して判決は、「予見義務の対象は本件地震の発生
ではなく、（中略）巨大な本件地震を現実に体感した後の津波被災のおそれ」
であるとしています。さらに防災行政無線やラジオなどで津波警報や大津波
警報が発令され、高台への避難が呼びかけられていた状況から、「本件地震
発生後の津波被災のおそれまで予見困難であったとはいえない」として、被
告を斥けたのです。

　次に、もう一方の七十七銀行判決を検証していきましょう。訴状では震災
時、支店長の指示で行員とスタッフ14人のうち13人が２階建ての支店の屋
上、高さ10m以上のところに避難しました。そこからさらに３m高い塔に
登り、合計13m地面から高いところまで避難しましたが、20mに達した津
波は屋上を超え、全員が流されてしまいました。実は支店から徒歩３分の
ところに、町が避難場所に指定する高台である堀切山があり、そこに建つ旧
女川町立病院の２階以上は津波を逃れ助かった人もいたことから、堀切山
に行けば助かったのではないかと遺族側は主張しています。

　この主張に関して、裁判では同銀行が策定したマニュアルの合理性につい

て議論がなされました。実は津波発生時の避難場所として、かつては堀切山のみが指定されていたのですが2009年に改定され、2階建ての支店の屋上が加わっていたのです。関係者の証言によると、マニュアル改定は2003年の「宮城県津波対策ガイドライン」と2004年の「宮城県地震被害想定調査に関する報告書」を参考にしたもので、ガイドラインの中では津波のときの避難ビルについては「3階以上」とされていたのですが、当時の同行の担当者が県危機対策課に相談したところ「階数が問題なのではなく、高さが問題。通常のビルの3階建てと同程度の高さがあれば問題ない」と助言されたといいます。社屋は2階建てであったものの、3階建てと同程度の10mの高さがあったことから、同行は社屋の屋上を避難場所に追加していたのです。「宮城県地域防災計画」によると、当時の科学的知見では津波の最高水位は5.9m。女川町統計書では過去の津波の最大高は4.3mでしたので、10mという高さは合理的と考えられるものでした。

また、防災訓練に関しても、少なくとも年に1回は本店各部および各支店において防災体制の確認、通信機器の操作訓練などのほか、行員への緊急避難場所の周知徹底や安否確認訓練等を積極的に行っていたことも判明しています。女川支店でも、期初の会議や朝礼などで避難場所は堀切山、もしくは屋上であることを徹底していました。

一方で日和幼稚園では、毎年訓練は行うものの、地震発生時に園児が机の下に隠れ、その後園庭に避難するという一般的な訓練のみで、教諭らに地震時のマニュアルを配布したりすることはなかったそうです。そのため職員は「震災時には園児らを引き止めておき、保護者に引き渡すもの」という取り決めがあったことをまったく知らされていなかったといいます。園長の「早く親御さんに会わせて安心させてあげたい」という善意があったにせよ、マニュアルに反した行動をとらせて園児4人が死亡したことは注意義務違反＝過失と認定されたのです。

もう１つ、緊急時の情報収集状況についても裁判所は大きな関心を寄せました。判決文では、被告園長は「巨大地震の発生を体感した後にも津波の発生を心配せず、ラジオや防災行政無線により津波警報等の情報を積極的に収集しようともせず……」としています。宮城県教育委員会の「震災マニュアル」には「指定職員はラジオなどにより情報収集に努める。津波警報などの発生時にはさらに高台に避難する」とあり、「情報収集義務の懈怠と結果発生には相当の因果関係がある」と断じられています。七十七銀行では屋上に避難後もマニュアルどおり支店長が海の見張りとラジオによる情報収集を指示し、そのほかにもワンセグ放送等で情報を収集していたとのことで、２つの職員の行動には相当の差を見出すことができます。

5. 企業がすべき最低限の危機管理・BCPとは

　結果として七十七銀行判決では、災害時における「安全配慮義務」に照らし合わせ、多数の死者は発生していますが、同行はBCPの策定や、災害時にもマニュアルどおりに従業員を行動させたことが認められ、「結果回避義務」を果たしたと解され、損害賠償請求を免れました。一方の日和幼稚園判決では、園長側の「予見可能性は困難」との主張を斥け、マニュアルどおりに行動しなかったどころかマニュアルの存在すらも知らない職員たちの実態までもが明らかになってしまい、高額の賠償請求判決が下されてしまいました。本判決において争点になった主な事柄をまとめてみると、以下のようになります。

　　①災害マニュアルが当時の科学的知見に基づいた、合理的なものであったか
　　②安全教育を施したものを管理責任者とし、配置していたか
　　③避難訓練等を適切に実施していたか
　　④災害時に情報収集を怠らなかったか
　　⑤災害時の会社側の指揮が適切であったか

　どちらの事例も大勢の人が亡くなっているという残念な結果であったことに変わりはありません。しかし、判決の明暗を分けた大きなポイントとしては、「日ごろから最新の科学的知見を踏まえて検討を重ねたマニュアルの方が、災害時の混乱した中での判断よりも合理性を有する」ということになるでしょう。もちろん、何度もいうようにマニュアル自体が形骸化したものであったらまったく意味を成さないですし、古いマニュアルどおりに行動して命を失った事例も多々あります。「マニュアル自体の合理性」を検証することが大前提となることは言うまでもありません。

　２つの判決は、決して「高度な危機管理」を求めているものではなく、あらゆる組織が取り組むことができる「最低限レベルの安全配慮義務」を示したものにすぎません。「科学的知見に裏打ちされた、最悪レベルに至った際の合理的なマニュアルを策定し、日々状況に応じながらマニュアル自体を改善するとともに、従業員がマニュアルどおりに行動できるように訓練を繰り返す」。これらのことは、企業に求められる最低限の危機管理であり、BCPであるといえるでしょう。

参考文献）Wikipedia、RELO 総務人事タイムス、七十七銀行判決本文、日和幼稚園判決本文、リスク対策 .com Vol.42「七十七銀行女川支店、日和幼稚園判決から見る企業防災の規範」監修／資料提供）丸の内総合法律事務所

第6章

過去の自然災害に学ぶ、
災害危機対策の最新動向

1 2019年（令和元年）の3つの水害を振り返る

　平成から令和へと厳かに元号が変わった2019年は、災害の多い年となりました。特に水害は8月に九州で前線に伴う豪雨（令和元年九州豪雨、死者4人、重傷1人、軽傷1人）、9月には千葉県の8割の市町村で通信障害が発生した令和元年台風15号（死者1人、重傷13人、軽傷137人）、さらに10月の東京にほど近い神奈川県川崎市中原区武蔵小杉の高層マンションで深刻な浸水被害があった令和元年台風19号は、神奈川県足柄下郡箱根町で24時間の雨量が922.5mmという日本観測史上1位を記録したほか、103地点で記録を更新しました。さらに死者99人、行方不明者40人、重傷40人、軽傷444人と各地に深い傷跡を残しています。しかし、この水害の拡大化傾向は昨年に限ったことではありません。過去5年を振り返っただけでも、毎年のように豪雨災害が発生していることがわかります。

・西日本豪雨（平成30年7月豪雨）
　梅雨前線に向かって南から暖かく湿った空気が大量に流れ込んだのが主因で、台風7号も影響。岡山県、広島県、愛媛県を中心に豪雨による土砂災害、浸水被害が発生した。岡山県倉敷市真備町だけで51人が死亡、ほとんどが水死だった。その他合計で死者263人、行方不明者8人、重傷141人、軽傷343人。

・九州北部豪雨（平成29年7月九州北部豪雨）
　梅雨前線や台風の影響で西日本から東日本を中心に局地的に猛烈な雨が降り、福岡県、大分県を中心に大規模な土砂災害が発生。福

岡県朝倉市朝倉では24時間の雨量が545.5mmに達し、死者40人、
行方不明者 2 人、1600棟を超える家屋の全半壊や床上浸水が発生
した。

・関東・東北豪雨（平成27年 9 月関東・東北豪雨）
　台風から変わった低気圧に向かって暖湿気流が流れ込み、西日本
から北日本にかけての広い範囲で大雨。死者20人、負傷者82人。
茨城県常総市では鬼怒川の堤防決壊で家屋が流出等するなどして
7000棟以上の家屋が全半壊、床上・床下浸水 1 万5000棟以上。

・広島土砂災害（平成26年 8 月豪雨）
　相次いで接近した 2 つの台風と停滞前線の影響で広範囲に記録的
な大雨。広島市では、次々と発生した積乱雲が一列に並び集中的に
雨が降り続く現象が発生し、土石流や崖崩れが多発、災害関連死も
含む死者77人、負傷者44人、家屋の全半壊396棟などの被害。

　地球温暖化の影響もある中、今後も日本における水害は増加傾向にあると
いわれています。以下は気象庁のホームページに掲載されている、日本にお
ける「 1 時間降水量50mm以上の年間発生回数」です。同庁によると、全国
の 1 時間降水量50mm以上の年間発生回数は増加傾向にあるといいます。
そして今後この傾向は、強まることはあっても弱まることはないでしょう
（p.9「図表 1 - 1 」を参照）。
　これらの災害を、企業が完璧に防ぎきることはもはや不可能です。しかし、
それでも平時からの努力により、被害を軽減することはできます。
　本章では過去の災害をヒントにしながら、災害から企業を守るためのポイ
ントを探っていきたいと思います。

2 熊本地震から学ぶ
〜地震発生確率 0 〜 0.9％は「比較的高い」
確率と考えよう

1. 熊本地震の概要

　2016年4月14日21時26分以降、熊本県と大分県で非常に大きな地震が相次いだ。気象庁震度階級では最も大きい「震度7」を観測する地震が4月14日夜および4月16日未明に発生したほか、最大震度6強の地震が2回、震度6弱の地震が4回、震度5強が5回、震度5弱が14回発生。国内の震度7の観測事例としては4例目および5例目にあたる。震度7が連続して2回観測されたのは、気象庁震度階級が制定されてから初となった。直接死が50人だったのに対し、関連死が222人（2020年2月14日時点）に上ったことも、後に大きな教訓を残す災害となった。

2. 直下型地震と海溝型地震

写真 6-1　熊本地震で倒壊した益城町内のお寺 (撮影：筆者)

写真 6-2　倒壊した木造家屋 (撮影：筆者)

　写真 6 - 1、6 - 2 は、筆者が熊本地震直後に現地（熊本県上益城郡益城町）
に入って撮影したものです。写真 6 - 1 では寺院の一階部分が見事に潰れて
いることがわかるでしょう。熊本地震はいわゆる「直下型地震」と呼ばれる
地震です。既知かもしれませんが、ここで直下型地震と海溝型地震について
おさらいしておきましょう。

　直下型地震とは、1995年の阪神・淡路大震災のように、都市部などの直
下で断層がずれ動いて発生する地震のことです。浅い所で発生するため、地
震の規模が比較的小さくても地表が大きく揺れ、被害が拡大することが多い
ことが知られています。過去に繰り返し地震を起こした断層は活断層と呼ば
れ、熊本地震を引き起こしたのは布田川・日奈久断層帯と呼ばれる活断層帯
でした。直下型地震は地面の下から突き上げるような大きな縦揺れが襲い、
数十秒と比較的短い時間で揺れは治まります。阪神・淡路大震災では、揺れ
ていた時間はおよそ10秒から15秒程度といわれており、短時間で大きな被
害をもたらすのが特徴です。

　一方、2011年に発生した東日本大震災や、近い将来に起きる可能性が高
いといわれている南海トラフ地震は、海側プレートが陸側プレートの下に沈

み込む境界で発生するため、海溝型地震と呼ばれます。図表6‐1のように、海側プレートは陸側プレートの下に1年間に数cmから10cm程度のゆっくりとした速度で沈み込んでいます。引きずり込まれた陸のプレートの先端部にひずみがたまり、100年～200年ぐらい経過すると、このひずみの蓄積に限界がきて壊れてずれ動き、陸のプレートの先端部が跳ね返ります。このときの衝撃で起きるのが「海溝型地震」です。揺れ方の特徴としては、小さな縦揺れの後、ゆっくりとした大きな横揺れが数分間、陸地の広い範囲で発生します。海溝型地震では、地震が治まった後に津波がくる可能性がありますので、その後も十分な警戒が必要です。「揺れが長く（数分）続いたら津波がくる（可能性が高い）」と覚えておいていいでしょう。

図表6-1　海溝型地震、プレート内地震、内陸型地震の模式図 (岡田 (2012))

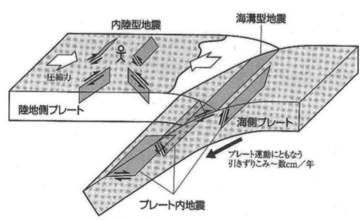

出典：国土地理院ホームページ
https://www.gsi.go.jp/bousaichiri/explanation.html

　また、海溝型地震で長く地表が揺れた場合、都市部の高層ビルなどでは長周期地震動が発生する可能性があるので注意してください。地震が発生すると、さまざまな周期を持つ揺れ（地震動）が発生します。ここでいう「周期」とは、揺れが1往復するのにかかる時間のことです。南海トラフ地震のような規模の大きい地震が発生すると、周期の長いゆっくりとした大きな揺れ

(地震動)が生じます。このような地震動のことを長周期地震動といいます。

　一方で、建物には固有の揺れやすい周期（固有周期）があります。地震波の周期と建物の固有周期が一致すると共振して、建物が大きく揺れる現象が発生します。高層ビルの固有周期は低い建物の周期に比べると長いため、長周期の波と「共振」しやすく、共振すると高層ビルは長時間にわたり大きく揺れることになります。高層階の方がより大きく揺れる傾向があり、長周期地震動により高層ビルが大きく長く揺れることで、室内の家具や什器が転倒・移動したり、エレベーターが故障したりすることがあります。東日本大震災を体験された方も多いと思いますが、当時筆者がいたオフィスも東京の30階建てビルの14階にあり、地震発生以降夕方まで数時間にわたってビルが揺れ続け、それによって体調不良に陥った従業員もいたのを覚えています。気象庁によると、さらに震源から約770km離れた大阪府の「咲洲庁舎」（55階建て、高さ256m）でも長周期地震動により約10分間揺れ、最上階付近の揺れ幅は最大約2.7mに達したといいます。企業としてはオフィスの耐震化や什器の固定など基本的なことでしか対応できることはありませんが、それでも「日本全国、どこでも被害が発生するおそれがある」ことは覚えておいてほしいと思います。

3. まさか熊本で大地震が発生するとは思わなかった？

　地震発生当時、世間で言われたのは「まさか熊本で大地震が発生するとは思わなかった」という人々の思い込みでした。地震直後の４月16日付け長崎新聞の社説では、「【熊本地震】『まさか九州で』という衝撃がまだ消えない」との見出しが躍っています。しかし、本当にそうなのでしょうか。政府の地震調査研究推進本部のホームページによると、過去に熊本県では以下のような地震が発生しています。

（1）熊本県で発生した主な地震

■1619年5月1日（元和5.3.17）肥後・八代

　M：6.0　麦島城をはじめ公私の家屋が破壊した。

■1625年7月21日（寛永2.6.17）熊本

　M：5.0～6.0　地震のため熊本城の火薬庫爆発、天守付近の石壁の一部が崩れた。城中の石垣にも被害、死者約50人。

■1723年12月19日（享保8.11.22）肥後・豊後・筑後

　肥後で倒家980、死者2人。飽田・山本・山鹿・玉名・菊池・合志各郡で強く、柳川辺でも強く感じた。

■1769年8月29日（明和6.7.28）日向・豊後・肥後

　延岡城・大分城・寺社・町屋の破損が多かった。熊本領内でも被害が多く、宇和島で強く感じた。津波があった。

■1889年7月28日23時45分（明治22）熊本市付近

　M：6.3　熊本地震　飽田郡を中心に熊本県下で被害大。死者20人・負傷54人、家屋全壊239・半潰138、地裂880、堤防崩壊45、橋梁壊落22・破損37、道路損壊133。柳河地方でも潰家60余。肥後・筑後地方で強震

■1894年8月8日23時19分（明治27）熊本県北部

　M：6.3　阿蘇郡永水村で家屋土蔵破損15、石垣の崩壊が多かった。長陽村で家屋破損1、石垣崩壊9。

■1895年8月27日22時42分（明治28）熊本県北東部

　M：6.3　阿蘇郡山西村で土蔵破損400、堤防亀裂8、石垣崩壊22、石碑・石灯籠の転倒多し。永水村で家屋破損5。その他の諸村で小被害。肥後・筑後地方で強震。

■1909年11月10日15時13分（明治42）宮崎・熊本県境

　M：7.6　震域広く日向・土佐で潰家・死者あり。宮崎市で被害大。県内で負傷3。最大震度5：宮崎・大分・鹿児島・佐賀・岡山・徳島・広島など。震度6熊本。

■1975年1月23日23時19分（昭和50）熊本県北東

　M：6.1　阿蘇郡一の宮町三野地区に被害集中。負傷10人、家屋全壊

16、道路損壊12、山（崖）崩れ15。最大震度 5 阿蘇山

図表 6-2　熊本県とその周辺の主な被害地震

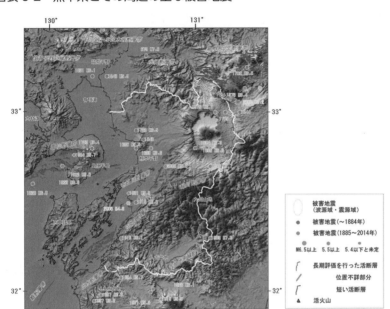

（出典：「熊本県の地震活動の特徴」　地震調査研究推進本部ホームページ（https://www.jishin.go.jp/regional_seismicity/rs_kyushu-okinawa/p43_kumamoto/）より）

（2）熊本県の地震活動の特徴

　同ホームページでは「熊本県の地震活動の特徴」として以下のように記述しています。

　熊本県に被害を及ぼす地震は、主に陸域や沿岸部の浅い場所で発生する地震と、日向灘など東方の海域で発生する地震です。

　陸域の浅いところでこれまでに発生した被害地震は、主に別府－島原地溝帯に沿った地域とその周辺（布田川断層帯・日奈久断層帯に沿う地域など）で発生しています。

　別府－島原地溝帯やその縁を走る布田川断層帯の周辺に発生する被害地震は、阿蘇山周辺と熊本市周辺で多く知られています。阿蘇山の南外

輪山付近で1894年と1895年にいずれもM6.3の地震が発生しました。1975年に阿蘇カルデラ北部で発生した地震活動（最大M6.1）では、震源域に最も近い阿蘇市一の宮町三野で家屋や道路などに被害が生じました。また、熊本市付近では、1889年に市街地のほぼ直下で、M6.3の地震が発生し、死者20名、家屋の全・半壊400棟以上という大きな被害が生じました。熊本市周辺ではこれ以外に、1625年、1723年、1848年、1907年にもM5〜6程度の被害地震が発生しています。日奈久断層帯周辺では、八代〜水俣付近で被害地震が多く、1619年にM6.0の地震が発生し、家屋等に被害が生じました。この付近では、1916年の地震（M6.1）や1931年の群発地震（最大M5.9）でも石垣の崩壊などの被害が生じました。

（〜中略〜）

　また、熊本県周辺に震源域のある海溝型地震はありませんが、前述のように、南海トラフ沿いの巨大地震で被害を受ける可能性もあります。

　天草市をはじめ県内の10市町村は、南海トラフの地震で著しい地震災害が生じるおそれがあり、「南海トラフ地震防災対策推進地域」に指定されています。

　おわかりいただけるでしょうか。史実として記録が残っている江戸時代以降、熊本では平均して40年〜50年に1度は大きな地震に見舞われており、2016年の熊本地震から約40年前の1975年にも阿蘇付近でM6の地震が発生しているのです。熊本県は全国的にみても「地震発生確率が高い」場所と考えてみていいと思われます。「まさか熊本で地震が発生するとは思わなかった」という現地の感想は、よく話を伺ってみると「私が住んでいたここ何十年か、こんな大きな地震が発生したことはない」という場合が多いと思います。地震は数100年に1度、1000年に1度の単位で人々に襲い掛かるものであり、人間の経験できる範囲内で何度も体験できるものではありません。私たちに必要なのは、「客観的かつ科学的知見に基づくエビデンス（証拠）」です。短い「人生経験」から導き出す回答は、非常に危ういと言わざるを得

ないでしょう。

4. 0～0.9％の確率は「やや高い」に分類？

　上記の「熊本県の地震活動の特徴」等を掲載している政府の「地震調査研究推進本部」では、活断層の長期評価を行っています。その長期評価では、熊本地震を発生させた日奈久・布田川断層帯における今後30年間にＭ７程度の地震が発生する確率はほぼ０～0.9％。この数値は日本に114本ある主要活断層の中では「やや高い」に分類されます。実は日本にはおよそ2000本以上の活断層が存在しており、その中からＭ７以上の地震を起こしうる危険性の高い断層を「主要活断層帯」として114本選んでいるものなのです。

　皆さんの住んでいる、もしくは働いている地域の断層帯はどうでしょうか。「０～３％」などと聞いて、「可能性は少ない」などと思っていないでしょうか。ぜひ、もう一度ハザードマップを見直してください。もし「●●断層帯」などと名前がついていたら、すでに日本の「主要活断層」に選ばれており、「いつ地震が発生してもおかしくない」と考えてほしいと思います。

5. 熊本地震でも機能したBCP

　熊本地震で最も大きな被害があった熊本県益城町。その隣に位置する菊陽町に工場を構える大手フィルムメーカーの子会社Aは、「地震が発生しない」とされていた土地の噂に惑わされず、建設時から布田川・日奈久断層帯の存在を把握し、地震などの自然災害を想定して訓練を繰り返してきました。液晶ディスプレイの構成部材の１つを生産する同社は、１万分の１mm単位でのずれも許されない精度の精密機器を持ちながら、東京にある親会社の災害対策本部と連携し、発災から約２週間という目標を上回る短期間で生産を再開させています。災害対策本部には、ホワイトボードに独自に開発した被害集計表や時系列の被害状況確認表を貼り付け、停電時でも手書きで集計が

できるように工夫されていました。科学的・客観的な知見を基にしたリスクアセスメントを適切に実施していた良例といえるでしょう。

図表6-3　主要活断層の評価結果

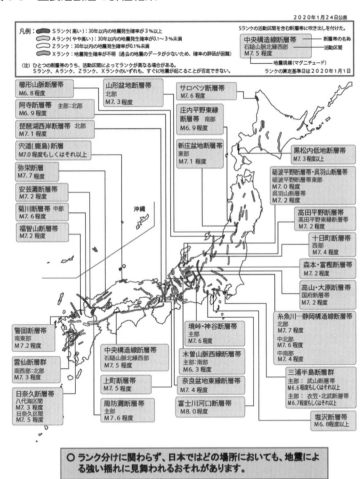

（出典：政府　地震調査研究本部ホームページより「主要活断層の長期評価」）Aランク（30年以内の地震発生率が0.1～3%未満）の断層帯。日奈久断層帯はAランクとされている。

3 糸魚川大火から学ぶ
〜その町特有のリスクとは？

1. 糸魚川大火の概要

　2016年12月22日10時20分ころ、新潟県糸魚川市大町の中華料理店にて、大型こんろの消し忘れによって火災が発生。焼損した一帯は、市街地中心部の糸魚川駅から北側に位置している。そこは、主に昭和初期に建造された雁木造の商店街や木造住宅の密集地域であったことに加えて、『姫川おろし』

図表6-4　糸魚川大火で焼失した地域。「姫川おろし」という強い南風が日本海に向かって吹き下ろしていた

昭和３年、昭和７年、昭和29年、平成28年大火焼失区域図（糸魚川市消防本部作成）
（出典：平成28年（2016年）糸魚川大規模火災調査報告書（消防本部センター））

と呼ばれる強い南風により「飛び火」が発生し、北の日本海方向に延焼した。消火用水が足りなくなるなどで消火に手間取り、147棟（全焼120棟・半焼5棟・部分焼22棟。床面積30,412㎡）を含む約40,000㎡が焼損。鎮火までおよそ30時間を要した。人的被害は中・軽傷合わせ17人（消防15人）。死者は出なかったものの、100棟以上消失する大規模な火災は40年前の1976年に発生した「酒田の大火」（山形県酒田市）以来であった。

2．「飛び火」と足りなかった「消火用水」

　近年まれにみる市中火災となった糸魚川市の大火。何が原因だったのでしょうか。火災後に開催された市議会に提出された資料によると、当日は午前11時から正午にかけて最大瞬間風速27.2m/sの「姫川おろし」という強い南風が山から日本海に向けて吹き下ろしていたといいます。では最大瞬間風速27.2m/sとは、いったいどのくらいの強さなのでしょうか。

　気象庁ホームページによると、最大瞬間風速17.2m/s以上は「台風」に分類されています。最大瞬間風速27.2mは台風クラスの「強い風」とされ、「風に向かって歩けなくなり、転倒する人もいる」「屋根瓦、屋根葺きがはがれるものがある」ほどの風なのです。それだけの風を受けて炎が飛び火してい

写真 6-3　火元の中華料理店 (撮影：筆者)

写真 6-4　古い木造住宅は軒並み燃えてしまった(撮影：筆者)

るため、もともと多かった古くからある木造住宅は海に向かって軒並み燃え
てしまいました。同時に、消防に使う水利や人員、設備の不足も指摘されて
います。

3. 糸魚川市では、江戸時代からたびたび火災が発生していた

　さて、また糸魚川市の過去の災害を紐解いてみましょう。記録に残ってい
るものだけでも江戸時代後期から、たびたび大火災が発生していることがわ
かります。

（1）糸魚川市の主な災害

　　1773年　新潟焼山が噴火。火砕流が発生。
　　1782年３月１日　姫川が氾濫。
　　1806年５月２日　大町が大火、306棟焼失。
　　1814年８月16日　七間町が大火、508棟焼失。
　　1816年２月17日　横町大火、744棟焼失。
　　1826年６月20日　浜町大火、600棟焼失。
　　1834年４月20日　横町大火、458棟焼失。

1873年6月13日　浦本で大火、300棟焼失。

1904年8月13日　新屋町にて大火、459棟焼失。

1911年4月22日　浜町にて大火、503棟焼失。

1932年12月21日　横町で大火、368棟焼失。

1974年7月28日　新潟焼山が噴火。山頂付近で3人が死亡。

2016年12月22日　糸魚川大火。

　なぜこれだけの大火が、平成の終わりに発生してしまったのでしょうか。「飛び火」のほかに大きな原因の1つは消防人員・設備の少なさにありました。東京23区とほぼ同じ面積を有しながら、糸魚川市消防本部には消防ポンプ自動車が6台、小型動力ポンプ車が2台しかなかったといいます。平時の単発的な火災であればこれで十分なのですが、今回のように飛び火により複数の場所で火の手が上がった場合には、十分とはいえないでしょう。加えて、ソフト面の問題として近年大型の火災が発生していなかったため、大火を経験した職員もおらず、大火に対する警防マニュアルも不十分だったと後に専門家が指摘しています。「酒田の大火」以降、大きな火災が発生していなかったことも油断につながった原因の1つかもしれません。

　加えて、筆者が現地を取材したときに現地メディアが指摘していたのが、近年の大きな町の変化そのものでした。実は現在、糸魚川駅は北陸新幹線の停車駅となっており、町並みには古い旧家然とした木造住宅が多く残るものの、駅前は近代的な町へと生まれ変わっています。火災が多いことが認識されていたころは、町中いたるところに消火用水が張り巡らされていたのですが、近代化と同時に暗渠化してしまっているという指摘がありました。いずれにせよ、町が「火災」というこれまでの歴史で最も町に被害を与えていた災害に対して、コミュニティとしての備えが弱くなっていたのではないでしょうか。

　新幹線の整備が、新しい町を生みました。しかし、過去の火災の記憶が薄

らいだことで被害が拡大していましました。こちらも、適切なリスクアセスメント（評価）ができていなかったことが、被害の拡大の原因の一因なのではないでしょうか。神戸大学名誉教授の室﨑益輝氏は、雑誌のインタビューに対して「今回の大火を、『特異な事例』として片づけてはならない。過去の経験がどのように生かされたのか、あるいは生かされなかったのか。今回の大火で問われている」と話しておられます。

**写真 6-5 奥に見えるのが糸魚川駅。近代化された駅
前の商店街**

（参考文献：一般財団法人日本防火・防災協会 論説「想定外にいかに
備えるか…糸魚川大火の教訓」（神戸大学名誉教授／室崎益輝））

4 常総市水害から学ぶ ～ハザードマップの重要性

1. 常総市水害の概要

　2015年９月７日に発生した台風18号や前線の影響で、西日本から北日本にかけての広い範囲で大雨となり、その後、台風18号から変わった低気圧に流れ込む南よりの風や、後に台風17号の周辺からの南東風が主体となり、湿った空気が流れ込み続けた影響で多数の「線状降水帯」が次々と発生し、関東・東北で記録的な豪雨となりました。気象庁は本豪雨を後に「平成27年９月関東・東北豪雨」と命名しています。常総市内ではこの豪雨により市内を流れる鬼怒川、小貝川が氾濫。多くの家屋が流されるとともに、死者２人、負傷者40人以上、全半壊家屋5000棟以上という甚大な被害が発生しました。また、災害時には数多くの住民が救助され、ヘリコプターによる救助人数は1339人に上りました。

2. 繰り返された鬼怒川・小貝川の洪水

　常総市内には、鬼怒川と小貝川という２つの川が流れており、これまで多くの水害に見舞われてきました。昭和に入ってからの代表的なものだけで、以下のようなものがあります。

1938（昭和13）年９月の洪水…台風による出水により、渡良瀬川と鬼怒川が合流する大洪水に。利根川上流では水位が計画高水位より60cm以上も上回り、関東全域で328人の死傷者が出た。
1981（昭和56）年８月の洪水…利根川本川の逆流により、小貝川下流部で

堤防が決壊。多くの家屋が浸水被害に見舞われた。

1986（昭和61）年 8 月の洪水…台風100号がもたらした豪雨は150年に一度といわれる洪水を引き起こし、築西市（旧下館市）の 4 分の 1 が冠水。築西市（旧明野町）の赤浜地先や常総市（旧石下町）の本豊田地先では堤防が決壊した。

2002（平成14）年 7 月台風 7 号による洪水…台風 6 号とその接近に伴って活発化した梅雨前線の影響により、東海地方から東北地方にかけて大雨となり、鬼怒川にも大きな爪痕を残した。

3. 生かされなかったハザードマップ

　図表 6 - 5 が、常総市が発行しているハザードマップです。市内を南北に左側に流れている川が鬼怒川、右側に流れている川が小貝川です。川に挟まれた部分で色が濃い部分は浸水エリアです。市内のおよそ半分が浸水エリアになっているのがわかるでしょう。さらに、市役所の場所がわかるように拡大してみたのが図表 6 - 6 です。市役所が完全に浸水エリアに浸かっていることがわかるでしょう。

　そもそも、常総市は水海道市を中心として石下町ほか近隣の村が合併して2006年にできた市です。そしてその市庁舎は2011年の東日本大震災で大きな被害を受けたために改築。高い耐震性を持つ防災拠点として2014年に竣工しました。しかし、その「防災」の意味は「地震」を指し示すものであり、常総市水害の際は庁舎が浸水。非常発電機が 1 階にあったため停電が発生し、電話も不通となり、さらに交通の途絶により孤立するという思わぬ弱点が露呈してしまいました。

　元の町の名前が「水街道市」であり、市内を流れる川は「鬼怒川」と、水の災害を連想させる地名は過去から繰り返して水害が発生していたことが容易に想像できますが、平成の大合併により「常総市」となったことで、水害の記憶が薄らいでしまった可能性が高いと考えられます。

図表 6-5　常総市洪水ハザードマップ

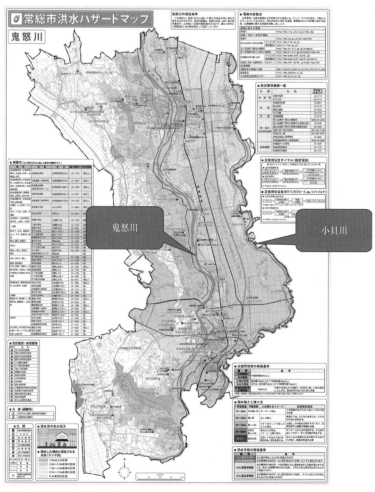

（出典：常総市ホームページ）

図表6-6　常総市洪水ハザードマップ　拡大図

（出典：常総市ホームページ）

ハザードマップを拡大してみたところ。常総市役所が川にはさまれ、グレーの浸水エリアにあることがわかる。

4. 平成27年常総市鬼怒川水害対応に関する検証報告書─わがこととして 災害に備えるために─

　水害発生当時、市長による避難勧告の遅れやメディアに対する情報伝達の不十分さが指摘されたこと等から、同市では筑波大学教授の川島宏一氏を座長に迎え、常総市水害対策検証委員会を発足。2016年6月に検証報告書を発行しています。この検証報告書は当時の市の対応に関して非常に歯に衣着せぬ物言いをしており、興味のある方はぜひ読んでいただきたい内容です。特に対策本部の在り方については「反面教師」として非常に役に立つでしょう。以下、その主なものを記載しますので、自社のBCPと比べ、参考にしていただきたいと思います。

（1）災害対策本部で抽出された課題

・災害対策本部ではメンバーの役割分担がないまま全員対応が続けられた結果、対応が逐次的になりがちになったほか、必要な対策内容の抜けや漏れを生む温床ともなった。

・災害対策本部会議と同事務局との連携が不足しており、本来、安全安心課が担うべき災害対策本部の事務局・参謀機能の役割を果たせなかった。

・災害対策本部の運営が平素の庁議の延長上で行われるものと解釈されたことから、災害対策を所管する市民生活部長や安全安心課長が災害対策本部での議論をリードできなかった。

・災害対策本部の詳細な活動記録や議事録を残す配慮が不足していた。

・webサイトを通じた市民向け広報やマスメディア対応にあたるべき、情報政策課広報係の職員が災害対策本部内に常駐していなかった。

・初期の数日間に警察、消防、自衛隊、茨城県、国土交通省等の各関係機関の連絡要員が災害対策本部会議に参加できなかった。

（2）情報収集・集約で抽出された課題

・災害対策本部が置かれた庁議室での情報収集手段があまりに貧弱すぎた。

・独自の情報収集手段の貧弱さゆえに、本部メンバー各個人の携帯電話への通話や庁議室に出入りする非要員がもたらす情報に頼らざるを得なくなり、情報が錯綜した。

・情報集約のための大判の地図資料が用いられなかった。

・初期の数日間、警察、消防、自衛隊、茨城県、国土交通省等の関係各機関の連絡要員が災害対策本部会議に参加できなかった。

・災害対策本部に数多くの情報がもたらされるものの、羅列されるばかりで、その全体的な集約と総合的な分析が十分でなかった。

（出典：平成27年常総市鬼怒川水害対応に関する検証報告書）

5. 2019年（令和元年）の水害と、過去の3つの災害を振り返って。科学的、客観的な事実に基づいたリスクアセスメント（評価）が重要！

　これまで挙げてきた熊本地震、糸魚川大火、常総市水害の3つ災害を振り返ると、以下のようなことがわかります。

熊本地震＝「熊本では地震が発生しない」という思い込みが住人にあった。（実際には何度も発生していた）
糸魚川大火＝「火災」というこれまでに最も町に被害をもたらしていた災害に対して、町が弱くなっていた。
常総市水害＝「水害」という今までに最も町に被害をもたらしていた災害に対して、町が弱くなっていた。

　実はこれらのことは、令和元年に発生した水害の状況と酷似しています。神奈川県川崎市中原区武蔵小杉の高層マンションで深刻な浸水被害があった台風19号では、メディアに答える地域住民は「こんなことは初めて。想定外だ」としていました。しかし、川崎市の多摩川沿いはもともと工業地帯であり、昭和に入ってこれまで何度も水害が発生していたことは古くから住んでいる人たちには周知の事実だったのです。
　一方で、同じ台風19号では長野県の千曲川も氾濫しましたが、こちらは周辺住民が平時からハザードマップを確認し、浸水地域を把握していたために迅速に避難が進み、人的被害はほとんど出ませんでした。「うわさ」や「自分の経験」に惑わされず、歴史的・科学的に自分の町に適した適切なリスクアセスメント（評価）と対策が重要なことがおわかりいただけたでしょうか。どのようなBCPも、想定する「リスク」を間違えてしまえば画餅と帰してしまいます。企業の担当者は自分たちのリスクを十分に把握してから、計画を策定してみてください。

6. 現在は貞観時代に酷似？　災害は忘れないうちにやってくる！

　本章の最後に、これまで歴史上日本で発生している大きな災害を振り返ってみましょう。おおよそ15年～30年のサイクルで大きな地震が発生していることがわかるでしょう。1995年の阪神・淡路大震災から数えて、今年で25年。30年サイクルだとすると、あと5年のうちに大きな災害が発生することは十分に予想できます。ぜひ来るべき災害に備えてほしいと思います。
（資料提供：跡見学園女子大学教授／鍵屋一氏）

『貞観の時代』
863年　越中・越後で大地震（北陸）
864年　富士山や阿蘇山が噴火
868年　播磨・山城で大地震（関西）
869年　三陸沖でM8以上の貞観地震（東北）
　　　　その後、肥後、出雲、京都、千葉で地震
878年　南関東（相模・武蔵国）でM7以上の直下地震
887年　M8以上の東海・東南海・南海の三連動地震（五畿七道）
この間は25年！

『天正・慶長の時代』
1586年　飛騨、美濃、近江でM8級の天正大地震（関西）
1596年　伊予、豊後、伏見でM7級の慶長地震（関西）
17世紀初頭　十勝沖から根室沖までM8.4級の地震
1605年　M8以上の東海・東南海・南海の三連動型の慶長大地震
1611年　M8級の慶長三陸地震（東北）
1615年　慶長江戸地震
この間は30年！

『元禄・宝永の時代』

1703年　Ｍ8 級の元禄関東地震

1707年　M8.4の東海・東南海・南海三連動型の宝永地震、同年富士山が
　　　　　　　噴火

1717年　M7.5宮城県沖地震（東北）

この間は15年！

『大正・昭和の時代』

1923年　Ｍ8 関東大震災（関東）

1936年　M7.4宮城県沖地震（東北）

1944年　M8.2東南海地震（中部・関西）

1946年　M8.4南海地震（関西、四国）

1948年　Ｍ7 福井地震（北陸）

この間は26年！

『平成〜令和の時代』

1995年　阪神・淡路大震災（関西）

2004年　中越地震、その後中越沖地震、能登半島地震、
　　　　　　　岩手・宮城内陸地震

2011年　Ｍ9 の東日本大震災（東北）

2016年　熊本地震

2018年　大阪北部地震、北海道胆振地震

20XX年　首都直下地震？
　　　　　　　西日本大震災？
　　　　　　　富士山噴火？

25年後なら2020年！？　30年後なら2025年！？

「災害は忘れないうちにやってくる」と考えて、対策を練ろう！

第7章

国の防災対策最新情報および
中小企業支援策

「巨大地震警戒」の臨時情報とは？ ～「地震は予知できない」を前提とした国の最新対応を知り、企業の対策を見直そう

　政府の中央防災会議は2016年「南海トラフ沿いの地震観測・評価に基づく防災対応検討ワーキンググループ」（座長：東京大学地震研究所地震予知研究センター長／平田直氏）の報告により、「現時点において、地震の発生時期や場所・規模を確度高く予測する科学的に確立した手法はない」との見解を発表しました。

　この公表は、それまでの東海地震の直前予知を前提の1つに踏まえた「大規模地震対策特別措置法」（以下、大震法）の在り方の大転換を意味するものでした。このため、気象庁は当面の対応として2017年から「東海地震に対する警戒宣言の発令」を凍結。新たに「南海トラフ沿いの地震に関する評価検討会」を設置して、南海トラフ沿いで発生した異常な観測結果や分析に対して、「南海トラフ地震に関連する情報（定例）」（ほぼ毎月1回）と、異常な現象が観測されたときには「南海トラフ地震に関連する情報（臨時）」を発表することに決定しました。

　さらに、2019年から臨時情報が発表された後、「南海トラフ地震関連解説情報」が発表されることになりました。これは異常な事態が観測された後に震源域周辺における事態の推移を解説するものです。

　少し複雑ですが、誤解を恐れずに簡単にいうと「定例」は毎月出るもの。「臨時」は南海トラフに異常な事態（地震が発生することも含む）が発生した後に出るもの。「解説」は「臨時」の後に出るものと覚えておいて差し支えないでしょう。ただ、「臨時」情報はいくつかの種類に分かれるので、そ

の後の対応に注意が必要です。以下、解説していきます。

1.「巨大地震警戒」と「巨大地震注意」の臨時情報

　「南海トラフ地震に関連する情報（臨時)」は、さらに以下の 4 種類に分かれます。「調査中」「巨大地震警戒」「巨大地震注意」「調査終了」です。表記としては、例として「南海トラフ地震臨時情報（巨大地震警戒)」のようになります。このうち、危険が迫ってきているのは「巨大地震警戒」「巨大地震注意」なので、主に本章ではこの 2 つについて考察してみようと思います。

　「巨大地震警戒」「巨大地震注意」の解説の前に、もう 1 つ知らなければいけないことがあります。前述したとおり、現在の科学力では「地震の科学的な予測」はできませんが、「発生確率が高くなることを評価すること」はできるとしています。どのような場合なのでしょうか。

　誤解を恐れずに、とても簡単にいうと、「南海トラフ地震が発生したら、その後の 3 日〜 1 週間の間にもう 1 度、日本列島の別の地域で、南海トラフ地震が発生する可能性が高くなる」ということが報告書の中で明示されたのです。

　このことをもう少し詳しくみるために、まず以下の 3 つのキーワードを覚えてください。「半割れ」「一部割れ」「ゆっくりすべり」です。最も被害が大きいのが「半割れ」ケース、その次が「一部割れ」ケース。そしてまだ地震は発生していませんが、「発生確率が高くなった」と評価できる状況が「ゆっくりすべり」ケースです。

　そして、「半割れ」ケースで政府から発せられるのが、「巨大地震警戒」の臨時情報。「一部割れ」ケースと「ゆっくりすべり」ケースで発せられるの

が「巨大地震注意」の臨時情報なのです。ここから後は政府が発表した図表も含めて、「半割れ」「一部割れ」「ゆっくりすべり」についてもう少し詳しくみていきます。

2.「半割れ」が発生したら「巨大地震警戒」

図表 7-1 「半割れ」のイメージ

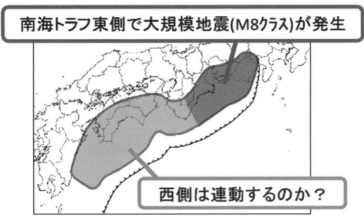

(出典：内閣府防災「南海トラフ地震の多様な発生形態に備えた防災対応検討ガイドライン」
(平成 31 年 3 月))

　図表 7 - 1 が、2019 年 3 月に内閣府防災から発表された「半割れ」のイメージ図です。「半割れ」とは南海トラフを発信源とした大規模地震（モーメントマグニチュード※8.0 以上）が発生し、とても簡単に言うとプレートの「半分が割れた」状況のことを指します。

　※モーメントマグニチュード‥国際的にも広く用いられているが、計測に時間がかかるため、気象庁の地震速報には気象庁マグニチュードが用いられる。

　図表 7 - 2 のとおり、大規模地震が発生すると東側部分は崩壊し、連続して西側部分も地震の発生確率が高くなると評価できることになります。この場合の「崩壊」とは南海トラフの東側半分が地震で 7 割程度破壊された段

階で、おおむね想定震源域が破壊されたとみなします。この場合、政府はどのような対策をとるのでしょうか。

図表 7-2 「半割れ」が東側で発生した場合

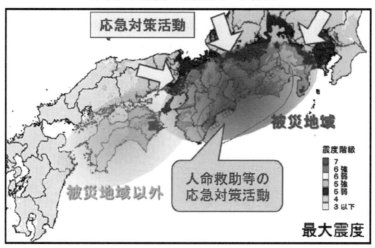

（出典：内閣府防災「南海トラフ地震の多様な発生形態に備えた防災対応検討ガイドライン」（第 1 版）（平成 31 年 3 月））

東側で地震が発生した場合、まず被災地では甚大な被害が生じていることから、まずは被災地域の人命救助活動が一定期間継続することが考えられます。さらに西側の後発地震が懸念される地域は、先の地震に対する緊急対応をとった後、自らの地域で発生が懸念される大規模地震に対して防災対応をとり、社会全体として地震に備えつつ、通常の社会活動をできるだけ維持する必要があります。この対応を「巨大地震警戒対応」と呼びます。

3.「一部割れ」ケースは「巨大地震注意対応」

次に「一部割れ」ケースをみてみます。以下のように、南海トラフ地震の想定震源内のプレート境界においてモーメントマグニチュード（M）7.0以

上8.0未満の地震が発生した場合も、連続して大規模地震発生の確率が高まったと評価できます。

図表 7-3 「一部割れ」のイメージ

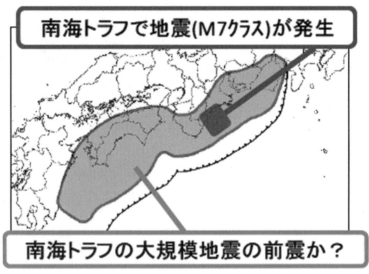

(出典：内閣府防災「南海トラフ地震の多様な発生形態に備えた防災対応検討ガイドライン」(第1版)（平成31年3月))

「一部割れ」ケースの地震発生後に、隣接領域でM8.0クラスの地震が7日以内に発生する頻度は、歴史的に数百回に1度程度。これは通常の数倍程度の頻度と評価できます。直近の2事例では、2年と32時間の時間差をもって連続してM8.0以上の地震が発生しています。

・1944年　昭和東南海地震（M8.2）の2年後の1946年に昭和南海地震（M8.4）が発生している。
・1854年　安静東南海地震（M8.6）の32時間後に安政南海地震（M8.7）が発生している。
・過去の8事例（南海トラフ沿いで発生が知られている大規模地震9例のうち、津波地震の可能性が高い慶長地震を除く8例）のうち、少な

くとも 5 事例は東側・西側の両地域がほぼ同時、もしくは時間差をもって破壊されている。

・世界では、M8.0以上の地震が発生した103事例を観察すると、地震発生後に隣接領域（震源から50km以上500km以内）でM8.0クラス以上の地震が発生した事例は 7 日以内が 7 例、3 年以内だと17事例に上る。

図 7-4　南海トラフ沿いで過去に起きた大規模地震の震源域の時間的分布

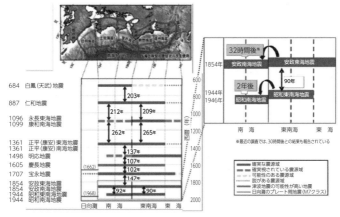

（出典：内閣府防災「南海トラフ地震の多様な発生形態に備えた防災対応検討ガイドライン」
（第 1 版）（平成 31 年 3 月）　地震調査委員会、平成 25 年 5 月公表資料に加筆）

「一部割れ」が発生した場合、強い揺れを感じ、一部の沿岸地域では緊急地震速報、津波警報などが発表されますが、交通インフラやライフラインに大きな被害は発生せず、人的・物的にも大きな被害は発生していないと考えられます。この場合の基本的な防災の方向性としては、この状況に応じて、日ごろからの地震への備えを再確認する等を中心とした防災対応をとります。この対応を「巨大地震注意対応」と呼びます。

4.「ゆっくりすべり」も「巨大地震注意対応」

短い期間にプレート境界の固着状態が明らかに変化しているような、通常

とは異なる「ゆっくりすべり」が観測された場合も、大規模地震発生の可能性が高まったと評価できます。

　ただし、通常より「相対的に高まっている」という評価にとどまるため、この場合は「一部割れ」と同じく「巨大地震注意対応」をとります。

図表7-5　「ゆっくりすべり」のイメージ

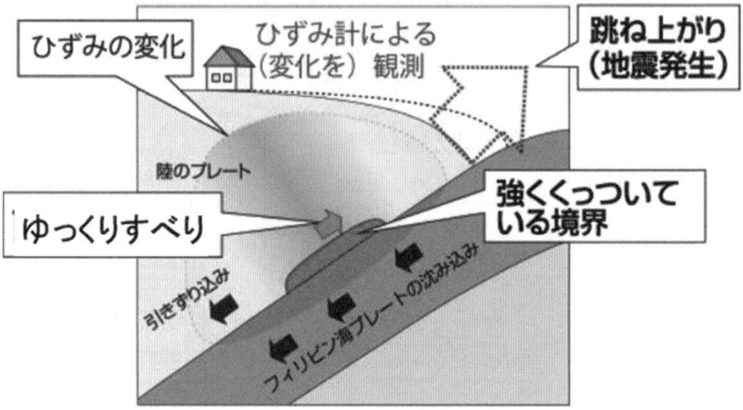

（出典：内閣府防災「南海トラフ地震の多様な発生形態に備えた防災対応検討ガイドライン」（第1版）（平成31年3月））

　以上が、「半割れ」「一部割れ」「ゆっくりすべり」とそれに対応する政府の「巨大地震警戒」「巨大地震対応」の情報発表までの流れです。まとめると、次ページの図表7-6のようになります。

　簡単にですが、現在の政府の南海トラフ地震が発生した場合の「南海トラフ地震臨時情報」の発表方針をまとめてみました。一般の生活者にとっては少し難しいかもしれませんが、防災・BCP担当者であるならば万が一に備えて、ぜひとも知っておきたい情報といえます。

図表 7-6 発生した地震と政府からの評価発表

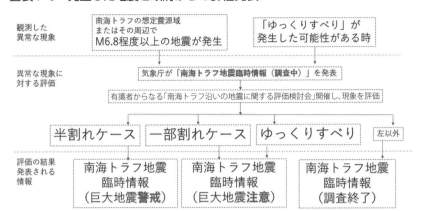

(出典：内閣府防災「南海トラフ地震の多様な発生形態に備えた防災対応検討ガイドライン（第 1 版）」
(平成 31 年 3 月)) 「情報発表までのフロー」を筆者が一部改変

5. 南海トラフ地震「巨大地震警戒」と「巨大地震注意」の臨時情報。企業はどのように対応する？

　今回は、南海トラフ地震が発生し、政府から「巨大地震警戒」もしくは「巨大地震注意」の臨時情報が発令された場合、企業はどのように対応したらよいのかを、2020 年 3 月に内閣府（防災担当）から発表された「南海トラフ地震の多様な発生形態に備えた防災対応検討ガイドライン」（第 1 版）（以下、ガイドライン）からご紹介します。

　まず、注意しなければいけないのは「巨大地震警戒」も「巨大地震注意」情報も、「ゆっくりすべり」ケースを除いて、基本的には「大きな地震」があった後に発せられる情報ということです。例えば、1854 年には安政東海地震が発生した 32 時間後に安政南海地震が発生しています。わかりやすくいえば、「警戒」も「注意」の情報も、「先の地震」（以下、先発地震）が発生した後に、「後の地震」（以下、後発地震）を警戒して発せられるものです。そのため、まず企業は先発地震が突発的に発生した場合に備える必要がありま

す。すなわち、日ごろからしっかりしたBCPを策定していることがまず重要になるのです。特に電気・ガス・水道・通信等のライフライン企業は、社会における災害応急対策の実施をはじめとするすべての活動の基礎となるものであることから、事業継続に必要な措置を早期に実施することが望ましいといえます。

　企業の防災対策やBCPの基本的な考え方として、まず以下が挙げられています。自社のBCPと照らし合わせ、抜け漏れがないようにしておいてください。

＜企業の防災対策・BCPの基本的な考え方＞
①大規模地震発生時に明らかに従業員などの生命に危険が及ぶ場合には、それを回避する措置を実施。
②不特定多数の者が利用する施設や、危険物取扱い施設などについては、出火防止措置等の施設点検を確実に実施。
③それ以外の企業についても、日ごろからの地震への備えを再確認するなど警戒レベルを上げる。
④地震に備えた事業継続にあたっては、一時的に企業活動が低下しても後発地震が発生した場合に、トータルとして事業軽減・早期復旧ができる普段以上に警戒する措置を推奨。

＜地震への備えの再確認やとるべき行動のチェックリスト＞
身の安全確保と迅速な避難体制・準備
　　□地域のハザードマップの確認
　　□建物の耐震診断
　　□従業員等に対し、耐震性の低い建物には近寄らないよう周知
　　□耐震性が低い建物を利用している場合は、代替拠点の用意
　　□安全な避難場所・避難経路等を確認するとともに、従業員や顧客の避難
　　　誘導ルールの策定

□従業員の安否確認手段の決定

□出入り口に避難の障害となる物を置かない

□防災訓練・演習の実施と、それによる課題の解決

□土砂崩れや津波浸水のおそれのある場所での作業を控える

施設・設備などの安全対策

□重要設備の地震発生時における作動装置の点検実施

□機械・設備・PC等の転倒・すべり防止対策

□机・椅子のすべり防止対策

□窓ガラスの飛散防止対策

□高いところに危険な荷物を置かない

□文書を含む重要情報のバックアップ

発災後のための備え

□非常用発電設備の準備および燃料貯蔵状況を確認

□早期復旧に必要な資機材の場所を確認

□事業継続に必要な調達品の確保を実施(製品や原材料の在庫量見直し等)

□水や食料等の備蓄品の場所と在庫の有無を確認

□企業・組織の中枢機能を維持するための、緊急参集や迅速な意思決定を行える体制や指揮命令系統を確保

□発災後の通信手段、電力等の必要な代替設備を確保

□取引先、顧客、従業員、株主、地域住民、政府・地方公共団体などへの情報発信や情報共有を行うための体制の整備、連絡先情報の保持、情報発信手段を確保

□災害時の初動対応や二次災害の防止など、各担当業務、部署や班ごとの責任者、要員配置、役割分担・責任、体制などを確認

□津波浸水が予想される海沿いの道路利用を避け、輸送に必要な代替ルートを検討

6. 後発地震への企業の対応方法。最低1週間は厳重警戒！

　「半割れ」ケースでは「巨大地震警戒対応」をとると前述しています。少し詳しく説明すると、「半割れ」ケースでは先発地震により甚大な被害が発生されることから、まずは被災地域の人命救助などが一定期間継続することが考えられます。後発地震に対して備える必要がある地域は、このことに留意しながら、大きな地震に備える必要があるのです。先発地震に対する緊急対応をとった後、自らの地域で発生が懸念される後発地震に対し、明らかにリスクが高い事項についてはそれを回避する防災対策をとらなければいけません。そして大切なのは、社会全体としては地震に備えつつ、通常の社会行動をできるだけ維持していくことです。

　では、「半割れ」より一段階低い「一部割れ」の場合はどうしたらいいのでしょうか。「一部割れ」では、まずM7.0クラスの地震が発生し、強い揺れを感じます。最初の地震の震源域に近い一部の沿岸地域では緊急地震速報・津波警報が発表され、住民は避難しますが、その後半日程度で津波警報は津波注意報に切り替えられ、住民は帰宅を開始することになります。一部では交通インフラやライフラインに被害は発生しているものの、広域にわたるものではなく、多くの地域で人的・物的に大きな被害は発生しません。こうした場合、住民や企業は個々の状況に応じ、日ごろからの地震の備えを再確認するなどの防災対応をとります。これが「巨大地震注意対応」です。

　さて、企業は後発地震についてどのように対応したらいいのでしょうか。ガイドラインでは、先発地震がM7.0以上M8.0未満の場合は、まだ大きな地震がその後に発生する可能性が残されているとされています。この場合「巨大地震注意対応」が発せられる可能性が高いですが、後発地震も従来から各自治体からハザードマップで示されている最大クラス（M9.0クラス）を想定した方が良いとしています。

　先発地震がM8.0以上の場合も、想定外のさらに多様な地震の発生形態が生ずる可能性があります。こちらも、最大クラス（M9.0クラス）の地震を想定した方が良いでしょう。

　しかし、先発地震が発生した後に、長期間普段と違う防災対応を継続することは現実的に困難です。そのため、ガイドラインでは最も警戒する期間として先発地震後「1週間」を基本としています。「巨大地震警戒対応」の場合、最も警戒すべき1週間の経過後は「巨大地震注意対応」に切り替わり、この期間もさらに1週間とされています。この期間は、自社の事業を継続するために復旧作業もしつつ、さらに後発地震に備えた対応が必要となるでしょう。

7. 個別分野における防災対策の注意事項

　ガイドラインに記載された個別の分野における防災対策の注意事項を挙げておきます。自分の会社の業種に合わせ、確認してください。ガイドラインには他にもインフラ企業や金融機関など、さまざまな業種について言及しているので、担当者はぜひ1度眼を通してほしいと思います。

（1）病院、劇場、百貨店など、不特定かつ多数の者が出入りする施設を管理・運営する者

・基本的には業務を継続する。その際、まず個々の施設が耐震性・耐浪性を有する等安全性に配慮するものとする。臨時情報が発生した場合には、顧客等に対し、当該臨時情報等を伝達する方法を明示する。できれば全フロアに対し、正確に伝達できることが望ましい。

・当該施設が住民事前避難対象地域内にあるときは、退避後の顧客等に対する避難誘導の方法や安全確保のための措置を明示する。

・病院については、患者等の保護等の方法について、個々の施設の耐震性、耐浪性を十分考慮し、その内容を明示する。事前避難対象地域に位置する病院は、避難勧告等が発令された場合、患者等の安全確保の

ため、病院外での生活が可能な入院患者の引渡しや、入院患者の転院の準備について検討する。

（2）学校・社会福祉施設を管理・運営する者

・幼稚園、小・中学校等にあっては、児童生徒等に対する保護の方法について定めるものとする。この場合、学校の置かれている状況等に応じ、保護者の意見を聴取する等、実態に即した保護の方法を定めるように留意する。

・社会福祉施設においては、情報の伝達や避難等にあたって特に配慮する者が利用している場合が多いことから、入所者の保護者への引継ぎ方法について、施設の種類や性格、個々の施設の耐震性、耐浪性を十分考慮し、具体的に内容を定める。

（3）石油類、火薬類、高圧ガス等の製造、貯蔵、処理または取扱いを行う施設を管理・運営する者

・津波が襲来したときに発生する可能性のある火災、流出、爆発、漏えいその他の周辺の地域に対し影響を与える現象の発生を防止するため、必要な緊急点検、巡視の実施、充てん作業、移し替えの作業等の停止その他施設の損壊防止のため特に必要がある応急的保安措置の実施等に関する事項について、その内容を定め、明示するものとする。

・この場合、定めるべき内容は、当該施設の内外の状況を十分に勘案し、関連法冷等に基づき社会的に妥当性のあるものとともに技術的にも妥当性といえるものとする。また、実際に動員できる要員体制を踏まえるとともに、作業員の安全確保を考慮した十分な実行可能性を有するものとする。

・後発地震による津波の発生に備えて、施設内部における自衛消防等の体制として準備すべき措置の内容、救急要員、救急資機材の確保等、救急体制として準備すべき措置の内容を明示するとともに、必要がある場合には施設周辺地域の地域住民等に対して適切な避難等の行動を

とる上で必要な情報を併せて伝達するよう事前に十分検討するものとする。

8. 地域に対する貢献

ガイドラインでは、企業特性に応じた後発地震に備えた地域における貢献活動を推奨しています。国の防災基本計画でも、「国民の防災活動の環境整備」における項目の１つとして「企業防災の促進」を掲げ、災害時に企業が果たす役割の１つとして社会貢献活動や地域との共生が挙げられています。

できれば、それぞれの企業において、日ごろから地域の防災組織との協同体制を構築し、災害時には非常食や資機材の提供について検討することが望ましいでしょう。災害時には自助、共助が大きな役割を果たします。企業の中で避難誘導や要配慮者に対する支援を実施することができる「防災リーダー」の育成を検討することも、今後の大きな課題です。

2 改正中小企業等経営強化法の概要 ～ヒト・モノ・カネ・情報で災害時に備える

　政府は「中小企業の事業活動の継続に資するための中小企業等経営強化法等の一部を改正する法律」（改正中小企業等経営強化法）を2019年5月に閣議決定。同年7月から施行しました。これは自然災害の頻発化や経営者の高齢化といった状況を踏まえ、中小企業の事業活動の継続を支援するものです。中小企業が災害に備えた「事業継続力強化計画」を策定し、経済産業省の認定を受けられる制度を新たに設けています。同様に、複数の中小企業が集まって「連携事業継続力強化計画」を策定することも可能となりました。

　同省は認定を受けた事業者に対し、以下のような信用保証枠の追加や低利融資、防災・減災設備への税制優遇、補助金の優先採択等の支援措置を講じます。

・認定計画に従って取得した設備に対して、取得価格の20％の特別償却を受けることができる。自家発電装置や制震・免震装置などの機械および装置は100万円以上、貯水タンク、防水・防火シャッター等の建物附属設備は60万円以上、その他器具および備品は30万円以上が対象となる。
・中小企業信用保険法のスタンドバイ・クレジット（一般保証に係る補償限度額に加え、別枠保証を設ける等）
・日本政策金融公庫の特例（海外での現地流通通貨の円滑な調達の支援）
・独立行政法人中小企業基盤整備機構（中小機構）による協力業務（情報提供）
・商工会または商工会議所が、管轄する市町村（特別区を含む）と共同し、小規模事業者の事業継続力強化を支援する事業（普及啓発、指導助言、復

旧支援等）についての計画を策定し、都道府県知事の認可を受けることが
できる。

1.「事業継続力強化計画」策定。まず何をすればいい？

　中小企業庁では今回の事業継続力強化計画の策定に向け、「事業継続力強
化計画策定の手引き（令和元年 8 月 9 日版、同年10月 2 日版・12月11日版、
令和 2 年 6 月15日版)」（以下、手引き）をPDFで公開しています。今回は
その中からポイントを紹介します。事業継続力強化計画の策定にあたり、手
引きでは以下の 5 ステップを推奨していますので、それぞれを検討してい
きます。

Step 1 、事業継続力強化の目的の検討
Step 2 、災害リスクの確認・認識
Step 3 、初動対応の検討
Step 4 、ヒト・モノ・カネ・情報への対応
Step 5 、平時の推進体制

（1）Step 1　事業継続力強化の目的の検討

　事業継続力の強化を図る上で、その目的を検討することは非常に重要
です。例えばホテル業や旅館業では、まず「従業員と宿泊客の生命を守る」
ことが一番に挙げられるでしょう。できれば「従業員と宿泊客の生命を
守る」の後に、「地域を守る」などを挙げ、さらに可能であれば近隣の避
難者を収容するなどの社会貢献ができるようになればさらに良いでしょ
う。そのためにはあらかじめ計画の中で、当面停止してもいい業務を考
えておくことが大事になります。

　例えば「新規の宿泊予約」や「宴会の準備」などは、被災直後は一時
的に停止してもいい業務と割り切ることができます。製造業であれば、
「従業員の命を守る」の次には顧客や取引先への影響がどのくらいあるか

を考慮する必要があるでしょう。自分たちの企業の業態や経営方針に合わせ、まず「事業継続力強化の目的」をはっきりすることが、それ以降の計画策定の要になります。

以下、事業継続力強化計画作成指針から抜粋（第1の1のロ）
　事業継続力強化の目的については、イの自らの事業活動が担う役割を踏まえつつ、事業継続力強化に当たっての基本的な考え方を検討した上で、サプライチェーンや地域経済全体に与える影響や、従業員に対する責務等、自らの事業継続力強化が自然災害等による経済社会的な影響の軽減に資する観点から、記載するものとする。

具体例）
・人員（従業員・顧客）を守り、地域社会の安全に貢献する
・自社の経営を維持するとともに、取引先への影響を軽減する
・供給責任を果たし、顧客からの信頼を守る
・サプライチェーン全体への影響を軽減させる
・社会からの要請に備える

（2）Step 2　災害リスクの確認・認識

　　本書でも繰り返し説明していますが、近年は水害などが激化しているものの、基本的には国が公表しているハザードマップの中にとどまっているケースが多いです。また、ハザードマップで公表されている情報は十分に「科学的な知見」といえることから、第5章の2に記載している企業の安全配慮義務を果たすためにも、BCPにおけるハザードマップの役割は重要といえます。

　ただし、ハザードマップをみる上でいくつか注意点があります。ハザードマップは「地震」「津波」「高潮」「洪水」「土砂災害」など、ハザードによって分けられているため、地図を重ね合わせて内容を評価する必要があるので

図7-7　国土交通省ハザードマップ（洪水）の例

（出典：事業継続力強化計画策定の手引き）

す。市区町村の自治体のハザードマップでは自治体をまたいだものが作成されているものが少ないため、隣接する自治体のハザードマップも参考にした方が良いでしょう。国土交通省のホームページでは各種のハザードマップの重ね合わせもできるので、ぜひ一度試してみてください。ハザードマップでは自社だけでなく取引先の場所なども確認しておくと、有事の際に応援に行くなど活用することもできます。

　ハザードマップ自体は災害時前に取得することができるため、できれば事前に大きくプリントアウトしておくと災害時に有効に活用することができるでしょう（停電などしたことを考えるとぜひともそうしておきたい）。例えば、電気やガスなどのライフラインの状況や道路の寸断状況等を書き込むことで、さらに事態を詳細に把握することもできます。

　企業の担当者が陥りがちなのは、必要以上の想定をすることで計画策定がおぼつかなくなることです。ハザードマップで安全なところ（ただし、必ずしも浸水エリアではないことが「安全なところ」とは言えないことに留意が必要です。浸水エリアとの距離、二重災害などの事情などを勘案することが大切）は「ここは安全」と割り切ることも大事です。また、津波ハザードマッ

プはレベル1とレベル2に分かれており、レベル1はおよそ100年に1度、レベル2はおよそ1000年に1度の被害となっています。いきなりレベル2に挑むのではなく、まずはレベル1でしっかり対策をとることも有効です。

■ハザードマップポータルサイト～身のまわりの災害リスクを調べる～（国土交通省）
　https://disaportal.gsi.go.jp/
■ J-SHIS 地震ハザードステーション（防災科学技術研究所）
　http://www.j-shis.bosai.go.jp/

　ハザードマップ等を確認したら、その自然災害が自社の事業にどのような影響を与えるかをヒト・モノ・カネ・情報・その他から検討していきます。

記載例）
　想定する自然災害のうち、事業活動に与える影響が最も大きいものは震度6弱の地震。その自社における被害想定は以下のとおり。

（人員に関する影響）
　営業時間中に被災した場合、設備の落下や避難中の転倒などによりけが人が発生する。公共交通機関が停止すれば社員が帰宅困難者となる。また、夜間に発生した場合は、翌日の社員の参集が困難になる。
　これらの被害が事業活動に与える影響としては、社員が参集できないことによる復旧作業の遅れ、特定の従業員が専属で担当していた部分については業務再開が困難となることから、生産量の減少等が予想される。

（建物・設備に関する影響）
　事業所の建物は新耐震基準を満たしているため、揺れによる建物自体への直接被害は警備が見込まれる。一方で、設備は停電などが発生すれば一時的に停止。大きな揺れにより生産機器は損傷するほか、配管や配線類は断切さ

れる。津波が発生すれば中間財や生産済みの在庫も損傷するおそれ。インフラについては、電力・水道は 1 週間程度、都市ガスは 2 週間程度供給が停止するほか、公共交通機関は 1 週間ほど機能不全となるおそれ。生産ラインの一部または全部の停止が想定される。

（資金繰りに関する影響）

　資金繰りについては、設備の稼動停止や営業停止によって営業収入が得られないことが予想され、運転資金がひっ迫するおそれ。建物・設備に被害が生ずる場合にあっては、これらの復旧費用が必要となる。これら被害が事業活動に与える影響として、円滑な運転資金が調達できなければ、運転資金の枯渇が予想される。

（情報に関する影響）

　オフィス内にあるサーバが浸水すれば、顧客情報や財務資料等でバックアップしていないデータが喪失するおそれ。これら被害が事業活動に与える影響としては、取引先への支払いや売掛金の回収のほか、取引先から受注データやメンテナンス対応が困難になることが予想される。

（その他の影響）

　取引先の被災や公共交通機関の影響、道路の寸断等により、原材料の調達が困難になるおそれ。取引先との約定どおりの製品納入ができないことなどが考えられる。

（3）Step 3　初動対応の検討

　災害時においては、発災直後の初動対応が非常に重要になります。従業員の生命が確保できたら「災害対策本部」を設置し、被害状況の把握と情報共有、そして必要な人員配置を検討することが災害対策には有効となります。本部長は社長自らがあたることが望ましいでしょう。

具体例）

・社員の安全・人命確保（発災直後）

・安否確認など、非常時の緊急時体制の構築（発災直後）

・顧客への避難誘導などの対応（発災直後）

・自家発電への切り替えや災害用トイレの設置など、応急的なインフラの設置（発災から1時間〜）

・災害対策本部の設置（発災から1時間〜）

・本部による被害状況の把握と情報共有（発災から1時間〜）

・事業継続に向け、必要な場所への応援要員の確保（発災から1時間〜）

・取引先への連絡（発災から1時間〜）

・生産設備の緊急停止（発災から1時間〜）

・必要に応じて代替拠点の設置

（4）Step 4　ヒト・モノ・カネ・情報への対応

①ヒトへの対応

　　自然災害が発生し、従業員の生命が確保できた後に事業継続に必要なのは人員の参集です。災害普及過程においてどの程度の人員が必要なのか、地理的な要員等を踏まえ、現実的に参集可能なメンバーはどのくらいいるのか、あらかじめ予想しておくことが望ましいでしょう。従業員の多能工化を進めるなども、有効な対策の1つです。

・有効な安否確認の手段を導入しているか。従業員が災害時に使えるように訓練しているか

・業務を継続するためには、どのようなスキルを持った人材が必要か

・災害直後から全従業員の参集が本当に必要か

・地理的な条件を踏まえ、現実的に参集可能なメンバーは何名くらいか

・従業員の多能工化や必要な従業員に対しては災害時の足となる電動機付き自転車の貸し出しなど、平時から有効な対策がとれているか

・周辺の事業所からの応援要員などの検討ができているか

・参集したメンバーの食料、トイレの備蓄はできているか

②モノへの対応

　　ヒトが参集できても、肝心の生産などの設備が稼動しなければ、事業を再開することはできません。また、現在の業務に欠かせないパソコンやスマートフォンなども、停電が発生して自家用発電設備等がなければ、業務に活用することはできません。モノの対策にはあらかじめ設備や機器の導入が必要なことから、制震・免震などの地震対策ももちろん必要ですが、防水シャッターや止水板などの水害対策も忘れずにしてほしいと思います。設備の導入にあたっては税制優遇（特別償却20％）が受けられるので、細かく確認してください。

・事業継続に必要なものは何があるかを考えているか
・地震だけでなく、昨今激甚化している水害の対策も検討しているか
・建物や設備だけでなく、自家発電装置やプロパンガスなど社会インフラの停止に備えた対策も行っているか
・メーカーであれば、原材料の保管場所に対する災害対策を行っているか

③カネへの対応

　　災害時には資金を調達することが困難になることが予想されます。平時から、災害時の資金調達を考えておくことが必要です。災害時に必要な資金とは、主に①早期復旧ができない場合、事業活動再開するまでの運転資金の確保、②建屋、設備が被災した場合の修繕費、③新設・新築に必要な設備資金－が挙げられます。これに対応するには、①自社の現在の資金状況、②保険・共済の活用状況、③金融機関との協議などを検討する必要があるでしょう。さらには社員の生活のための資金の調達、ということも大事です。熊本地震などは４月14日、16日に前震、本震がありました。新入社員にとっては初の給料日の前の大震災です。社員が明日の食費、生活費に困窮していては事業継続に協力を求めることな

どできないでしょう。阪神・淡路大震災のときも東日本大震災のときも、企業では「震災見舞金」という名目で一時金を支払っている例があります。金額はまちまちですが、一例では一律5万円という会社もあります。それぞれの事情、時期などを勘案し、「社員とともに被災を乗り越える企業」のイメージを作ることが大事です。

・ハザードマップ等を通じ、自社にどのくらいの被害が想定されるか
・運転資金の確保、復旧費用等にどのくらいの資金が必要か
・保険の対象範囲をしっかりと把握しているか。特約に過不足はないか
・災害時に資金が不足した場合の相談先（金融機関）を確保しているか

　金融機関の支援措置の例として日本政策金融公庫による低利融資や中小企業信用組合保険法の特例（普通保証とは別枠の追加保証が受けられます）などがあります。事前に検討しておくことで、資金繰りがスムーズになる可能性があるのでしっかり確認してください。

　④情報への対応
　　現在の事業活動は、さまざまなデータなしでは存続不可能といっていいでしょう。重要なデータがどこにどのような形態（データ（サーバ）、個人PC、紙など）でどのように保管されているかを確認し、最適な形でバックアップをとっておくことは非常に重要です。社内にサーバがある場合は、そのサーバに係る免震装置等も税制優遇を受けられる可能性があるので確認してみましょう。

・社内の重要情報（顧客情報、受発注データ、社員の給与データ、生産・メンテナンスに係るマニュアル類など）はどのようなものがあるか確認しているか
・重要情報がどこにどのような形態（データ（サーバ）、個人PC、紙など）で保管されているか確認しているか

・データのバックアップやクラウド化など、災害時にも情報が消失しない、
　もしくは継続する措置がとられているか

（5）Step 5　平時の推進体制

　　BCPは、策定するだけではなく、実効性が求められます。そのために
は常に情報を最新のものにアップデートし、かつ演習や訓練を通じて計
画そのものをPDCA（Plan Do Check Action）を繰り返し、ブラッシュ
アップしていくことが重要になります。そのためには、経営者が自ら強
いリーダーシップを発揮し、平時から事業継続力強化のための推進体制
を構築することが必要です。

・以下3点については、計画の必須となるので、必ず押えておいてくださ
　い
　①平時の推進体制について、経営層の指揮の下に実施する体制を整える
　②年1回以上、訓練や教育を実施する体制を整える
　③年1回以上、事業継続に向けた取組み内容の見直しを計画する

（従業員への教育活動の例）
→毎年1回以上、経営者が従業員に対して事業継続力強化計画の進捗状況
　や問題点を説明する
→従業員各自が計画の取組み状況や役割分担の定期的な確認を行う
→策定した計画のポイントに関する社内研修会を実施する
→毎月の役員会議等の席で、短い時間でもかまわないので計画に関する報告
　の時間を作る

・平時において、例えば環境委員会や品質管理委員会を実施している場合は
　その会議に災害対策を付け加えることなども有効な手段となります。

2. 連携事業継続力強化計画策定について

　今回は紙面の都合もあり、連携事業継続力強化計画の策定については割愛させていただきますが、災害対策における企業同士の連携の意味合いは、将来においてとても大きいといえるでしょう。単独で事業継続計画を策定すればするほど、最終的に取引先の協力が不可欠になる等の「壁」にあたることが多くなります。その時に企業同士で連携して計画を策定し、お互いに合意を得て災害対応にあたることはとても有効な手段です。

　しかし、気をつけなければいけないのは、他社と連携するためには、「自社の最低限の計画」を作ることが大前提になっていることです。災害に対して備えを怠っている企業と、災害時に連携しようという企業はないでしょう。連携の前に、まず自分の会社がどのくらい災害に対して計画ができているかを常に見直し、将来の連携に備えることが必要です。

特別編

新型コロナウイルス対策を 進めるためのポイント

1 災害時 BCP との違いと具体的な施策

　すでに、第1章のインシデント分析の部分で解説しましたが、BCPの策定において重要な要素は次の3点、①予測の可否、②社会インフラへの影響、③従業員等への影響です。

　ここでは、「新型コロナウイルス感染症」への対策について、インシデント分析を再掲して補足するとともに、BCPの概要を説明したいと思います。

　まず、新型コロナウイルス対策BCPにおいて、

①「予測の可否」に関しては、発生初期は予測不可能ですが、事業継続が危ぶまれる流行期については、それまでの罹患状況や発生地域、毒性、感染力、政府や自治体の動き等のデータ分析・公表が相当程度行われることから、相応に精度の高い情報を見極めることで、被害予測や動向予測等は一定程度可能です。

　なお、新型感染症の流行初期〜拡大期の特徴については、下記の点に留意しておく必要があります。それは、感染症対策は情報戦であり、早い段階から、推移・経緯を把握しながら、制度の高い情報に基づいて判断していくことが重要です。

　健康面に影響を及ぼす情報に関しては、危機管理の実務担当者としては、「科学的根拠」に基づく、正しい情報を収集することが求められますが、注意しなければいけないのは、「新型」感染症・ウイルスに関しては、流行初期〜拡大期に、相応の「科学的根拠」に基づく情報を求めることには無理があるということです。

　そもそも、科学的検証がなされておらず、実態が解明されていないから、「新型」なのです。その未知の感染症・ウイルスに関する科学的根拠・知見が証明されるまでには、相当に膨大な母数の症例や研究が必要であり、

相当な時間がかかります。どんな薬や治療が効くかわからないため、治療も対症療法でしかありません。治療しなければ命に関わる以上、科学的根拠がなくても有効性がありそうなら、その薬や治療が試され、科学的根拠を判断するための症例になっていき、一方で、さまざまな実験・研修が繰り返されて、科学的知見が蓄積していきます。ワクチンや治療薬を開発する上でも、このような過程は不可避なのです。

　したがって、前述①の「予測の可否」に関していえば、「新型」感染症の場合には、流行初期〜拡大期については、科学的根拠不明を前提に、既知の精度の高い情報を見極め、予防原則（1998年1月26日に出されたウィングスプレッド会議の合意声明の中で示された考え方で、「ある行為が人間の健康あるいは環境への脅威を引き起こす恐れがある時には、たとえ原因と結果の因果関係が科学的に十分に立証されていなくても、予防的措置（precautionary measures）がとられなくてはならない」に従って対処する必要がある、というもの。欧米諸国では健康管理や食品安全の分野で導入され始めている）的な考え方で対処していくことが望ましいといえます。

②「社会インフラへの影響」については、社会インフラの機能障害が生じる可能性は低く、従業員の参集や情報収集・共有、各方面との連携に支障が出る可能性は高くありません。あるいはその影響は、災害時と比べて軽微です。ただし、感染者も通院等で交通機関等を利用する可能性があるため、参集や移動は罹患リスクを高める場合があることに注意が必要です。

③「従業員への影響」については、感染症によっては従業員の生命をおびやかす事態も生じるほか、段階的かつ相当程度の期間にわたり相当数の罹患者を生じさせるリスクがあります。また、罹患時は、数日〜相当期間は会社等を休む（休ませる）必要が出てくることから、事業継続に関しての人的資産毀損のリスクもあります。

　深刻な感染症であればあるほど、家族が感染した場合や、濃厚接触にあたりうる場合は、従業員自身が感染していなくても、要観察対象となり、通常通り活動できなくなるリスクがあることも念頭に置かなければなりま

せん。

　以上を踏まえて、事業継続対策の大枠を概観すると、以下のような施策が
考えられます。
○平時準備…施設内対策：空調設備や音湿度調整、殺菌・消毒等の対応・対
　策／研修・情報発信・訓練・マニュアル化：予防に向けた環境づくり／感
　染予防対策：予防に向けたルール化、周知・徹底、マスクやアルコール消
　毒液など備蓄の準備、ルールの整備：健康管理・記録、体調不良時の対応
　要領など
○発生時対応（蔓延時）…従業員の健康管理対策:予防措置および健康管理
　ルールの徹底／感染者・感染源の隔離：予防・被害拡大の最重要事項、強
　制休日等／感染拡大防止・勤務体制変更：シフトや勤務体制変更（在宅含
　む）、オペレーション変更、拠点の縮小・変更：罹患状況に合わせて対応
○発生時対応（収束時）…従業員の健康管理対策：予防措置および健康管理
　ルールの徹底／被害軽減措置・衛生対策：シフトや勤務体制変更（在宅含
　む）／代替要員確保・感染拡大予防：欠員分の補充／オペレーション変更、
　拠点の縮小・変更:罹患状況に合わせて対応

② 感染症対策 BCP 整備の着眼点

　前述の内容を補足しつつ、感染症対策のBCP整備の着眼点について解説していきたいと思います。

1. 社会インフラは止まらないことを前提とする

　すでに、紹介したとおり、感染症対策のBCPは、地震等の災害のものと比べると、基本的にライフライン等の社会インフラが使えないということもなく、会社施設が使えないというケースも限定的です（鉄道、航空機等の交通機関の一部運休等はあり得ます）。

　また、今回の新型コロナウイルス感染症の事例でもみられたような消毒作業に伴う一時的な施設の閉鎖はあり得るものの、地震による倒壊により長期間にわたり、当該施設が利用できないという状況は考えにくいといえます。

　ただし、「感染症の予防及び感染症の患者に対する医療に関する法律」において、エボラ出血熱等の脅威の高い「一類感染症」については、都道府県知事による汚染された建物の使用禁止（封鎖）や交通の制限の処置が可能です（今回の新型コロナウイルス感染症は、「二類感染症相当」とされているため、この、汚染された建物の使用禁止（封鎖）は実施できません）。

2. 災害型BCPとの社員の行動規範の違い

　感染症型BCPについては、地震等の災害のものと異なり、帰宅困難者の問題は生じない代わりに、社員の出社を抑制する必要が出てくる場合があります。

感染症対策として考えた場合、感染した社員や感染の疑いのある社員を出社等させることは、それ自体が感染を拡大させるリスクを高めることになります。社内でクラスター（集団）感染が発生すれば、それこそ、事業継続に大きな影響を及ぼしかねません。感染症対策BCPを進める上では、経営幹部が、このリスクを正しく認識しておく必要があります。今回の新型コロナウイルス感染症に関するニュースを見ても、感染が疑われるにもかかわらず、数日間公共交通機関を利用して通勤していたという事例がありましたが、日本のビジネスマンは、少しぐらいの体調不良では会社を休めないという意識を持っており、逆にいうと、そう思わせる上司等のマネジメントが行われている企業も少なくないことから、感染症についても同じ枠組みで考えてしまう傾向があります。

　しかしながら、感染拡大期や感染蔓延期など、感染症のBCPの発動基準をどこに定めるかという問題はあるにせよ、大きな影響が出そうな感染症の場合は特に、このような無理して出勤する（させる）事態は回避することが重要です。もちろん、平時でも体調不良の際は、無理をさせないマネジメントや社風を整備していくことが前提となります。

　インフルエンザの場合は高熱が出るのが一般的であるため、体調の異変にも気づきやすいし、体調不良の場合は、通院したり自宅で静養に努めたりすることになりますが、新型コロナウイルス感染症については、これまでの情報を総合すると、風邪に似た初期症状が出て、初期のうちは高熱になりにくく多少の無理も効いてしまうため、無理して出勤するという事態につながり、感染を拡大させている可能性を否定できません。したがって、個別の感染症による症状の違いはあれども、感染した社員あるいは感染の疑いのある社員を出勤させないことが、感染症対策BCPの一つの肝になります。「疑わしきは、自宅待機」こそが、感染症対策BCPを進める上で重要な行動指針となります。

　BCPにおいては、従業員の判断基準・行動基準を明確にすることが重要ですので、感染症対策BCPの行動基準の一つは、「疑わしきは、自宅待機」であることを、社内にしっかりと周知してください。そして、体調が悪いと

きは、感染症の可能性を視野に入れ、出勤しない旨を電話で会社に連絡し、上司もそれを踏まえて、治療のための入院や潜伏期間中は自宅待機等により出勤できない事態（最悪の事態）を想定した代替体制を早めに検討・調整・実施していくことが重要です。

3. 業務の標準化と在宅勤務体制の整備

　上記 2. で述べたように、「疑わしきは、自宅待機」が基本的な行動指針であり、感染症の拡大・蔓延期においてはそのような状況が複数社員において同時多発的に生じるとなれば、業務の遂行に影響が出る可能性が高まります。このような事態に備えるためには、「重要な社員が相当期間欠勤しても、当該業務が継続できる」体制を整備しておく必要があります。そのためには、以下のような準備が考えられます。

①業務の絞り込み

　人員が約半分になることを想定すると、当然すべての業務を平時と同じクオリティで実施することは不可能であることから、稼働可能な社員等で業務を継続するため、すぐに対応しなくても支障のない業務をしばらく停止したり、定期的に実施する業務の実施頻度を減らしたりして業務を絞り込み、担当外の業務についても対応・フォローが可能な状況にする必要があります。

②遠隔ないし代替拠点での実施体制の整備

　「重要な社員が相当期間欠勤しても、当該業務が継続できる」体制を考える場合は、通常の業務フローに従って、遠隔（代替拠点）で業務を実施できる体制を整備することも検討すべきです。いわゆるテレワークでの業務実施体制の整備です。

　感染症の場合、すでに第 1 章 2 の 5.（p.42）のリスク分析にて記載したとおり、地震等の災害における被災地とは違い、電気や通信機器が通常通り使えます。したがって、遠隔で業務を実施できるためのインフラ整備とルー

ルを整備すれば、テレワークで対応するというBCPは比較的実施しやすい
と考えられます。

　テレワークでの業務実施体制の整備としては、大きく３つの対策が重要
です。１つ目は、社用携帯電話の貸与や、必要な人へのPC等の貸与など、
電子機器類の整備です。２つ目は、自宅等での業務実施を前提とした業務
実施ルールの整備（情報管理等のセキュリティ対策の整備・ルール化や打合
せ等を含む記録・報告・連絡・相談・情報共有に関するルール化）です。業
務実施ルールについては、最初のうちは完ぺきなものでなくても、通信が通
常通り行える以上、テレワークを実施しながら、必要に応じて関係者で議論・
検証し、決定していけばよいので、平時においては、最低限のルール化をし
ておくことで構いません。３つ目は、勤怠管理のルール化です。２つ目の
業務実施ルールとも関係しますが、特にテレワークの実施場所が自宅の場合
は、仕事をしながらもプライベートな用件もこなすことも可能であることか
ら、公私の境が曖昧にはなりますが、そこはやむを得ない部分もあります。
感染症対策BCPは発動の期間中に限定して、例えば事業場外労働の規定を
適用する等して、柔軟に対応すべきです。もちろん、勤務開始や勤務終了等
の時間管理も重要ですが、これも最低限、電話・メール等で行うことが可能
であるため、大きな支障はありません。

　もちろん業種によっては、現場での業務実施が不可欠であり、在宅ワーク
に切り替えられない事業者もあります。その場合は、業務の絞り込み（後述
の戦略的閉店を含む）や業務の標準化による応援体制の整備、業務実施方法
の検討、実施方法の変更等により対応していく必要があります。

4. 業務の標準化と訓練・ジョブローテーション

　そして、「重要な社員が相当期間欠勤しても、当該業務が継続できる」体
制の整備という観点から考えた場合、社内で相互に業務対応・フォローがで
きる体制の整備も重要です。業務を標準化・明確化・書面化（変更の上、実
施する場合は、その内容も含めて）しつつ、平素からのジョブローテーショ

ンや訓練等により、それを実施できる体制（代替要員実施要員の育成）を日ごろから意識し、整備しておく必要があるのです。

　社内においては、アクセス権限や情報管理の問題もあるとは思いますが、各部門の幹部等であれば、それなりに重要な情報も含めてアクセス、共有できる体制になっているでしょうし、社内の幹部もいくつかの部門を経験して管理職登用等されていれば、他部門の業務であってもある程度の知識があるのが通常です。あとは、担当部門のスタッフや担当者に電話等で連絡しながら対応すれば、平時よりも若干の手間は増えるものの、業務の実施・継続は可能となります。

　また、日ごろから、他のスタッフでも相当程度の対応ができるように業務実施要項等をマニュアル化・書面化（フローやチェックリストの活用）したり、日ごろから権限移譲や担当者を増やしておいて最低限の対応ができるように知識・スキルを身につけさせたりしておくことも、重要な対策の一つです。

　日ごろ外注している業務等については、外注先・委託先が感染症等の影響で業務実施に影響が出た場合、自社の業務にも大きな影響が生じます。完全に外注・委託しているものについては、緊急時に自社で対応をカバーすることが不可能である場合が多いですが、このような業務についても、感染症対策BCPを整備していく上では、代替先や一部内製化など、検討していくことが重要です。

3 対策本部設置のタイミングと在り方

1. 対策本部設置のタイミング

　企業の通常の体制である、取締役会を頂点とした企業運営は、企業統治の観点からは優れた組織体ですが、事業部と事業部の情報共有や物事を決断する意思決定のスピードは遅くなる傾向にあります。

　災害時や今回の新型コロナウイルス対応のように、日々目まぐるしく状況が変化する中で迅速で的確な意思決定を行うには、組織の垣根を越え、適切な情報を共有し、トップ（対策本部長）の意思決定をサポートする専門組織が必要になります。そしてBCPにおいては「対策本部設置のタイミング」は非常に重要な要素の一つです。タイミングを逃したために、対策が後手に回るケースは枚挙にいとまがありません。

　事案が発生した後に速やかに対策本部を設置するためには、そのタイミングについてあらかじめ決定しておくことが望ましいといえます。例えば地震が発生した場合、BCPの中で「震度5強の地震が自社の拠点がある地域で発生した場合、災害対策本部を立ち上げるものとする」としておけば、社員は迷うことなく本部設置を急ぐことができるのです。「災害対策本部の設置は本部長の指示による」などとするBCPもまだまだ多いので、自社のBCPを確認してほしいと思います。

　感染症対策BCPの場合の対策本部立上げのタイミングとしては、WHOによる「緊急事態宣言」が世界的な大きな節目となるため、本宣言をもって対策本部を立ち上げるのが望ましいでしょう。今回は2020年1月30日でした。この段階で対策本部を立ち上げていれば、さまざな対応も違っていたと考えられます。

2. 対策本部の在り方

　対策本部の在り方として、サンプルとして以下のような例を挙げてみました。参考にしつつ、企業特有の業務を追加してほしいと思います。

—————————————————————————

○対策本部長…全体統括
○対策本部事務局…すべての情報のとりまとめと共有。対策本部長の意思決定サポート
○情報収集・分析班…政府やWHO、信頼できるメディアの情報を収集・分析し、必要に応じて社内に配信。できれば対策本部内および役員レベルでは毎日レポートを共有することが望ましい
○感染予防・備蓄調達班…マスクやゴーグル、防護服、手指消毒用アルコールなど感染症特有の備品の購入・確認と、感染者が事業者内で出た場合の対応・運用
○人事政策推進担当班…罹患者（社員）の社内状況（人数）の把握、特別休暇等の対応、健康管理施策の実施、社内環境のチェックと整備、テレワークや業務シフトなど人事制政策の推進
○行政対応班…感染者が見つかった場合の、所轄の保健所との連携。全国レベルになる可能性も
　広報・IR班…感染者や検査陽性者が出た場合や、必要であれば企業としての新型コロナウイルス対応の対外的な広報およびアナリストへの説明
○顧客対応班…新型コロナウイルス対応によるサービスや問い合わせの遅延、店の休業などに関する利用顧客や取引先への対応

4 ニューノーマル時代の企業の帰宅困難者対策における感染症対策

　東京都の帰宅困難者対策では、平日日中に事務所内にいると考えられる従業員に加え、外部からの訪問客などを考えてプラス 1 割分の人数が 3 日間、会社内にとどまることができるような物資と備蓄を求めています。いわば、企業が自社の従業員に対して避難所を提供することと同義になります。よって、帰宅困難者対策における感染症を考える場合、避難所の感染症対策が参考になることが考えられるでしょう。2020年 6 月16日、内閣府防災担当より「新型コロナウイルス感染症を踏まえた災害対応のポイント【第 1 版】」が公開されました。この中から、「ニューノーマル」時代に企業が準備しなければいけないポイントを考えてみたいと思います。

■新型コロナウイルス感染症を踏まえた災害対応のポイント【第 1 版】（内閣府）
　http://www.bousai.go.jp/pdf/covid19_tsuuchi.pdf

1. 追加すべき備蓄品

　通常の帰宅困難者対策における備蓄は、先ほど挙げた東京都の「帰宅困難者対策ハンドブック」に記載されているので、そちらをチェックしていただきたいと思いますが、さらに避難所の衛生を保つための追加物資が必要となります。大きくは、「避難所運営用の衛生用品」と「避難所運営担当職員用衛生用品」、そして「避難者に配布するための衛生用品」が考えられるでしょう。以下に例を挙げてみましたので、参考にしてみてください。いずれも、

自社の避難者数を想定し、その人数が3日間利用できる量を備蓄すること
が望まれます。

①避難所運営用の衛生用品

　　□液体せっけん（ハンドソープ）
　　□手指消毒用アルコール消毒液
　　□除菌用アルコールティッシュ
　　□次亜塩素酸ナトリウム（※後に詳細を記述）
　　□消毒液を入れる容器
　　□非接触型体温計
　　□ペーパータオル
　　□ゴミ袋（大・中・小）
　　□新聞紙（吐しゃ物処理用）
　　□清掃用の家庭用洗剤
　　□段ボールベッド（簡易ベッド）
　　□パーティション

　除菌用アルコールティッシュがなくなった場合は、ペーパータオルに消毒
液を浸したもので代用できます。ペータータオルは、キッチンペーパーでも
代用が可能です。手洗い場での布タオルの共用は、衛生上危険ですのでやめ
ましょう。体温計は非接触型のものを用いましょう。体に触れるものは、必
ずアルコール消毒をしてから使用します。ゴミ袋は大・中・小を多量に用意
し、避難者が共同のごみ箱を長時間使用することは避けましょう。
　次亜塩素酸ナトリウム消毒液（0.05％）を作成する場合は、次亜塩素酸
ナトリウム液（台所漂白剤など）を原液とし、作成した消毒液は必ず内容を
明記した容器などに入れ、作り置きをしないことが重要です。また、次亜塩
素酸ナトリウム液は目的別に濃度を0.1％と0.05％を使い分けます。吐しゃ
物や便処理、血液や体液がついた衣類の消毒などには0.1％を、ドアノブや
床、調理器具などの消毒には0.05％を使用します。詳しくは防衛省の以下

の資料をご確認ください。

■ 「新型コロナウイルスから皆さんの安全を守るために」（防衛省統合幕僚監部）

https://www.mod.go.jp/js/Activity/Gallery/images/Disaster_relief/2020covid_19/2020covid_19_guidance1.pdf

　また、段ボールベッドは感染症対策に非常に有効です。ウイルスなどが床に付着するためです。感染症対策として就寝時には、少なくとも頭が床から30㎝以上離れることが望まれます。さらにパーティションも一緒に確保することで、プライベートを確保することもできます。段ボールベッドとパーティションがセットになった商品もありますので、チェックしてみてください。

■暖段はこベッド（Ｊパックス）

http://jpacks.co.jp/dan-dan

②避難所運営担当職員用衛生用品
　　□使い捨て手袋
　　□マスク
　　□ゴーグル・フェイスマスク（なければ、眼鏡などで代用も考慮）
　　□長袖ガウン・ビニールエプロン
　　□足踏み式ごみ箱（蓋つき）

　使い捨て手袋は、多数の肩が触れる場所での作業時（清掃、物資・食料の配布など）に着用します。また、汚れたとき、破れたとき、一連の作業が終了するとき、作業場所が変わるときに交換します。

　ゴーグル・フェイスマスクは咳症状のある人との接触時に手袋・マスクと一緒に着用します。入手ができなければ、さしあたり伊達メガネなどでも代用が可能です。

　長袖ガウン・ビニールエプロンがなければ、ビニールのレインコートでも

代用可能です。ただし、再利用はしないようにしましょう。ごみ箱は、できればごみ箱に触らずに投棄できる足踏み式ごみ箱を用意しておきましょう。用意できなかった場合は、ごみ箱の蓋の取っ手をこまめにアルコール消毒するようにしましょう。

　担当職員に対しては、感染症予防の基礎知識や手袋・マスクの正しい着脱の仕方を説明することが必要です。例えば、「必ず手袋を外してから、手指を消毒し、次にマスクを耳側から外し、本体を触らずに捨てる」といった手順です。前述した「新型コロナウイルスから皆さんの安全を守るために」（防衛省統合幕僚監部）に写真付きで説明がされていますので、参考にしてください。また、職員の体調管理や業務従事後の十分な休憩ルールなども必要です。職員の心身の健康に配慮した勤務シフトを組むようにしましょう。

③避難者に配布するための衛生用品

　　□マスク
　　□除菌シート

　マスクは、ニューノーマル時代では全員が当日分は持参しているものと考え、2日・3日目分を備蓄しておきましょう。自分の身の回りは自分で清潔を保つよう、除菌シートを配布することも有効です。

2. 社内避難所の運営ルールの決定

　ニューノーマル時代における避難所運営方針は、人数に応じて事前に決めておくことが望まれます。どこに何人の居住スペースを確保するか、断水があった場合の手洗いのルールはどうするか、備蓄はどのように配布するのか、妊婦がいた場合にはどうすればよいかなど、あらかじめ決めておくと、運営がスムーズになります。もちろん、居住スペースや物資配布時にも2m（少なくとも1m以上）の間隔を空け、密を避ける必要があります。また、社外の人が避難する可能性もあるため、避難者名簿の作成は重要です。

□避難者の居住レイアウトの決定

□避難者名簿の作成

□手洗いなどの利用ルールの掲示

□掃除・消毒に関するルールの設定

□備蓄や食料配布の密を避けた手順の設定

□妊産婦など要配慮者の対応

　従来であれば、「緊急時には床にビニールシートを敷いて雑魚寝すればいい」という考え方が一般的でしたが、密を避けるためには従来は活用していない部屋も含め、社屋すべてを活用したレイアウトの設定が不可欠です。できれば事前に社内でHUG（避難所運営ゲーム）をするなどして、密にならずに避難者が過ごせるようなレイアウトを事前に考えておくことが重要です。通常の避難所であれば、「世帯」を基準としてソーシャルディスタンスを意識したレイアウトを組むことができますが、従業員の場合は一人ひとりが基準となり、レイアウトが複雑になります。女性専用の居住区を事前に考えておくなどの取組みが必須でしょう。また、後述する「咳などの体調不良者」のための隔離施設とゾーニングも検討する必要があります。ゾーニングは専門家の意見を取り入れることも重要になります。

①空間利用の注意点

・居住区は 2 m以上の間隔を空ける

・段ボールベッドパーティションを活用する

・普段使わない部屋などの活用も検討する

・定期的な換気のため、ドアなどの前に物資を置かない

②手洗い環境の整備

・断水時には流水で手洗いができるような手洗い場の設置が早期に必要

③手洗いルールの設定

・液体せっけんと流水での手洗いの後、手を乾燥させる必要がある。この時にタオルの共有は不可。洋服で拭くことも不可。ペーパータオルの多量の準備が必要

・流水環境がなければ、アルコール手指消毒だけで対応することも検討する

・手洗いタイミングの周知：手が汚れたとき、外出から戻ったとき、多くの人が触れたと思われる場所を触ったとき、咳・くしゃみ・鼻をつかんだとき、配布などの手伝いをしたとき、炊き出しをする前、食事の前、症状のある人の看病や排せつ物を取り扱った後、トイレの後など

④掃除・消毒・換気ルールの基本

・トイレ・出入口・ドアなど人が触る部分を重点的に清掃・消毒する

・消毒はアルコール消毒液や次亜塩素酸0.05％溶液などを用途別に用いる。「2時間ごと」などルールを決める

・換気は最低でも「2時間ごと、10分間」などルールを決める。空気の流れをできるだけ作る。湿度を高くしない

⑤食事・物資配布ルールの基本

・食品などを置くテーブルなどは、アルコール消毒液で常に拭いておく

・手渡しはしない。個包装の製品を準備する

・一斉に取りに来るような方法は避ける

・配布場所には手指アルコール消毒液を用意する

・担当者は手袋とマスクを着用する

3. 体調不良者の対応

　ニューノーマル時代に最も考えなければいけないことは、感染症を疑う有症状者への対応です。体調不良者が発生した場合、健康な人に移さないようにトイレなども併せて隔離が必要となります。同時に、体調不良者が申告しやすいような環境や雰囲気を作ることも大切です。

□感染症を疑う有症状者への対応の検討

□隔離室の準備、なければテントなどを準備

□産業医などによる相談者の設置

□公的機関のコールセンターの案内

①感染者への対応、隔離室設置についての注意点

・感染症の症状を持つ人がいた場合のフロー図を、<u>事前に保健所と検討して</u>おく

・咳・発熱・下痢などの症状を持つ人を確実に隔離できる空間を選定する

・二次避難のリスクがなければ、階を分けることが望ましい

・隔離室の準備が難しければ、自立型テントやキャンピングカーも考慮する

・間仕切りを使用する。プラスチック素材など拭ける素材で天井から床まで張り巡らすことなどで工夫する

・定期的な換気のため、窓が1箇所以上ある場所が望ましい

・飛沫予防策・接触予防策を実施する

・トイレも専用に区画する

・ゾーニング場所をテープや注意喚起でわかりやすく表記する

【ゾーニングの基本】

▼清潔な区域とウイルスによって汚染されている領域（汚染区域）を明確に区分する

▼区域がわかるようにテープや張り紙などで表記する

▼感染者（疑いも含む）と、他の人の生活の場や移動の場所が交わらないようにする

▼汚染区域に入る前に、適切な防護（マスクや手袋など）を行う

▼清潔区域に入る前に、使用した（身に着けている）防護具を脱ぎ、手洗いをする

②「ニューノーマル」の帰宅困難者対策を継続することの重要性

　以上、最低限考慮すべき帰宅困難者対策における感染症対策のポイントを挙げてみました。これまでも、東日本大震災、熊本地震ほかさまざまな災害における避難所において感染症対策の必要性が指摘されてきました。しかし、今ほどその重要性がクローズアップされたことはないでしょう。感染症対策による「密の回避」「清潔さの持続」「要感染者への配慮」は、そのまま避難所における避難者のQOL（Quality of Life）向上につながることは自明の理です。

　今回検討する「帰宅困難者対策における感染症対策」を一過性のものとせず、今後のデファクトスタンダードとして、役立てていただきたいと思います。

新型コロナウイルス感染症の拡大防止に伴い、国や自治体、金融機関など
からさまざまな経済政策が打ち出されています。中小規模事業者にとっては
ぜひとも知っておきたい情報ですが、補助金、給付金、助成金など支給の目
的によって給付の仕方や難易度が変わります。その内容を把握し、適切な申
請を心がけましょう。いうまでもありませんが、不正受給には名称の公表や
詐欺罪で起訴されるなど、厳しいペナルティがあります。

　また、銀行からは実質無利子、無担保融資や、行政からは社会保険料や税
金の猶予・減免があります。併用もできるものもありますので、中小の企業
を経営する上で、ぜひ知っておいてください。

1. 補助金

　補助金は、国や地方公共団体などが事業者に対して、原則として返済なし
で交付するお金です。ただし、財源は税金となるため一定の公共性が求めら
れ、その使途は大きく制限されます。予算や交付件数が決まっているため、
申請しても交付されないことが珍しくありません。予算決定後、1カ月程
度の期間で公募が行われるため、一度逃すとなかなかチャンスが回ってこな
いこともあります。

　また、交付は後払いになります。補助対象となる事業を行い、自分で経費
を行ったことを領収書で証明した後、補助額が決定して支給されることにな
ります。助成金よりも種類が豊富で、支給額が助成金に比べて大きい場合が
多い反面、使途が厳しく制限されているため、事業内容や経費が補助金の目
的に沿っているか否かを申請時に審査されるほか、交付決定後も計画通りに

事業を行っているかどうかや経費の内容を報告する義務があります。交付額は費用の全額ではなく一部となります。以下、よく知られている補助金を三つ紹介します。いずれも、2020年4月に成立した予算案によって新型コロナ対策として特別枠が設けられています。

①小規模事業者持続化補助金（持続化補助金）

　新型コロナウイルスの影響で売上が減少した中小規模の事業者や個人事業主が、事業再開に向けた投資をする場合にそれを一部補助するための制度です。小規模事業者に最大150万円補助（最大50万円を定額補助、最大100万円まで4分の3補助）するほか、特に落ち込みが激しいとみられるナイトクラブやライブハウスには最大200万円まで補助します。よく似た制度に後述する「持続化給付金」があり、併用が可能です。

〈問い合わせ先〉

　最寄りの商工会、もしくは商工会議所

②IT導入補助金

　中小企業や個人事業主、自営業を営む方などがITツール導入にあたって活用できる補助金です。新型コロナウイルスの影響で「コロナ特別枠C類型」が設けられ、テレワークの環境整備のためのIT投資に対して補助率が2分の1から4分の3に拡充され、最大450万円まで補助を受けることができます。PCやタブレットなどのハードウェアのレンタル費用も補助の対象となったほか、公募前に購入したITツール等についても補助金の対象になります（※審査等、一定の条件あり）。

〈問い合わせ先〉

　サービス等生産性向上IT導入支援事業 コールセンター

　ナビダイヤル：0570-666-424（通話料がかかります）

　IP電話等からの問い合わせ先：042-303-9749

　受付時間：9:30〜17:30（土・日・祝日を除く）

③ものづくり・商業・サービス生産性向上促進補助金（ものづくり補助金）

　本来であれば新商品やサービスの開発、生産プロセス開発など生産性の向上につながる事業に対して交付される補助金ですが、今回は新型コロナウイルスの影響を乗り越えるために生産性向上に取り組む事業者向けに、補助率等を引き上げた「特別枠」が新たに設けられました。本特別枠では上限額は最大1億円で、補助率が2分の1から3分の2に引き上げられました。

〈問い合わせ先〉

　独立行政法人中小企業基盤整備機構企画部生産性革命推進事業室

　電話：03-6459-0866

　受付時間：9:30～12:00、13:00～17:30（土・日・祝日を除く）

2. 助成金

　助成金も補助金と同様、国や地方公共団体などが事業者を支援するために交付するものです。助成金の場合は厚生労働省によるものが多く、主に雇用増加や人材育成のために実施されています。また、補助金よりも支給のハードルは低く、条件を満たしていれば原則的に申請することにより受給可能です。年間を通じて募集しているところが多いのも特徴の一つです。新型コロナウイルスの影響で、主に従業員の雇用に関する助成金が拡充されました。

①雇用調整助成金（特例措置）

　雇用調整助成金は、経済上の理由により、やむを得ず事業活動を縮小せざるを得なかった事業主が、労働者に対して一時的に休業や教育、訓練、出向などを行って労働者の雇用維持を図った場合に、事業主が労働者に支払った休業手当などの一部を助成する制度です。新型コロナウイルスの影響を受け、売上など事業活動の状況を示す直近の生産指標が、比較対象月と比べ5％以上減少するなどの要件を満たした事業者で、雇用を維持する（解雇をしない）場合は休業手当などに対して10割助成されます。また、日当の上限が8,330円から15,000円に引き上げられました。同じく新型コロナウイ

ルスの影響で休業計画届の提出が不要になるなど、手続きも簡素化されています。

〈問い合わせ先〉

　最寄りの都道府県労働局もしくはハローワーク

　コールセンター：0120-60-3999

　受付時間：毎日 9 :00〜21:00

②新型コロナウイルス感染症にかかる小学校休業等対応助成金

　新型コロナウイルス感染症にかかる小学校等の臨時休業等により仕事を休まざるを得なくなった保護者を雇用する事業者に対し、正規雇用・非正規雇用を問わない助成金制度が創設されました。2020年 2 月27日から 9 月30日までの間に、子どもの小学校が臨時休業した場合、子どもの世話を保護者として行うことが必要となった労働者に対し、有給（賃金全額支給）の休暇（労働基準法上の年次有給休暇を除く）を取得させた事業主は助成金の対象となります。自治体や放課後児童クラブ、保育所などから利用を控えるよう依頼があった場合も含まれます。こちらも、雇用調整助成金と同じく日当の上限が8,330円から15,000円に引き上げられました。委託を受けて個人で仕事をする方にも同様の助成金が支給されます。

〈問い合わせ先〉

　学校等休業助成金・支援金、雇用調整助成金コールセンター

　電話：0120−60−3999

　受付時間： 9 :00〜21:00（土・日・祝日含む）

3. 給付金

　給付金も補助金などと同様に、国や地方公共団体などから支給されるお金です。一定の条件をクリアすれば誰でも申請、受給することができます。給付金には「持続化給付金」のように事業主対象の者のほか、「失業給付金」「すまい給付金」「教育訓練給付金」といった国民向けのものもあります。

①持続化給付金

　新型コロナウイルスの影響により、ひと月の売上が50％以上減少している事業者に対し、昨年1年間の売上からの減少分を上限として法人は200万円、個人事業者は100万円が給付されます。資本金10億円以上の大企業を除く中堅企業・中小企業、小規模事業者、フリーランスを含む個人事業者のほか、医療法人、農業法人、NPO法人など、会社以外の法人についても幅広く対象としています。

〈問い合わせ先〉

　持続化給付金事業コールセンター

　直通番号：0120-115-570　IP電話専用回線　03-6831-0613

　受付時間：8:30〜19:00　12月まで（土曜日祝日を除く）

②家賃支援給付金

　新型コロナウイルスの影響で2020年5月に発せられた緊急事態宣言の延長などにより、売上の急減に直面する事業者の事業継続を下支えするため、地代・家賃（賃料）の負担を軽減することを目的として、テナント事業者に対して給付されます。

　テナント事業者のうち、中堅企業・中小企業・小規模事業者・個人事業者などであって、2020年5月から12月において、以下のいずれかに該当するものに給付金を支給します。

　　1）いずれか1カ月の売上金が前年同期比で50％以上減少

　　2）連続する3カ月の売上高が前年同期比で30％以上減少

　申請時の直近の支払い賃料（月額）に基づいて算出される給付額（月額）をもとに、6カ月分の給付額に相当する額、法人は最大600万円、個人事業者は最大300万円を支給します。

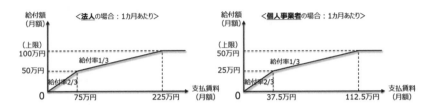

（出典：生活を支えるための支援のご案内 （厚生労働省））

〈問い合わせ先〉

　家賃支援給付金コールセンター

　電話：0120-653-930

　受付時間：平日・日（土・祝除く）8:30〜19:00

4. 貸付け

　新型コロナウイルスの影響により業績が悪化し、資金繰りが厳しい事業者に対し、実質無利子、無担保融資を実施しています。資金の使い道は運転資金・設備資金で、貸付期限は設備20年以内、運転15年以内。うち据え置き期間は5年以内。融資限度額は中小事業・商工中金で最大6億円です。日本政策金融公庫などの政府系金融機関に加え、地銀、信金、信組などでも利用が可能になりました。

〈問い合わせ先〉

　日本公庫：0120-154-505（平日）

　商工中金：0120-542-711（平日）

　民間金融：0570-783-183（平日）

5. 猶予・減免

　新型コロナウイルスの影響により、税金や社会保険料などの支払いが苦しい企業に対し、売上が一定程度減少している場合、1年間、無担保かつ延

滞税なしで猶予されます。猶予される税金や社会保険には厚生年金保険料、国民健康保険、国民年金、後期高齢者医療制度および介護保険の保険料、国税、地方税などがあります。

　また、売上減で固定資産税が支払えない企業に対しては、固定資産税、都市計画税の減免があります。売上が一定程度減少の場合、来年度の税額が2分の1、もしくは0になります。

〈問い合わせ先〉

　国税　→　国税局猶予相談センター

　受付時間：8：30〜17：00（土・日・祝日を除く）

国税局（所）名	電話番号	管轄している都道府県名
札幌国税局	0120-291-675	北海道
仙台国税局	0120-945-430	青森県、岩手県、宮城県、秋田県、山形県、福島県
関東信越国税局	0120-948-249	茨城県、栃木県、群馬県、埼玉県、新潟県、長野県
東京国税局	0120-948-271	千葉県、東京都、神奈川県、山梨県
金沢国税局	0120-948-364	富山県、石川県、福井県
名古屋国税局	0120-380-769	岐阜県、静岡県、愛知県、三重県
大阪国税局	0120-527-363	滋賀県、京都府、大阪府、兵庫県、奈良県、和歌山県
広島国税局	0120-683-754	鳥取県、島根県、岡山県、広島県、山口県
高松国税局	0120-948-507	徳島県、香川県、愛媛県、高知県
福岡国税局	0120-782-538	福岡県、佐賀県、長崎県
熊本国税局	0120-948-540	熊本県、大分県、宮崎県、鹿児島県
沖縄国税事務所	0120-826-167	沖縄

　地方税　→　各地方公共団体の窓口まで

　社会保険料　→　管轄の年金事務所、もしくは各都道府県労働局まで

　固定資産税・都市計画税：中小企業　固定資産税等の軽減相談窓口

　電話：0570-077322

　受付時間：9：30〜17：00（平日のみ）

〈参考文献〉
「新型コロナウイルス感染症を踏まえた災害対応のポイント」（内閣府防災）
避難所開設での感染を防ぐための事前準備チェックリスト Ver.2- 手引き版 -（人と防災未来センター）
「新型コロナウイルスから皆さんの安全を守るために」（防衛省統合幕僚監部）
「新型コロナウイルス感染症対策に配慮した避難所開設・運営訓練ガイドラインについて」（令和2

年 6 月 8 日府政防第 1239 号・消防災第 108 号、健感発 0608 第 1 号)

〈参考資料〉
生活を支えるための支援のご案内（厚生労働省）
https://www.mhlw.go.jp/content/10900000/000622924.pdf

執筆者一覧

［執筆者］株式会社エス・ピー・ネットワーク　総合研究部
　　　　　丸の内総合法律事務所　弁護士　中野明安

株式会社エス・ピー・ネットワーク

　平成8年設立の企業危機管理支援の専門家で構成されたクライシス・リスクマネジメント専門企業。主にパブリックカンパニー（上場企業ならびに健全経営を目指す企業）を中心に、企業のリスク要因の抽出から、排除、予防、リスク顕在化時の実践対応に至るまで一貫性のあるサービスを提供する。企業が直面、対峙する危機への「実践対応」を通じて企業を防衛し、さらには、企業の成長や存続を脅かす要因をコントロール＆マネジメントするため、実践的危機管理指針「ミドルクライシス®」マネジメントの理念に基づき、コンサルティングやエキスパート人材の派遣を通じて、企業の継続経営・健全経営をサポートしている。

　従来の枠組みにとどまらない危機管理的視点から実践的なコンプライアンス態勢及び内部統制態勢の構築を多くの企業で手掛け、特に「危機実践対応（クライシスマネジメント）」に強く、多くの経験と実績を基に、実効性が極めて高い「統制管理コンサルティング（リスクマネジメント）」を行っている。また、日々、企業の現場での直接的なサポートを重視しており、危機対応の現場経験豊富なエキスパートを多数擁している。

　実践対応にとどまらず、危機管理ノウハウの体系化や学術的研究を通じた危機管理知見の社会還元、危機管理人材の育成にも力を入れており、企業だけでなく、大学や地方自治体、業界団体、行政機関等での研修をはじめ、弁護士、監査法人、損害保険会社からの業務依頼も多い。その知見やノウハウの有用性・実践性、危機管理支援のためのビジネススキームは、支援先企業（SPクラブ会員企業）のみならず、一般企業からも高い評価を受けている。

［執筆分担］

西尾　晋（株式会社エス・ピー・ネットワーク　総合研究部・上席研究員（部
　　　　長））
　第1章、第2章、第3章、特別編
大越　聡（株式会社エス・ピー・ネットワーク　総合研究部・専門研究員）
　第2章、第4章、第6章、第7章、特別編

共著者
中野　明安（丸の内総合法律事務所・弁護士）
　第5章

サービス・インフォメーション

―――――――――― 通話無料 ―――――

① 商品に関するご照会・お申込みのご依頼
　　　　　　TEL 0120 (203) 694／FAX 0120 (302) 640
② ご住所・ご名義等各種変更のご連絡
　　　　　　TEL 0120 (203) 696／FAX 0120 (202) 974
③ 請求・お支払いに関するご照会・ご要望
　　　　　　TEL 0120 (203) 695／FAX 0120 (202) 973

●フリーダイヤル（TEL）の受付時間は、土・日・祝日を除く
　9：00～17：30です。
●FAXは24時間受け付けておりますので、あわせてご利用ください。

――――――――――――――――――――――

～お金と時間をかけなくてもできる～
成功事例から導く 中小企業のための災害危機対策
【新型コロナウイルス対策も特別掲載！】

――――――――――――――――――――――

2020年10月15日　初版発行

著　者　株式会社エス・ピー・ネットワーク　総合研究部
　　　　丸の内総合法律事務所 弁護士　中 野 明 安

発行者　田 中 英 弥

発行所　第一法規株式会社
　　　　〒107-8560　東京都港区南青山2-11-17
　　　　ホームページ　https://www.daiichihoki.co.jp/

装　幀　コミュニケーションアーツ株式会社

中小企業災害　ISBN978-4-474-06910-7　C2032（4）